借家をめぐる
66のキホンと100の重要裁判例
家主と借家人とのヤッカイな法律トラブル解決法

弁護士
宮崎 裕二

PROGRES
プログレス

はじめに

　私が1982年4月に弁護士生活をスタートさせてから，37年を経過しました。その間に，時代に応じた様々な事件を経験させて頂きましたが，私が当初から一貫して関与してきたのが，借家に関する事件です。

　一口に借家の事件といっても，家賃の滞納などを理由に契約を解除して明渡しを求める訴訟や判決後の強制執行，家賃の増額の調停や裁判，そして家主の建替え等を理由とした立退きの交渉や調停等，いろいろとあります。

　私は，これらの借家の事件について，主に家主側の立場から（借家人の側に立つことも稀にあります）借家人と対峙してきました。なかでも，借家人に対する立退きの依頼が多く，裁判になれば勝ち切ることが難しい，と思うこともありましたが，話合いや調停により解決した事例も少なくありません。

　借家の事件は，弁護士であれば，知財事件や渉外事件などのように特に専門的な知識や経験を必要とすることなく，誰でも容易に処理できるものだと思われるかもしれません。しかし，ことはそう簡単ではなく，たとえば，借家契約書に書かれているとおりに契約を解除しても，裁判所で解除の効力が否定されることがあるので，油断できません。裁判例を検索すれば，借家に関する裁判例が無数にあり，それだけに判断が微妙であることが分かります。

　ところで，民法において，2017年には主に債権全般について，そして2018年には相続の一部について，条文の改正が続きました。借家に関しては，売買などと比べて世間的にはあまり注目されていませんが，

賃借物の一部滅失等による賃料の減額や配偶者居住権創設による立退料への影響など，注目すべき改正点が少なくありません。

ところで，法律の条文などで正確な用語として使用されている「建物賃貸借」，「賃貸人」，「賃借人」，「賃料」については，本書が主に一般の読者を想定していることから，判決の要旨を除き，「借家」，「家主」，「借家人」，「家賃」という言葉を用いています。

また，本書の執筆中，元号が変わる時期であったことから，本文中は西暦表記を原則としました。

あらかじめご了承ください。

今回，プログレスの野々内様より，本書の執筆の機会を頂いたことにより，ライフワークともいえる借家事件について，改正民法を踏まえた上で包括的な整理をすることができました。私にとって誠に幸せなことであり，野々内様に心より厚く御礼申し上げます。

2019年 晩春

宮 崎 裕 二

目　　次

第1編　借家をめぐる66のキホン

Q-1　借家とは何でしょうか。 ………………………………………*2*

Q-2　建物を借りても借家でないことがありますか。 ……………*4*

Q-3　駐車場でも借家になることがありますか。 ……………………*6*

Q-4　「建物賃貸借契約書」という標題でなくても借家になること
　　　がありますか。 …………………………………………………*8*

Q-5　借家についての法律は，どのように変わってきましたか。 …… *10*

Q-6　会社を辞めると，社宅から出なければいけないのでしょうか。
　　　………………………………………………………………… *12*

Q-7　市営住宅などの公営住宅にも借地借家法が適用されますか。
　　　………………………………………………………………… *14*

Q-8　スーパーや百貨店または駅構内やショッピングモールの「場
　　　所貸し」に借地借家法が適用されますか。 …………………… *16*

Q-9　借家の期間には上限と下限がありますか。また，「一時使用
　　　借家」とは何ですか。 …………………………………………… *18*

Q-10 借家契約を結んだ借家人は，抵当権による競売で取得した人に借家の権利を主張できますか。 ················ *20*

Q-11 契約期間が来ても契約は終わらず更新されるといいますが，どういうことですか。 ················ *22*

Q-12 更新をしないようにするには，どうすればよいでしょうか。 ················ *24*

Q-13 契約期間の定めがないときに契約を終了させるには，どうすればよいでしょうか。また，期間の定めがあるときにも解約の申入れができますか。 ················ *26*

Q-14 更新拒絶や解約申入れに必要な「正当事由」とは，どういうものですか。 ················ *28*

Q-15 家主と借家人が「建物の使用を必要とする事情」とは，どういうことですか。 ················ *30*

Q-16 「建物の賃貸借に関する従前の経過」としては，どういうものがありますか。 ················ *32*

Q-17 「建物の利用状況」と「建物の現況」とは，それぞれどういうことですか。 ················ *34*

Q-18 「建物の明渡しの条件」と「建物の明渡しと引換え」とは，どう違いますか。 ················ *36*

Q-19 「財産上の給付をする旨の申出」とは，立退料のことだけですか。 ················ *38*

Q-20 各正当事由に優先順位はありますか。 ………………………… *40*

Q-21 立退料と借家権価格は違いますか。 ………………………… *42*

Q-22 立退料の算定の仕方として借家権価格の他に，どのようなものがありますか。 ………………………… *44*

Q-23 居住用と事業用とで，立退料の算定の仕方は違いますか。 …… *46*

Q-24 不動産鑑定評価基準で「借家権」はどのように定められていますか。 ………………………… *48*

Q-25 **Q-24** の借家権についての不動産鑑定評価基準の定めは，実務上どう考えればよいでしょうか。 ………………………… *50*

Q-26 公共用地の取得に伴う損失補償基準でいわれる「用対連」とは何ですか。 ………………………… *52*

Q-27 用対連基準では借家人への補償は，どうなっていますか。…… *54*

Q-28 借地借家法に違反する契約は，すべて無効ですか。 ………… *56*

Q-29 借家人は家主が借家を売却しても借家の権利を主張できますか。また，借家契約しても入居前に売買や抵当権を設定したらどうですか。 ………………………… *58*

Q-30 2018 年に改正された民法の相続の関係で「配偶者居住権」が認められたそうですが，どのようなものですか。また，それは，借地借家法の借家とは違いますか。 ………………………… *60*

Q-31 家賃の改定は，どのような場合にできますか。一定の期間家賃を上げない特約をしていても増額を請求できますか。 ……… *62*

Q-32 3年ごとに1割ずつ増額するとか，地価や固定資産税の変動に応じて自動的に家賃を改定するなどの特約は有効ですか。その場合，これらの特約とは異なる家賃の改定はできますか。
……………………………………………………………………… *64*

Q-33 家賃の改定の是非を判断するのは，いつの，どの家賃のことですか。 ……………………………………………………………… *66*

Q-34 家賃の増額請求に対し借家人はいくら供託すればよいのでしょうか。家賃が確定した場合に，その差額に対する利息はいくらになりますか。また，家賃の減額請求を受けた家主は，借家人にいくらの支払いを請求できますか。その場合，借家人は請求額を現実に支払うのか，供託するのか，どちらですか。 ………………………………………………………………… *68*

Q-35 家主は増額請求中でも供託金を受け取るために，どのような手続きをとりますか。 …………………………………………… *70*

Q-36 家賃の改定を話合いで解決できない場合は，いきなり裁判ができますか。また，裁判前の調停とは，どういうものですか。
……………………………………………………………………… *72*

Q-37 敷金と保証金とは，どう違いますか。また，保証金の敷引とは，どういうことですか。 …………………………………… *74*

Q-38 更新料は消費者契約法に違反しませんか。 …………………… *76*

Q-39 借家人の家賃等について保証人への請求が認められないことがありますか。 ……… *78*

Q-40 借家人は借家に取り付けた畳等の造作について，家主への買取請求や壁の塗り直し費用の請求が認められますか。また，造作については収去義務がありますか。 ……… *80*

Q-41 借家の転貸は認められますか。また，転貸が認められる場合，家主は直接転借人に家賃を請求できますか。 ……… *82*

Q-42 借家契約が終了した場合に借家の転借人が保護されることがありますか。 ……… *84*

Q-43 借地上の建物の借家人が保護される場合がありますか。 ……… *86*

Q-44 居住用建物の借家人が死亡した場合は，借家の権利は相続されるとのことですが，相続人ではない同居人はそのまま居住できますか。 ……… *88*

Q-45 借家の権利の譲渡は認められますか。また，借地権の譲渡の許可のような裁判手続がないのはなぜですか。 ……… *90*

Q-46 借家の修繕は，どちらがどこまでするのでしょうか。また，家主がすべき修繕をしないときには，借家人はどうすればよいでしょうか。 ……… *92*

Q-47 借家人の原状回復義務は，どこまでする必要がありますか。また，国交省のガイドラインとは何ですか。 ……… *94*

Q-48 天災などで一部の使用ができない場合の家賃の支払いはどうなりますか。 ……………………………………………………………… 96

Q-49 借家が譲渡された場合は, 家主の地位も当然に移転しますか。 ……………………………………………………………………………… 98

Q-50 改正民法で不動産を譲渡するのに賃貸人たる地位を譲渡人に留保する方法が認められたと聞きましたが, どういうことですか。 …………………………………………………………………… 100

Q-51 借家人は第三者に対して妨害の停止請求ができますか。 …… 102

Q-52 家賃の滞納が何か月分続いたら借家契約を解除できますか。契約を解除する前に催告は必要ですか。また, 借家人が破産しても解除はできませんか。 ……………………………………… 104

Q-53 契約者と入居者が異なる場合は, 借家契約を解消できますか。 ……………………………………………………………………………… 106

Q-54 居住用の借家で塾を開設したら契約を解除できますか。また, どこまですると用法違反になりますか。 ……………………… 108

Q-55 ペット禁止違反で契約が解除されるペットとは, どういうものですか。 ……………………………………………………………… 110

Q-56 近隣への迷惑行為で契約解除されるのは, どういう場合ですか。また, 家主が迷惑行為を放置していたらどうなりますか。 ……………………………………………………………………………… 112

Q-57 家主による自力救済の禁止とは, どういうことですか。 …… 114

Q-58 借家の立退交渉を不動産業者に委任するのは違法ですか。… *116*

Q-59 1999年に制定された「良質な賃貸住宅等の供給の促進に関する特別措置法」は，何のためにつくられたのでしょうか。
.... *118*

Q-60 「定期借家」とは，どういうものですか。また，従前の期限付建物賃貸借や一時使用目的の建物の賃貸借とは，どう違いますか。 *120*

Q-61 「定期借家」の契約の仕方は厳格になっていますか。 ………… *122*

Q-62 「定期借家」の終了の仕方は，どうなっていますか。 ………… *124*

Q-63 更新と再契約とは，どう違いますか。また，普通の借家から「定期借家」への切替えはできますか。 *126*

Q-64 「定期借家」では，家賃を固定化できますか。 *128*

Q-65 「定期借家」でも中途解約ができますか。また，その場合の違約金規定は有効ですか。 *130*

Q-66 「空家等対策の推進に関する特別措置法」は，借家にどのような影響を与えていますか。 *132*

第2編　借家をめぐる⑩⓪の重要裁判例

【1】　鉄道高架下施設や一つの建物をベニヤ板で区切った店舗でも借家に当たるか。

（最高裁平成4年2月6日判決・判時1443号56頁）…………………… *137*

【2】　借家人が増築した部分も借家になるか。

（最高裁昭和43年6月13日判決・民集22巻6号1183頁）…………… *139*

【3】　建物を借りて一定額の支払いをしても借家でないことがあるか。

（最高裁昭和35年4月12日判決・民集14巻5号817頁）…………… *143*

【4】　駐車場でも借家になることがあるか。

（東京高裁昭和62年5月11日判決・東京高民38巻4〜6号22頁）…… *145*

【5】　借家人と第三者による共同経営契約は転貸か。

（最高裁昭和29年10月26日判決・民集8巻10号1972頁）………… *147*

【6】　借家人による経営の委託は転貸か。

（最高裁昭和39年9月24日判決・集民75号445頁）………………… *149*

【7】　社宅に借家法の適用を否定した事例。

（最高裁昭和29年11月16日判決・民集8巻11号2047頁）………… *151*

【8】　社宅に借家法の適用を認めた事例。

（最高裁昭和31年11月16日判決・民集10巻11号1453頁）………… *153*

【9】　公営住宅の建替え事業と借家法の関係。

（最高裁昭和62年2月13日判決・判時1238号76頁）……………… *155*

【10】 公営住宅での借家法による解約申入れ。

（最高裁平成 2 年 6 月 22 日判決・判時 1357 号 75 頁）・・・・・・・・・・・・・・・ *157*

【11】 デパートのケース貸しに借地借家法の適用があるか。

（最高裁昭和 30 年 2 月 18 日判決・民集 9 巻 2 号 179 頁）・・・・・・・・・ *159*

【12】 一時使用借家を否定した事例。

（大審院昭和 15 年 4 月 6 日判決・新聞 4569 号 7 頁）・・・・・・・・・・・・・ *162*

【13】 一時使用借家を認めた事例。

（最高裁昭和 36 年 10 月 10 日判決・民集 15 巻 9 号 2294 頁）・・・・・・・・・ *164*

【14】 国税の差押え登記後の引渡し。

（最高裁昭和 30 年 11 月 25 日判決・民集 9 巻 12 号 1863 頁）・・・・・・・・・ *167*

【15】 競売中の賃借権についての譲渡の承諾が家主に認められるか。

（最高裁昭和 53 年 6 月 29 日判決・民集 32 巻 4 号 762 頁）・・・・・・・・・・ *169*

【16】 契約更新後は期間の定めのない契約となる。

（最高裁昭和 27 年 1 月 18 日判決・民集 6 巻 1 号 1 頁）・・・・・・・・・・・・・ *172*

【17】 法定更新を防ぐための遅滞なく異議とは。

（最高裁昭和 25 年 5 月 2 日判決・民集 4 巻 5 号 161 頁）・・・・・・・・・・・・ *174*

【18】 永久貸与で解約申入れができるか。

（最高裁昭和 27 年 12 月 11 日判決・民集 6 巻 11 号 1139 頁）・・・・・・・・・ *176*

【19】 訴え提起による解約申入れ。

（最高裁昭和 26 年 11 月 27 日判決・民集 5 巻 12 号 748 頁）・・・・・・・・・・ *178*

【20】 明渡し訴訟継続で解約申入れも継続。

（最高裁昭和 41 年 11 月 10 日判決・民集 20 巻 9 号 1712 頁）・・・・・・・・・ *180*

【21】 解約申入れ後の損害金としての受領。
　　　（最高裁昭和 40 年 3 月 23 日判決・集民 78 号 405 頁）…………… *182*

【22】 判決確定後に正当事由が消滅しても借家契約は復活しない。
　　　（最高裁昭和 33 年 1 月 23 日判決・民集 12 巻 1 号 96 頁）………… *184*

【23】 家主の利害が借家人より大であることを要しない。
　　　（最高裁昭和 18 年 2 月 12 日判決・民集 22 巻 57 頁）……………… *186*

【24】 家主の自己使用の必要性の重み。
　　　（最高裁昭和 26 年 4 月 24 日判決・民集 5 巻 5 号 301 頁）………… *188*

【25】 借金等の支払い。
　　　（最高裁昭和 27 年 3 月 18 日判決・民集 6 巻 3 号 342 頁）………… *191*

【26】 借家の所有権を取得した者も借家契約について解約申入れ
　　　ができるか。
　　　（最高裁昭和 30 年 6 月 7 日判決・民集 9 巻 7 号 865 頁）………… *193*

【27】 医業者の地位は特別扱いできるか。
　　　（最高裁昭和 28 年 1 月 30 日判決・民集 7 巻 1 号 99 頁）………… *195*

【28】 憲法違反などを理由に上告したが，家主と借家人の同居を
　　　命じた事例。
　　　（最高裁昭和 26 年 3 月 23 日判決・民集 5 巻 4 号 163 頁）………… *198*

【29】 無断転貸解除は解約申入れを含む。
　　　（最高裁昭和 48 年 7 月 19 日判決・民集 27 巻 7 号 845 頁）……… *200*

【30】 現に居住している借家人への配慮の有無。
　　　（最高裁昭和 27 年 12 月 26 日判決・民集 6 巻 12 号 1338 頁）…… *202*

【31】　借家の解体と正当事由。

　　　（最高裁昭和 29 年 7 月 9 日判決・民集 8 巻 7 号 1338 頁）・・・・・・・・・・・・・・・ *204*

【32】　朽廃迫り大修繕・改築のための解約申入れに正当事由を認
　　　めた事例。

　　　（最高裁昭和 35 年 4 月 26 日判決・民集 14 巻 6 号 1091 頁）・・・・・・・・・・・・・ *206*

【33】　代替建物の提供を条件に解約申入れの正当事由を認めた事例。

　　　（最高裁昭和 32 年 3 月 28 日判決・民集 11 巻 3 号 551 頁）・・・・・・・・・・・・・・ *208*

【34】　移転料の提供と引き換えに借家の明渡しを認めた例。

　　　（最高裁昭和 38 年 3 月 1 日判決・民集 17 巻 2 号 290 頁）・・・・・・・・・・・・・・・ *210*

【35】　提示額を上回る立退料の支払いと引き換えに借家の明渡し
　　　を認めた事例。

　　　（最高裁昭和 46 年 11 月 25 日判決・民集 25 巻 8 号 1343 頁）・・・・・・・・・・・・・ *212*

【36】　解約申入れ後の立退料の提供または増額と正当事由。

　　　（最高裁平成 3 年 3 月 22 日判決・民集 45 巻 3 号 293 頁）・・・・・・・・・・・・・・・ *214*

【37】　公団による建替え事業において立退料なしでの明渡しを認
　　　めた事例。

　　　（浦和地裁平成 11 年 12 月 15 日判決・判時 1721 号 108 頁）・・・・・・・・・・・・・ *217*

【38】　立退料の算出に借家権割合方式を採用した事例。

　　　（東京地裁平成 2 年 9 月 10 日判決・判時 1387 号 91 頁）・・・・・・・・・・・・・・・・ *220*

【39】　移転実費と差額家賃による立退料を認めたが，借家権価格
　　　は否定した事例。

　　　（東京高裁平成 12 年 3 月 23 日判決・判タ 1037 号 226 頁）・・・・・・・・・・・・・・ *224*

【40】 家賃の約3年分を立退料と認めた事例。
(東京地裁平成8年5月20日判決・判時1593号82頁) ················· *226*

【41】 用対連基準に即して営業補償を算出した事例。
(東京地裁平成25年1月25日判決・判時2184号57頁) ················· *229*

【42】 一定の条件で借家契約が終了する特約を有効とした事例。
(最高裁昭和44年10月7日判決・判時575号33頁) ················· *236*

【43】 譲渡後登記前に引き渡された借家の権利を認めた事例。
(最高裁昭和42年5月2日判決・判時491号53頁) ················· *239*

【44】 法人が代表者との借家契約を合意解除してその妻に明渡し
を求めるのは権利の濫用であるとした事例。
(最高裁平成7年3月28日判決・判時1526号92頁) ················· *241*

【45】 家賃増減請求は形成権で，相手方の承諾は不要であるとし
た事例。
(最高裁昭和36年2月24日判決・民集15巻2号304頁) ················· *244*

【46】 家賃増減請求に一定期間の経過が必要か。
(最高裁平成3年11月29日判決・判時1443号52頁) ················· *246*

【47】 家賃増額訴訟の係属中にさらに増額を相当とする事由が生
じた場合に，家主の請求がないままの増額の効力を否定し
た事例。
(最高裁昭和52年2月22日判決・金商520号26頁) ················· *248*

【48】 公団にも旧借家法の家賃増減請求の規定を適用した事例。
(最高裁昭和58年12月8日判決・判時1108号88頁) ················· *250*

【49】 借家使用開始前の家賃増減請求が認められなかった事例。

（最高裁平成 15 年 10 月 21 日判決・判時 1844 号 50 頁）·················· *251*

【50】 サブリースにも借地借家法 32 条 1 項が適用されるとした事例。

（最高裁平成 15 年 10 月 21 日判決・民集 57 巻 9 号 1213 頁）·············· *253*

【51】 家賃の減額の是非を判断するのは直近合意時点の家賃とした事例。

（最高裁平成 20 年 2 月 29 日判決・判時 2003 号 51 頁）····················· *258*

【52】 家賃増減請求に基づく家賃の額の確認を求める訴訟の確定判決の既判力が争われた事例。

（最高裁平成 26 年 9 月 25 日判決・民集 68 巻 7 号 661 頁）················ *261*

【53】 敷金返還債務は新所有者に承継されるとした事例。

（大審院昭和 2 年 12 月 22 日判決・民集 6 巻 716 頁）···················· *266*

【54】 滞納家賃債務は敷金に充当されて，その残額が新家主に承継されるとした事例。

（最高裁昭和 44 年 7 月 17 日判決・民集 23 巻 8 号 1610 頁）·············· *268*

【55】 建設協力金としての保証金は承継されないとした事例。

（最高裁昭和 51 年 3 月 4 日判決・民集 30 巻 2 号 25 頁）··················· *270*

【56】 担保不動産収益執行と借家人の保証金による相殺の可否が争われた事例。

（最高裁平成 21 年 7 月 3 日判決・民集 63 巻 6 号 1047 頁）················ *272*

【57】 災害時の敷引特約の適用の可否が争われた事例。

（最高裁平成 10 年 9 月 3 日判決・民集 52 巻 6 号 1467 頁）················ *276*

【58】 敷引金の消費者契約法違反の可否が争われた事例。

（最高裁平成 23 年 3 月 24 日判決・民集 65 巻 2 号 903 頁）⋯⋯⋯⋯⋯ *278*

【59】 更新料は消費者契約法に違反しないとされた事例。

（最高裁平成 23 年 7 月 15 日判決・民集 65 巻 5 号 2269 頁）⋯⋯⋯⋯ *282*

【60】 借家の保証人は更新後も責任を負うかが争われた事例。

（最高裁平成 9 年 11 月 13 日判決・判時 1633 号 81 頁）⋯⋯⋯⋯⋯⋯ *285*

【61】 買取請求権の対象となる造作とは何かが争われた事例。

（最高裁昭和 33 年 10 月 14 日判決・民集 12 巻 14 号 3078 頁）⋯⋯⋯ *287*

【62】 造作の時価が争われた事例。

（大審院大正 15 年 1 月 29 日判決・民集 5 巻 38 頁）⋯⋯⋯⋯⋯⋯⋯⋯ *289*

【63】 借家人の住所地を管轄する裁判所での裁判を認めた事例。

（大審院昭和 2 年 12 月 27 日判決・民集 6 巻 743 頁）⋯⋯⋯⋯⋯⋯⋯ *291*

【64】 造作買取請求権による留置権，同時履行の抗弁権を否定した事例。

（最高裁昭和 29 年 7 月 22 日判決・民集 8 巻 7 号 1425 頁）⋯⋯⋯⋯⋯ *293*

【65】 家賃不払いなどの債務不履行による解除によって借家契約が終了した場合は，造作買取請求権の適用がないとされた事例。

（大審院昭和 13 年 3 月 1 日判決・民集 17 巻 318 頁）⋯⋯⋯⋯⋯⋯⋯ *294*

【66】 必要費・有益費の事前放棄の特約を有効とした事例。

（最高裁昭和 49 年 3 月 14 日判決・集民 111 号 303 頁）⋯⋯⋯⋯⋯⋯ *296*

【67】 間貸しの無断転貸を理由に借家契約の解除を認めた事例。

（最高裁昭和 28 年 1 月 30 日判決・民集 7 巻 1 号 116 頁）⋯⋯⋯⋯⋯ *298*

【68】　2棟の借家のうちで1棟の無断転貸があれば全部の契約解
　　　　除ができるとした事例。
　　　　（最高裁昭和32年11月12日判決・民集11巻12号1928頁）………… *300*

【69】　借家契約の合意解除によって転借人の権利は消滅しないと
　　　　した事例。
　　　　（最高裁昭和37年2月1日判決・集民58巻441号）……………… *302*

【70】　借家人の債務不履行により契約が解除された場合の借家人
　　　　に対する転借人の地位が争われた事例。
　　　　（最高裁平成9年2月25日判決・民集51巻2号398頁）…………… *304*

【71】　借家人の更新拒絶による借家契約の終了と転借人の地位が
　　　　争われた事例。
　　　　（最高裁平成14年3月28日判決・民集56巻3号662頁）………… *307*

【72】　無断転貸を理由に解除された後に所有権を取得した転借人
　　　　の借家人に対する明渡し請求を否定した事例。
　　　　（最高裁昭和47年6月15日判決・民集26巻5号1015頁）………… *310*

【73】　借地上の建物の借家人は地代弁済に法律上の利害関係を有
　　　　するとした事例。
　　　　（最高裁昭和63年7月1日判決・判時1287号63頁）……………… *313*

【74】　借地契約の合意解除は借家人に対抗できないとした事例。
　　　　（最高裁昭和38年2月21日判決・民集17巻1号219頁）………… *315*

【75】　居住用建物の借家人が死亡した場合に同居していた事実上
　　　　の養子はそのまま居住できるとした事例。
　　　　（最高裁昭和37年12月25日判決・民集16巻12号2455頁）………… *318*

【76】 借家の権利の無断譲渡は解除しなくても譲受人に対し明渡し請求ができるとした事例。

(最高裁昭和26年5月31日判決・民集5巻6号359頁) ……………… *320*

【77】 個人企業を会社組織に改めて建物を使用させている場合に無断譲渡による解除はできないとした事例。

(最高裁昭和39年11月19日判決・民集18巻9号1900頁) ………… *322*

【78】 修繕は借家人がする旨の解釈について争いとなった事例。

(最高裁昭和29年6月25日判決・民集8巻6号1224頁) ……………… *325*

【79】 借家人から請け負った工事業者の家主に対する不当利得返還請求を認めなかった事例。

(最高裁平成7年9月19日判決・民集49巻8号2805頁) ……………… *328*

【80】 劇場から工場への改造をして使用することが借家契約の内容であれば原状回復は不要とされた事例。

(最高裁昭和29年2月2日判決・民集8巻2号321頁) ………………… *331*

【81】 借家人の妻の失火による滅失で履行不能と賠償が争われた事例。

(最高裁昭和30年4月19日判決・民集9巻5号556頁) ……………… *333*

【82】 小切手の提供では家賃の支払いとはならないとされた事例。

(最高裁昭和35年11月22日判決・民集14巻13号2827頁) ………… *335*

【83】 借家の所有者が交替した場合にも契約内容が引き継がれる以上,取立債務の特約も承継されるとした事例。

(最高裁昭和39年6月26日判決・民集18巻5号968頁) ……………… *337*

【84】 借家が譲渡された場合に家主の地位を旧所有者に留保する
合意の効力が争われた事例。
(最高裁平成 11 年 3 月 25 日判決・判時 1674 号 61 頁)·················· *339*

【85】 家賃 3 か月分の滞納で特約による無催告解除を認めた事例。
(最高裁昭和 37 年 4 月 5 日判決・民集 16 巻 4 号 679 頁) ················ *342*

【86】 11 か月分の家賃滞納でも催告が必要とされた事例。
(最高裁昭和 35 年 6 月 28 日判決・民集 14 巻 8 号 1547 頁) ·············· *344*

【87】 停止条件付催告と解除で期限後に到達した場合に争いにな
った事例。
(最高裁昭和 39 年 11 月 27 日判決・民集 18 巻 9 号 2025 頁) ·············· *346*

【88】 法人格否認の法理を適用した事例。
(最高裁昭和 48 年 10 月 26 日判決・民集 27 巻 9 号 1240 頁) ·············· *349*

【89】 共同借家人の家賃支払いは不可分債務であるとした事例。
(大審院大正 11 年 11 月 24 日判決・民集 1 巻 670 頁) ···················· *351*

【90】 構造変更禁止特約違反による解除をめぐる争い。
(最高裁昭和 29 年 12 月 21 日判決・民集 8 巻 12 号 2199 頁) ·············· *353*

【91】 ペット禁止違反で借家契約の解除が認められた事例。
(東京地裁平成 26 年 3 月 19 日判決・ウェストロー・ジャパン) ········ *355*

【92】 借家人の他の部分の不法占拠による契約解除を認めた事例。
(最高裁昭和 40 年 8 月 2 日判決・民集 19 巻 6 号 1368 頁) ················ *357*

【93】 共同借家人の暴力行為に対する無催告解除を認めた事例。
(最高裁昭和 43 年 9 月 27 日判決・判時 537 号 43 頁) ···················· *359*

【94】 特約違反による無催告解除を認めた事例。
(最高裁昭和 50 年 2 月 20 日判決・民集 29 巻 2 号 99 頁) ················ 361

【95】 元の家主の承諾により設置した看板の撤去を建物譲受人の
現家主が求めるのは権利の濫用に当たるとした事例。
(最高裁平成 25 年 4 月 9 日判決・判時 2187 号 26 頁) ················ 364

【96】 家主による鍵の取換えは不法行為に当たるとした事例。
(東京地裁平成 27 年 11 月 10 日判決・ウェストロー・ジャパン) ········ 366

【97】 定期借家契約の説明書面とはいえないとされた事例。
(最高裁平成 24 年 9 月 13 日判決・民集 66 巻 9 号 3263 頁) ·············· 369

【98】 通知期間後の定期借家契約の終了通知の効力が争われた事
例。
(東京地裁平成 21 年 3 月 19 日判決・判時 2054 号 98 頁) ················ 373

【99】 定期借家契約が終了し，普通借家契約が締結されたか否か
が争われた事例。
(東京地裁平成 29 年 11 月 22 日判決・ウェストロー・ジャパン) ········ 377

【100】 定期借家契約の違約金条項の有効性が認められた事例。
(東京地裁平成 20 年 8 月 18 日判決・判時 2024 号 37 頁) ·············· 380

●用語索引 385

●判例索引 387

第1編　借家をめぐる66のキホン

Q-1

借家とは何でしょうか。

A 借地借家法では,「建物の賃貸借」を借家といいます。

何だ,当たり前のことではないかと思われるかもしれませんが,実はそうでもないのです。

ここには,二つの意味が含まれているのです。

一つは,「建物」であること,もう一つは,「賃貸借」であることです。

まず,借家の対象となる「建物」かどうかを検討したいと思います。

第1に,どこまで建物が完成していればよいのか,

第2に,建物の一部についての借家があり得るのか,

第3に,一般の建物とはいえないような構築物でも借家の対象となるか,です。

第1についてですが,一般的に建物かどうかについては,不動産登記法44条以下の建物の表示に関する登記ができる程度に工事が進んでいるかどうかということになると思われます。

住宅用建物について,大審院昭和10年10月1日判決(民集14巻1671頁)は,完成した建物でなくても,屋根瓦を葺き,荒壁を塗り終わっておれば,床や天井を張っていなくても登記ができると判示しています。

まして,店舗等の事業用建物についてはいわゆるスケルトン貸しが多く,床や天井がない状態での借家は一般的ともいえます。

第1編　借家をめぐる66のキホン　　3

　第2に，建物の一部の借家が認められるかどうかですが，一棟のマンションの一室のように，物理的にも経済的にも独立した建物と認められる限りは借家の対象となることが明らかです。

　問題は，一つの建物の一画に仕切りをしている場合にも独立した建物といえるかどうかです。

　壁の仕切りが天井まであって，出入り口に鍵も取り付けてあり，利用する上で独立性があると認められれば，借家の対象になるでしょうが，昭和の学生下宿の三畳一間の間貸しのように鍵も付いていない借り方や，陳列物や棚で仕切りをしている程度であれば，その場所を独立した建物とはいえないと思われます。

　第3に，不動産登記法の表示登記が可能な建物とはいえない構築物であっても，借家の対象となる建物といえるかが問題となります。

　私が昔経験した事案で，大きなテントを張って魚屋をしていた借家人を相手とした明渡しがありますが，テントはあくまで仮設であり，取外しも容易にできるということから借家の対象とはならないと思われます。

　他方で，鉄骨で枠組みしたビニールハウスについて，植物を養育する目的などで借りた場合には，そのビニールハウスが地面にしっかりと付着していて，そう簡単に撤去できないようなものであれば，借家の対象としてもよいのかもしれませんが，微妙な場合もあると思われます。

Q-2

建物を借りても借家でないことがありますか。

A 建物を借りる場合に，家賃を支払う場合とそうでない場合があります。

家賃を支払って建物を借りることを「賃貸借」といいますが，「無償」つまり家賃を支払わないで建物を借りることを「使用貸借」といいます。

使用貸借については，民法の「契約」の章の中の「第6節」で593条から600条まで規定されており，その次の「第7節」で601条以下で規定されている賃貸借より前に置かれています。

使用貸借であれば，借家と異なり，契約期間が来れば無条件で契約が終了するなど，借主にとっては権利が相当に弱くなります。

ここで問題となるのが，使用貸借の要件である「無償で使用及び収益」といえるかどうかです。

1円も支払っていなければ無償であることは明らかといえますが，相場の家賃より相当に低いとどうかとか，借家の土地・建物の固定資産税を負担したらどうかという問題です。

このような建物の貸し借りは，身内関係でしばしば見受けられます。

たとえば，近隣相場であれば8万円の家賃が受け取れる借家であるのに，姉が弟に貸すということで，その2分の1の4万円で貸した場合とか，年間の土地・建物の固定資産税および都市計画税の合計が約12万

円ということで，1か月1万円で貸した場合にどうかということです。

　一般的にいえば，相場より安いというだけでは，「無償」とはならないと思われます。

　身内に限らず恩のある人に対して相場より安く建物を貸したからといって，借家のような強い権利ではなく建物の使用貸借になるとすれば，借主にとって思わぬデメリットを受けることになるので，そう簡単に「無償」であると認定されることはないでしょう。

　もっとも，固定資産税および都市計画税の合計額程度の支払いしかしていないとすれば，家主にとっては何らの収益も生まないといえるので，使用貸借と判断される可能性が高いといえます。

　家賃が相場より安いといえば，公務員宿舎が世間相場と比べてその数分の1ということで一時期問題視されましたが，この場合は支払額の多寡よりも，「国家公務員宿舎法」という特別の法律により，「職員でなくなったとき」など一定の事由に該当することとなった場合においては，その該当日から20日以内に宿舎の明渡し義務が課されており（同法18条），借地借家法の対象となる借家ではないと考えられています。

Q-3

駐車場でも借家になることがありますか。

A 駐車場にもいろいろな形態があります。

駐車場の上に何の構築物もない場合は，いわゆる青空駐車場として，土地を借りる契約となります。

もっとも，建物所有目的で土地を借りるわけではないので，借地借家法で規定する借地にも該当しません。

地下駐車場のある区画を借りることがあります。

この場合は，建物の地下部分ということですから，土地を借りるというより建物の一部を借りることになりますが，まわりとの壁による仕切りがなく独立性がないので，借家とはいえないと思います。

タワー型駐車場で，回転するパレットの上に車を置く形態についても，各パレットがそれぞれ独立した箱になっているわけではないので，借家には当たりません。

他方で，倉庫型の駐車場については，建物全体を借りるということであれば，倉庫として借りる場合と同様に，駐車場であっても借家であることに変わりありません。

もっとも，建物の一部の場合には，倉庫の場所貸しということで独立性がないので，借家にはなりません。

倉庫型の駐車場でも，ドアが付いてなく開放型のものがあります。こ

の方が駐車するのに一々開け閉めする必要がないので便利と思う人もいて、一定の需要があるのです。

建物の一部を借りる場合には、他の建物部分との関係から物理的な独立性が必要とされて、ドアと鍵の設置が求められますが、倉庫全体を借りて駐車場として利用するのであれば、建物の一部を借りるわけではないので、ドアと鍵がなければ借家ではないとはいえないと思われます。

不動産登記規則111条では、「建物は、屋根及び周壁又はこれらに類するものを有し、土地に定着した建造物であって、その目的とする用途に供し得る状態にあるものでなければならない。」と定め、外部分断性、定着性、用途性の三要件を挙げています。

もっとも、この内の外部分断性については、不動産登記事務取扱手続準則77条で、荷物積卸場を建物として取り扱うものの例示としているように、用途に応じた柔軟な解釈がなされており、現に『登記研究』386号95頁では、三方を壁で囲まれた駐車場について登記する建物の床面積に入れています。

このように、一部開放型の駐車場について、他の法律の解釈で駐車場も建物として認めていることから、借地借家法の適用対象となる借家に入れることに特段の問題はないと考えます。

Q-4

「建物賃貸借契約書」という標題でなくても借家になることがありますか。

A 建物を借りる契約書の標題としては，「建物賃貸借契約書」もしくは「借家契約書」というのが一般的ですが，そうではない標題の契約書もあります。

特に，営業用の建物を貸す場合に，たとえば，「営業賃貸借契約書」とか「経営委託契約書」という標題の契約書を見かけることがあります。

このような標題を付ける意図は，主に家主側にあります。

昔の借家法，今の借地借家法の適用を逃れるためです。

特に，一度建物を貸すと，契約期限が来ても正当事由がなければ更新される結果，半永久的に建物が戻らないことをおそれる家主が，別の標題の契約書を用意したと思われます。

「営業賃貸借契約書」を締結した場合に，確かに，単に建物を賃貸するだけでなく，営業全体を貸すということが実体としても存在するのであれば，借地借家法が適用されないこともあり得ます。

営業全体を貸すということは，家主自身がもともと行っていた営業について，建物以外の機械，設備一式や営業ノウハウ等のほぼすべてを賃貸し，従業員も承継させることがあります。

そうなると，建物だけの賃貸借契約ということではないので，場合に

よっては借地借家法の適用が否定されるかもしれません。

「経営委託契約書」というのは，建物所有者が経営している事業について，その一部を委託するために建物を貸すというものです。

この場合に，建物所有者が，事業全体を把握していて売上金も全額管理しており，その中から家主の取り分を控除した上で委託先に返還するというものです。

もっとも，営業賃貸借にせよ経営委託にせよ，標題だけにとらわれることなく，その実体がどうかを見極める必要があります。

営業の賃貸借といいながら，実際は，建物以外に貸すものがなければ，建物賃貸借契約であるといわざるを得ません。

経営委託についても，家主が借主に経営をほぼ任せきりにして金銭管理も一任している以上，建物を貸す契約，つまり実質的な借家契約と考えてよいと思います。

要するに，契約書の標題だけで借地借家法の適用の有無を判断するのではなく，その実質をみて慎重に検討する必要があるといえます。

Q-5

借家についての法律は，どのように変わってきましたか。

A まず，借家は建物についての賃貸借ですから，民法の「第三編 債権」の「第二章　契約」の中の「第七節　賃貸借」が適用されます。もっとも，一般法である民法は，契約する当事者が対等な立場にあることを建前としています。

　しかし，同じく賃借するといっても，車をレンタルするのと建物を借りるのとでは立場が大きく異なるはずです。

　特に借家が不足の時代には，家主に比べて借家人は，簡単に立退きを迫られるなど大変弱い立場にあったため，借家について民法とは別に特別法の制定が必要となりました。

　借家に関する特別法がはじめて制定されたのは，大正 10 年，つまり 1921 年の 4 月 8 日の「借家法」です。ちなみに，同じ日に「借地法」が制定されています。

　借家法の制定により，借家人は引渡しを受けることで家主から譲渡を受けた者などに対する関係でも借家権を対抗できるようになっただけでなく，期間前に更新拒絶の通知がなされなければ当然に契約が更新され，また 6 か月前の解約申入期間が定められるなど，借家人の保護が図られました。

　その後，戦争の足音が近づいてきたこともあり，兵隊として召集され

た後の借家人の家族の不安を和らげるための国策として，「地代家賃統制令」が制定されるとともに，1941 年に借家法，借地法が改正されて「正当事由制度」が導入されました。

家主は，更新拒絶および解約申入れについて正当事由がなければ契約を終了させられないこととなり，借家人の立場は格段に強化されました。

また，家主が家賃の増額請求をしても借家人がこれに応じない場合に，不足額の不払いを理由とする借家契約の解除の訴訟が相次いだため，旧借家法 7 条 2 項（借地借家法 32 条 2 項）が追加され，借家人が後に不足額を精算することにより家主からの解除ができないこととなり，借家人の保護が図られました。

1986 年に地代家賃統制令は失効しましたが，家主側から，正当事由制度の見直しと更新のない借家制度についての要望が強まったこともあり，1991 年 10 月 4 日に借家法，借地法等が廃止されて，「借地借家法」が制定されました。

従来の正当事由制度は維持されたものの，判例を踏まえてその中身がある程度明確化されるとともに，更新のない期限付き借家が設けられました。

しかし，期限付き借家の要件が厳しすぎるなどとして，家主や開発業者などからの度重なる要請があり，1999 年 12 月 9 日に制定された「良質な賃貸住宅等の供給の促進に関する特別措置法」により，更新のない定期建物賃貸借，すなわち「定期借家制度」が導入されました。

また，2017 年 5 月 26 日に改正された民法は 2020 年 4 月 1 日に施行され，賃貸借についてもいくつか重要な改正がされていますが，それぞれの箇所で後に説明します。

Q-6

会社を辞めると，社宅から出なければいけないのでしょうか。

A 社宅といっても，会社が所有していて従業員がそれを借りている場合と，会社が法人契約で第三者の家主から借りている借家に従業員が入居している場合の二つの形態があります。

後の場合は，いわば転貸を前提に家主から借りているもので，「借り上げ社宅」とか「みなし社宅」といわれています。

また，いずれの場合であれ，従業員が会社に対して相場と比べて相当低額の社宅料を支払っていることが一般的です。

もっとも，すべてに共通していることは，会社と従業員との間で，従業人の身分を失えば当然に借家から立ち退く旨の合意をしていることです。

では，これらの社宅について，従業員が会社を辞めたからといって，予めの合意通りに本当に直ちに退去しなければならないのかというと，そうともいい切れないのです。

なぜなら，社宅も会社と従業員との間の借家契約の一つである以上，まずは借地借家法の適用を検討することになり，その適用があると判断されれば，同法30条により借家人，つまりは従業員の不利な特約は無効となるので，従業員の身分を失えば当然に借家から立ち退くという合意も無効になるからです。

また，公務員宿舎と異なり，社宅の場合には借地借家法の適用を排除するような特別な法律がありません。

そこで，結局は，その社宅が借地借家法の適用を受けるのかどうかという問題に行き着くわけですが，これについては，従業員が支払っている金額がどの程度かがポイントになります。

要するに，建物の維持管理に必要な程度の少額の金額しか支払っていないのか，それ相応の金額を支払っているかによって，結論が異なってくるのです。

詳しいことは，第2編の裁判例を参考にしてください。

ただ，借り上げ社宅の場合は，会社が家主に対し，あえて家賃を支払わない結果として，家主が会社に対し契約を解除するとともに，従業員に対し明渡しを求めた場合には，従業員は借家を退去せざるを得なくなることもありますが，家主が会社との合意解約により従業員に対し明渡しを求めた場合には，借地借家法34条の転貸人の保護規定などもあって，そう簡単な問題ではないといえます。

なお，従業員が第三者の家主と直接の借家契約をして，その家賃の一部を会社が住居手当として補助することがあります。

この場合には，従業員が会社を辞めれば住居手当がなくなるだけで借家契約自体に直ちに影響を与えるものではありませんが，住居手当がなくなることで家賃を支払えないと判断すれば，結果的には借家契約を解消せざるを得なくなることもあります。

Q-7

市営住宅などの公営住宅にも借地借家法が適用されますか。

A 公営住宅とは，都道府県や市町村が経営する賃貸住宅です。市営住宅とか県営住宅あるいは都営住宅といわれるものです。

公営住宅については，公営住宅法という特別法が用意されており，同法1条で，「この法律は，国及び地方公共団体が協力して，健康で文化的な生活を営むに足りる住宅を整備し，これを住宅に困窮する低額所得者に対して低廉な家賃で賃貸し，又は転貸することにより，国民生活の安定と社会福祉の増進に寄与することを目的とする。」と規定されています。

民間住宅では家賃が高いので入れないという人や，家主が孤独死などを恐れて入居を敬遠する一人暮らしの老人などが多く入居しています。

このため，たとえば，同法23条では収入が一定額以下である等の入居者資格を定める反面，29条では高額の収入者に対しては明渡しを請求することができるとか，38条では公営住宅の建替事業の施行に伴う3か月経過後の入居者に対する明渡請求を認めています。

また，16条で家賃について入居者の収入等に応じて決定するとか，22条で入居者の公募義務を定めています。

公営住宅法1条の趣旨から入居者の資格制限や家賃の決め方については特段の異論はないと思いますが，問題は，建替事業に伴う明渡請求な

第1編 借家をめぐる66のキホン 15

どについて，借地借家法との関係をどうみるかということです。

借地借家法28条では契約期限到来時の更新拒絶や解約申入れについて，「正当事由」を要求していますが，前述したとおり公営住宅法38条は公営住宅の建替事業の際の明渡請求について，入居者の個別的事情を斟酌することなく，つまりは正当事由を必要とせずに無条件に認めているからです。

そこで，地方公共団体が建替事業のために入居者に明渡しを求めた場合に，公営住宅法と借地借家法のどちらが優先するか，言い換えると，公営住宅の建替事業による明渡しについても借地借家法の正当事由が必要かということで争われることになりました。

詳細については，第2編の裁判例に譲るとして，昭和62年2月13日最高裁判決が正当事由を不要とする一方で，平成2年6月22日最高裁判決は借家法による解約申入れを認めています。

なお，公営住宅とは別に，よく似たものとして，地方住宅供給公社法に基づく都道府県住宅供給公社や都市再生機構法に基づくUR都市機構による賃貸住宅がありますが，これらについては，より民間に近いものとして借地借家法の適用があると考えられています。

Q-8

スーパーや百貨店または駅構内や ショッピングモールの「場所貸し」 に借地借家法が適用されますか。

A スーパーや百貨店あるいは駅構内やショッピングモールの場所
貸しといっても様々な形態があります。

まずは，Q-1 で述べたように，借りている場所が「借家」といえる
ほどに独立性があるかどうかが問題となります。

駅構内のキオスクの売店などは，家というよりもホームという土地の
一画を借りているだけなのでどうみても借家にはなりません。

スーパーや百貨店の大部分も，ワンフロアーの一部を借りて隣の店と
の間は陳列ケースや天井まで届かないパーテーションで仕切られたもの
にすぎず，建物としての独立性が認められないので，借家とはいえず借
地借家法の適用もないと思われます。

ただし，スーパーや百貨店でも宝石などの高級品を取り扱っている店
舗やショッピングモールではパーテーションが天井まであり，鍵を取り
つけていて独立性が確保されていることが一般的で，このような場合に
は借家といえます。

もっとも，建物としての構造上の独立性があっても，百貨店などでは
契約書で賃貸人の場所換えの裁量権を認めている場合に問題がないとは
いえません。

特に百貨店では，売上の伸び縮みに応じて，売れない店については奥まった場所へ，売れ行きの良い店についてはより売れるようにメインの場所へ移動させることがあり，それも店側の承諾なしに百貨店の一存で決定しているのです。

このような場合には，場所の特定性があるとはいえないとすると，借地借家法の適用を認めることには躊躇します。

また，スーパー，百貨店，ショッピングモールを問わず，賃貸人側が店の売上金を一括管理していることが普通です。

それによって，どの店が儲かっているかを把握して，先ほどの場所換えの判断の一要素にすることもあります。

さらにいえば，賃料を単純な固定金額ではなく，売上金の何％と定めて歩合制を採用して，その分を差し引いて売上金を返還する場合には売上金額の把握が必要不可欠なのです。

賃貸人が，賃借人である店に対して場所換えの権利までは有していないとしても，店の売上金を確保して，その中から歩合制の賃料を差し引くということが，借地借家法の想定した借家契約といえるか疑問がないでもありません。

しかしながら，最近では個別の店舗の借家契約であっても，固定賃料と歩合賃料を併用することがしばしば見受けられるようになってきましたので，歩合制を採用しているからといって，借地借家法の適用がないとまではいえないと思われます。

Q-9

借家の期間には上限と下限があります か。また，「一時使用借家」とは 何ですか。

A 借地借家法29条に借家の期間の定めがあります。

まず，同条1項で，「期間を1年未満とする建物の賃貸借は，期間の定めがない建物の賃貸借とみなす。」と規定して，下限を1年としています。

1年を切った借家契約をしても，期間の定めがない契約とみなされ，いつでも解約申入れができます。

借地については，逆に期間の定めをしてない場合にも当然に30年の存続期間が確保される（借地借家法3条）のとは対照的といえます。

次に，上限については，同条2項で，「民法604条の規定は，建物の賃貸借については，適用しない。」と定めています。

現民法604条では，1項で，「賃貸借の存続期間は，20年を超えることができない。契約でこれより長い期間を定めたときであっても，その期間は，20年とする。」とし，さらに，2項で，「賃貸借の存続期間は，更新することができる。ただし，その期間は，更新の時から20年を超えることができない。」としています。

借地借家法29条2項は，この民法604条の規定を借家については適用しないとしたのですから，20年という上限を撤廃して，どれだけ長

い期間でもよいこととなり，さらに更新後の期間についても上限をなくしたのです。

ところで，2017年の民法改正で2020年4月1日から施行される改正民法604条では，この20年という上限が50年に変更されました。

借地借家法の適用を受けない賃貸借であっても，たとえばゴルフ場の土地賃貸借について，一般に借地借家法の適用はないものと考えられていますが，20年という現民法の上限規定では短すぎるという批判があったことなどから，改正民法で一挙にその2.5倍の50年に引き上げられたものです。

もっとも，この民法改正により借地借家法が直接的な影響を受けることはなく，上限を50年と改正された民法604条の適用を排除する点では変わりありませんから，借家契約については60年でも100年でも契約することができる点で，改正前とは変化がないということになります。

ところで，借地借家法40条は，「この章の規定は，一時使用のために建物の賃貸借をしたことが明らかな場合には，適用しない。」と規定しています。

いわゆる「一時使用借家」の定めであり，「この章」とは，「第三章借家」を指していますから，これまでに述べた上限下限や正当事由についての適用がないことになります。

たとえば，夏の間3か月の期間限定の借家は，一時使用目的が明確ですから，借地借家法29条の適用を受けることなく，1年未満だからといって期限の定めがない建物賃貸借になるわけではありません。

また，1年以上の期間でも一時使用借家か否かで争われることがしばしばあり，要注意です。

Q-10

借家契約を結んだ借家人は，抵当権による競売で取得した人に借家の権利を主張できますか。

A 借家経営も商売の一つですから，借金をして，そのために借家に抵当権を設定することがあります。

古い借家で抵当権の登記がなされていても，その登記よりも前に引渡しを受けた借家人であれば心配いりません。

借地借家法 31 条 1 項で，「建物の賃貸借は，その登記がなくても，建物の引渡しがあったときは，その後その建物について物権を取得した者に対し，その効力を生ずる。」と定めているとおり，たとえ抵当権による競売が実行されて競落した人が立退きを要求しても，借家人の権利が強いので，それに応ずる必要はありません。

これに対して，抵当権の登記後に借家契約をした場合には，借家人の権利を競売で取得した人に対して主張することはできません。

以前は民法 395 条で「短期賃貸借の保護」の規定があり，3 年以内の借家期間であれば，その期間満了まで借家の権利を主張できたのですが，これが競売妨害に悪用されたこともあって，今回の民法大改正に先だつ 2013 年の改正で，廃止されました。

その代わりに，同じ民法 395 条で「抵当建物使用者の引渡しの猶予」という制度が設けられました。

同条1項で,「抵当権者に対抗することができない賃貸借により抵当権の目的である建物の使用又は収益をする者であって次に掲げるもの（次項において「抵当建物使用者」という。）は,その建物の競売における買受人の買受けの時から6か月を経過するまでは,その建物を買受人に引き渡すことを要しない。　一　競売手続の開始前から使用又は収益をする者　二　強制管理又は担保不動産収益執行の管理人が競売手続の開始後にした賃貸借により使用又は収益をする者」,

同条2項で,「前項の規定は,買受人の買受けの時より後に同項の建物の使用をしたことの対価について,買受人が抵当建物使用者に対し相当の期間を定めてその1か月分以上の支払の催告をし,その相当の期間内に履行がない場合には,適用しない。」と規定しています。

つまり,借家が競売で落とされても直ちに明け渡さなくてもよく,6か月の明渡し猶予が認められる一方で,借家人がその期間中に家賃をきちんと支払わないと,猶予期間を待たずに競売で取得した人から明渡しを求められることになったのです。

Q-11

契約期間が来ても契約は終わらず更新されるといいますが，どういうことですか。

A 家主と借家人の借家契約書（実際には「建物賃貸借契約書」という標題が一般的です）では，ほとんどの場合，借家期間が明記されています。

契約をする目的や契約に立った経緯などから契約期間の長さはさまざまです。

1年という最少期間があれば，10年以上という長い期間もあります。私が実際に見た契約書で最も長い期間は30年でした。もっとも，契約書で多いのは2年か3年です。

それでは，その契約期間がくれば，借家契約が終了するかというとそうではありません。

借地借家法26条の規定をみてください。

まず1項で，「建物の賃貸借について期間の定めがある場合において，当事者が期間の満了の1年前から6月前までの間に相手方に対して更新をしない旨の通知又は条件を変更しなければ更新をしない旨の通知をしなかったときは，従前の契約と同一の条件で契約を更新したものとみなす。ただし，その期間は，定めがないものとする。」と定めています。

回りくどい規定で分かりにくいかもしれませんが，借家期間の定め

第1編 借家をめぐる66のキホン **23**

あるからといって，何もしないでいると，借家契約が継続するというこ
とです。

これを「法定更新」といいます。

それでは，借家契約を終了させるためには何をすればよいかといえば，
家主の方から更新拒絶の通知をせよというのです。

更新拒絶には二種類あって，一つは単純な更新拒絶です。

もう一つは条件付更新拒絶といい，たとえば家賃を1万円増額するこ
とを了解しなければ更新しないというものです。しかも，期間満了間際
になって行っても手遅れです。このいずれかの通知を期間満了の1年前
から6か月までの間にしなければなりません。

さらに，同条2項は，もう一つの法定更新を定めています。

「前項の通知をした場合であっても，建物の賃貸借の期間が満了した
後建物の賃借人が使用を継続する場合において，建物の賃貸人が遅滞な
く異議を述べなかったときも，同項と同様とする。」として，つまり，
更新拒絶の通知をしたとしても，借家人がそのまま使用を継続している
場合に，家主がそれに対して更新拒絶の通知をしたでしょう，使用の継
続はお断りします，というような意思を改めて表明しないと，やはり「法
定更新」になってしまうというのです。

なお，同条3項では，「建物の転貸借がされている場合においては，
建物の転借人がする建物の使用の継続を建物の賃借人がする建物の使用
の継続とみなして，建物の賃借人と賃貸人との間について前項の規定を
適用する。」として，転借人が使用を継続していれば，転貸借だけでなく，
元の賃貸借についても法定更新されることを定めています。

Q-12

更新をしないようにするには，どうすればよいでしょうか。

A Q-11で述べたとおり，家主は，借家契約の期間が来たから当然に契約が終了すると思ってはいけないのです。

まずは，契約期間満了の1年前から6月までの半年間に更新拒絶の通知をしなければなりません。

つまり，更新拒絶の通知は，早すぎてもいけないし，遅すぎてもいけないのです。その意味で，期間の管理をきちんとしておく必要があります。

更新拒絶の通知としては，たとえば，「私と貴殿との……所在の○○マンション302号室（以下「本件建物」という。）についての賃貸借契約は2020年10月31日をもって満了となりますが，私は，本件建物を自己使用する予定がありますので，貴殿に対し，本書面をもって更新拒絶の通知をします。」という文面をその前年の11月1日から当年の4月30日までに出しておくのです。

あるいは，「当社と貴社との本件建物についての賃貸借契約は2020年10月31日をもって満了となりますが，貴社が本件建物の現行家賃について1万円の増額に応じられないのであれば，当社は，建替えを予定しており，貴社に対し，本書面をもって更新拒絶の通知をします。」というような条件付更新拒絶の通知もあります。この場合も同じ期間中に通

知しなければなりません。

ところで，この更新拒絶の通知の際に，後のQ&Aで述べる借地借家法28条の「正当事由」について詳細に明記する必要があるかどうかですが，この段階では，老朽化等簡単なものでよいと思います。

まずは，家主として借家人に対し期間満了が来ることと，その際に更新はしないことを知らせることが第一です。

更新拒絶の通知をすれば，出る意思がある借家人であれば，何らかの反応が来るはずです。

原状回復の確認等で現場立会いの期日について，あらかじめ打ち合わせする必要があるからです。

もっとも，借家人がこれに応じないようであれば，何の反応もなく，そのまま使用を継続することでしょう。

その場合には，家主は，改めて「遅滞なく」異議の通知をしなければなりません。

「遅滞なく」とは期間満了の日からどの程度の日数までをいうのか，「直ちに」とはどう違うのかということをしばしば聞かれます。

「直ちに」であれば，2，3日以内というのに対して，「遅滞なく」は1週間から2週間までという辺りでしょうか。

遅滞なく述べる異議としては，たとえば，「私は，貴社に対し2020年到達の書面にて更新拒絶の通知をしましたが，貴社は期間満了の後も本件建物を継続使用されているところ，当社は，本件建物の老朽化を踏まえ，建替えの必要性があるので，貴社に対し，本書面をもって異議を述べるとともに，直ちに本件建物を明渡してください。」というような文面でよいと思います。

Q-13

契約期間の定めがないときに契約を終了させるには，どうすればよいでしょうか。また，期間の定めがあるときにも解約の申入れができますか。

期間の定めがない場合に借家契約を終了させるためには，解約の申入れをすることになります。

借地借家法27条にその規定があります。

同条1項で，「建物の賃貸人が賃貸借の解約の申入れをした場合においては，建物の賃貸借は，解約の申入れの日から6月を経過することによって終了する。」と定められているとおり，解約申入れから6か月後に借家契約を終了させることが可能となります。

ちなみに，民法617条1項2号では，建物賃貸借の解約申入期間を3か月としているので，借地借家法27条1項は民法の特則として倍の期間に延長したということになります。

さらに，借地借家法27条2項で，「前条第2項及び第3項の規定は，建物の賃貸借が解約の申入れによって終了した場合に準用する。」と定めていることから，まず，26条2項の準用により，更新拒絶の場合と同様に，借家人が使用を継続していることについて，家主が遅滞なく異議を述べなければ，法定更新されます。

また，26条3項の準用により，転借人が使用を継続していれば，転

貸借だけでなく，元の賃貸借についても法定更新されます。

　無論，解約の申入れについては，更新拒絶と同様に，後で述べる「正当事由」を備えておかなければならないので，自己使用なり，老朽化による建替え等の正当事由について，簡単にでも記述しておくことが必要と思われます。

　ところで，期間の定めがある借家契約でも，家主および借家人に解約申入れができる旨の規定を見受けることがあります。

　これを「解約権留保特約」といいます。

　借家人についての特約であれば，借家人に有利な特約ですから異論は特にありません。これに対して，家主については，かつて反対の学説や下級審の裁判例がありました。

　しかしながら，期間の定めがある借家契約における解約の申入れについても，借地借家法の適用がある以上，正当事由が必要であることに変わりがありません。

　そこで，借家人にとって特段の不利益があるわけではないとして，これを認めるのが通説であり，有効説に立った下級審の裁判例もいくつか出てきています。

　なお，以前の民法621条では，借家人の破産による賃貸人からの解約申入れが正当事由なしに認められていましたが，2004年の民法の現代語化を主とした民法改正においてこれが廃止されたため，借家人が破産した場合の解約申入れについて，家主には借地借家法の正当事由が必要とされています。

　他方で，借家人の破産管財人は，破産法53条に基づき，契約の解除と契約の継続を選択することができます。

Q-14

更新拒絶や解約申入れに必要な「正当事由」とは，どういうものですか。

A これまで，更新拒絶や解約申入れには正当事由が必要であると繰り返し述べてきました。

正当事由を規定した借地借家法28条を紹介します。

「建物の賃貸人による第26条第1項の通知又は建物の賃貸借の解約の申入れは，建物の賃貸人及び賃借人（転借人を含む。以下この条において同じ。）が建物の使用を必要とする事情のほか，建物の賃貸借に関する従前の経過，建物の利用状況及び建物の現況並びに建物の賃貸人が建物の明渡しの条件として又は建物の明渡しと引換えに建物の賃借人に対して財産上の給付をする旨の申出をした場合におけるその申出を考慮して，正当の事由があると認められる場合でなければ，することができない。」

大変長い条文ですが，1941年改正で追加された旧借家法1条の2では，「建物の賃貸人は自ら使用することを必要とする場合その他正当の事由ある場合にあらざれば賃貸借の更新を拒み又は解約の申入れをなすことを得ず。」と簡易な規定でした。

これに対して，「自ら使用することを必要とする場合その他正当の事由」だけでは，家主の自己使用の必要性以外に何を言っているのかよく分からないという批判が根強くありました。

そこで，旧借家法から借地借家法に改正されるときに，正当事由の中身について，この間の裁判例の集積を踏まえより詳細に定めたというものです。

借地借家法28条が正当事由として挙げている要件は五つです。

第1に，家主と借家人の双方がその借家をどれだけ必要としているかという必要性，第2に，家主と借家人の間で借家契約を続けていく中でどのようなことがあったのか，第3に，借家人が実際にその借家をどのように利用しているのか，第4に，建物の物理的な状況，第5に，家主が借家人に対してどの程度の補償，つまりは立退料を提供する用意があるのか，ということです。

ここで，旧借家法と対比して抜けているのがあることに気付いた人はいますか。それは，「その他」が入ってないことです。

つまり，正当事由の要件としては，この五つで足りる，それ以外のことは考えなくてよいという建前になっているのです。

実は，借地借家法の改正時にもう一つの要件を容れるかどうかが議論されました。それは，不動産業界や家主側の団体から強く要請のあった「建物の存する地域の状況」です。

周りが高層化しているのに当該建物が平屋や二階建てといった低層の建物であれば周辺状況に合わなくなっているということで正当事由に挙げてもよいのではないかという意見が出されましたが，借地借家法が制定された当時に社会問題視されていた地上げ屋に手を貸すものだという批判から立ち消えとなりました。

それでは，地域の状況は考慮できないかといえば，第2編の裁判例をみると，必ずしもそうとは言い切れないことが分かります。

Q-15

家主と借家人が「建物の使用を必要とする事情」とは，どういうことですか。

A 旧借家法1条の2が，「建物の賃貸人は自ら使用することを必要とする場合その他正当の事由」と定めていたように，正当事由の典型例として昔から考えられていたのは，家主自身がその建物に居住もしくは事業として使用する場合です。

これに対して，借家人は，現にその建物を使用しているはずですから，建物使用の必要性は基本的に認められます。

では，家主がその建物自体を使用する必要性がない場合には，家主に「建物の使用を必要とする事情」が認められないといえるのかといえば，そうでもありません。

家主の子供や親せきの人がその建物に居住したり，事業をする場合にも，家主の必要性に含まれるといってよいと思われます。

また，家主が，税金や借入金債務の支払いなどのために，その建物を売却処分する場合にも，収益用のマンションやアパートでない限り，借家人付きで売却するよりも空室の方が高く売却できるのは社会的事実ですから，これも家主の建物使用の必要性の一つとして認められることがあります。

問題は，家主がその建物を解体して建替えを予定している場合です。

第1編　借家をめぐる66のキホン　　31

その建物自体は滅失するわけですから，形式的に考えれば，その建物を使用する必要性は認められるはずもありません。

必要性があるとすれば，むしろその建物の敷地です。

このような場合にも，家主の「建物の使用を必要とする事情」に含まれるのかということですが，第2編の裁判例をみる限り，これを肯定しているようです。

しかし，一般の人が借地借家法28条を素直に読めば，その建物を解体して建て替えることが家主の「建物の使用を必要とする事情」に含まれると理解することは極めて難しいのではないでしょうか。このため，家主は勝手に建替えをあきらめることが多いと思われます。

その意味で，これは立法論ですが，借地借家法28条について，家主に誤解を与えないために，「建物もしくはその敷地の使用を必要とする事情……」と改正すべきであると思われます。

他方で，借家人の「建物の使用を必要とする事情」ですが，居住用と事業用とで借家人の必要性の判断が変わるかどうかという問題があります。

世間一般では，居住用の場合の方が借家人には生活の基盤としての居住権があるので，事業用よりも権利が強いはずだという考え方が結構ありますが，必ずしもそうとは限りません。

たとえば，借家人が事業のために建物の内装等に相当高額の投資をしてまだ間がないときには，その投資の回収ができているはずもないので，借家人の必要性は居住用よりも高いこともあり得るからです。

結局は，家主と借家人の双方の「建物の使用を必要とする事情」を比較考量して判断することになります。

Q-16

「建物の賃貸借に関する従前の経過」としては，どういうものがありますか。

A 「建物の賃貸借に関する従前の経過」としては，借家契約を締結してから更新拒絶もしくは解約申入れをした現在に至るまでの出来事の全てを含みます。

特に重視されるのは，契約時点での事情です。

家主がその建物を貸すに当たって，特別の事情があったのか，そうであればそれは重要な判断要素となります。

たとえば，家主は本来その建物を賃貸する予定がなかったのに，借家人から一時的なものだからと頼み込まれたためやむを得ず貸した場合には，家主に有利に働きます。

もっとも，その後契約が法定更新されているのであれば，契約当初のそのような事情は変更されたとして，特に家主に有利に働くことはなくなります。

家賃が相場より低く設定された場合も家主にとって有利な事情といえますが，借家人が礼金などの一時金を多く支払っている場合には，逆に借家人に有利に働くといえます。

契約期間中に借家人が契約解除事由とまではいえなくても，家主に対する信頼関係を損なうような行為が繰り返されれば，家主に有利な事情

となります。

　たとえば，家賃のたび重なる延滞，他の借家人への迷惑行為，無断転貸などがこれに当たります。

　逆に，家主が雨漏りの修繕を速やかに行わないなど借家の管理をきちんとしていないのであれば，それは借家人に有利に働きます。

　借家の期間が長いことは借家人に有利に働くとする考え方も見受けられますが，必ずしもそうとは限りません。

　確かに，借家の期間が長ければ，一般的に考えると，家賃相場が新規の契約と比べて低く抑えられていることが多いので，借家人にとっては他に移る場合の負担が重くなるため，立退きを求める家主からみれば不利益な事情と見られなくもありません。

　学説もおおむねそのような考え方が主流です。

　しかし，見方を変えれば，借家の期間が長いということは，借家の内装や備品等の減価償却も終了していて十分に借家を使用したということで，家主にとって有利な事情ともいえます。

　これに対して，借家の期間が短く，慣れてきた頃で，さあこれから借家を使いこなそうと思っているときであれば，借家人にとっては不意打ちであるといえ，逆に家主には不利な事情といえなくもありません。

　要するに，借家の期間の長短は，一概に家主および借家人にとって，有利不利とはいえないと思われます。

　以上のさまざまな事情から，「建物の賃貸借に関する従前の経過」が家主と借家人のいずれに有利に働くのかを総合的に判断することになります。

Q-17

「建物の利用状況」と「建物の現況」とは，それぞれどういうことですか。

A 「建物の利用状況」とは，借家人がその建物を実際にどのように利用しているかということです。

もっとも，あまり利用していないことであれば，それはむしろ，正当事由の第1の要件である「建物の使用を必要とする事情」が借家人には少ないということになると思います。

借家人は，本来借家契約書で規定されている目的に沿った利用をしなければならず，目的外利用をしているというのであれば，借家人には不利な事情となります。

場合によっては契約違反として家主から解除される可能性もあります。

ところで，建物の利用状況との関係で，その建物の利用の仕方が本来あるべき効率的な利用になっていないかどうかということも含まれると解すれば，前に述べた「建物の存する地域の状況」も事実上ここで考慮されることになるといえます。

他方で，「建物の現況」とは，建物の物理的状況，つまりは建物の老朽化等により構造的に倒壊する危険度がどの程度増しているか，その結果として解体，さらには建替えの必要性があるのか，という問題です。

倒壊防止対策としては大修繕をすることも考えられますが，その費用が過大であり，家賃の増額をしても吸収できないのであれば，家主に有

利な事情となります。

他方で，家主が本来なすべき定期的なメンテナンスを放置していた結果として建物が劣悪な状況になっていたとすれば，それは家主に不利な事情といえます。

賃貸ビルや連棟式の建物のうち，一つの借家を除いて空家になっている場合には，建物の全体をみれば建物の利用状況としてはあまり利用されていないといえますし，建物の現況としても空家状態が続くことは倒壊の危険性が高まっているともいえます。

つまり，この場合には建物の利用状況と建物の現況の両方の面で家主に有利な事情となるわけです。

ところで，最近は大きな地震が全国的に発生しているので，建物の倒壊の危険性の判断として耐震性が問題とされるようになりました。

2006年1月25日国交省告示184号では，構造耐震指標（いわゆるis値）が0.6未満の場合は地震の振動および衝撃に対して倒壊，またはその危険性がある，0.3未満の場合は地震の振動および衝撃に対して倒壊，またはその危険性が高い，としているので，明渡しの実務では耐震診断をすることが常識になっています。

もっとも，耐震診断が面倒であるというのであれば，まずは1981年の建築基準法の改正によるいわゆる新耐震基準が適用される前の建物か適用後の建物かが一つの目安になるといえます。

Q-18

「建物の明渡しの条件」と「建物の明渡しと引換え」とは，どう違いますか。

A 借地借家法 28 条の正当事由の最後の要件として，「建物の賃貸人が建物の明渡しの条件として又は建物の明渡しと引換えに建物の賃借人に対して財産上の給付をする旨の申出をした場合におけるその申出を考慮して……」と書かれており，これは主に立退料を規定したものと解されています。

問題は，ここで，「条件」と「引換え」の二つの用語が並列的に用いられていることです。

意味が同じようにも見えますが，実は違うのです。

明渡しの条件というのであれば，借家人が建物を明け渡す前に，家主が立退料を支払わなければなりません。

借家人にとってはありがたいことですが，家主からすると立退料を支払ったのに明渡しをしてもらえないということになりかねず，リスクが高いといえます。

そこで，家主はもう一つの「引換え」を考えます。

引換えとは，借家人の明渡しと家主の立退料の支払いが同時ですから，家主が借家の現場で借家人の立退きを確認して鍵と引換えに立退料を支払えばよいので，明渡しをしてもらえないというリスクがほぼなくなり

ます。

　そして，この申出をするのは家主ですから，家主が建物明渡訴訟をする場合には，立退料の支払いについて，条件ではなく，引換えを選択することになるのです。

　訴状では，「被告は，原告に対し，原告が被告に対し金○○円を支払うのと引き換えに，別紙物件目録記載の建物を明け渡せ。」というような請求の趣旨を記載します。

　この訴訟の結果，裁判所が立退料の支払いを命じる判決を「引換給付判決」といいます。

　もっとも，借家人が立ち退くためには，事前に移転先を探す必要があり，借家人は，そのための引越代や移転先の借家契約の一時金，仲介手数料等を立退きより前に支払わなければなりません。

　そこで，家主と借家人との間で裁判前に示談が成立したり，裁判になっても和解ができる場合には，立退料のうち，たとえば半額を立退きより前に家主が支払い，残りを立退きと引換えに支払うことが多いと思います。

　家主が事前に立退料をある程度支払うことで，借家人の引越費用などに充てさせることができ，引越しがスムーズにいくことになるからです。

　その意味では，家主としてリスクを取ることになりますが，借家人に立退きを認めさせるためにある程度仕方のないところといえます。

Q-19

「財産上の給付をする旨の申出」とは，立退料のことだけですか。

A 「財産上の給付」とは，家主が借家人に対して財産的価値のあるものを引き渡すということですから，主にはお金，つまりは立退料を支払うということですが，お金以外のものを引き渡すこともあります。

私が平成始めのバブルの真っ只中で一軒家の立退きの交渉をしていたときに，借家人から明渡しの条件として，家主が所有する近くの小さな空家をよこせと言われたことがありました。

その空家を代わりに借家させろというのではなく，空家の所有権を譲渡せよというのです。

無論断りましたが，借地借家法28条の条文からすると，確かにこれも「財産上の給付をする旨の申出」ではありますが，バブルの時代ならではの話ですね。

元々その建物で営業していた家主が高齢で引退して，使用人にその建物を借家させて事業を引き継がせる際に，営業用の機材等も併せて一括賃貸することがありますが，その家主が亡くなって相続人らが借家人に退去を求めたところ，借家人が立退料の代わりに営業用の機材等一式を要求することがあります。

相続人らにしてみれば，不要なものでむしろ廃棄費用がかかるくらい

ですから，それを免れる上に立退料も支払わずに済むので，二重の意味で大歓迎です。

他方で，借家人としても，これらの機材等を購入しようとすれば相当多額な出費を余儀なくされるので，多少の立退料を貰うよりもはるかにお得といえます。

以上のとおり，「財産上の給付」には，立退料という金銭給付に限らないということです。

立退料以外の財産上の給付として，最高裁が認めたものには，代わりの借家を提供することがあります。

賃貸業をしている家主であれば，代替建物を用意できることが多く，また引越費用（場所的に近いはずなので最小限で済むはずです）以外の金銭的出費を要しないので，しばしばありそうですが，現実にはあまり見受けられません。

借家人からすると，いくら近い場所でも代替建物を気に入るとは限らないし，引越しの手間暇がそれほど変わらないことと，目の前に立退料という現金がチラつくようになると，そちらの方に魅力を感じるのはやむを得ないことといえます。

第2編の裁判例で登場するのも，ほぼ全部が家主からの立退料の提供を前提としています。

つまりは，立退料の金額およびその内容をめぐっての家主と借家人の対立構造になるわけです。

Q-20

各正当事由に優先順位はありますか。

A 借地借家法28条の「建物の賃貸人及び賃借人……が建物の使用を必要とする事情のほか，建物の賃貸借に関する従前の経過，建物の利用状況及び建物の現況並びに建物の賃貸人が……建物の賃借人に対して財産上の給付をする旨の申出をした場合におけるその申出を考慮して，正当の事由があると認められる場合でなければ，することができない。」という条文の記載から，正当事由の中に優先順位があるというのが学者の一致した見解です。

どこにその鍵があるかといえば，本田純一教授は次のように指摘しています。

「『双方の使用の必要性』とその他の判断基準との間に，「のほか」という文言を挿入したことである。あくまでも『双方の使用の必要性』が考慮されるべき主たる事情で，その他の基準は従たる要素にとどまることを明確にしたものである。」（稲本洋之助・澤野順彦編『コンメンタール借地借家法（第3版）』215頁，日本評論社）。

家主および借家人の使用の必要性を主たる要素，それ以外は従たる要素と位置付けているというのです。

これだけでも，まだぴんと来ないかもしれませんが，「双方の使用の必要性」が，建物の賃貸借に関する従前の経過，建物の利用状況および建物の現況並びに立退料と同じレベルの要素と考えるのであれば，わざ

わざ「のほか」という言葉を入れなくてもよく，「……建物の使用を必要とする事情，建物の賃貸借に関する従前の経過，……」と単に「，」で済むはずだということなのです。

　まぁ，法律の条文の書き方がいかに微妙なものであるかということです。

　敏感な人は，すでにここでオヤッと気付いているかもしれません。

　それでは，なぜ，「……建物の利用状況及び建物の現況並びに……」として，「……建物の利用状況，建物の現況及び……」となってないのか，と。

　つまり，建物の賃貸借に関する従前の経過，建物の利用状況および建物の現況と立退料との間に「並びに」が入っているのは，従前の経過，建物の利用状況および建物の現況という三つの要素と立退料との間にも壁があって，三つの要素が立退料よりも優先しているのではないかと思わせる体裁になっていると思われるからです。

　渡辺晋弁護士も，「立退料は，基本的要因と補充的要因の両方を考慮してもいまだ完全な意味での正当事由には至らない場合に，正当事由の不足分を補完するための要因」（渡辺晋著『最新・借地借家法の解説〔改訂版〕』188頁）」と書いているように，他の三つの補充的要因と比べて一段低くみています。

　以上のとおり，条文の体裁からは，「当事者双方の使用の必要性」の優先順位が最も高く，次に三つの要因が続き，最後に立退料という位置づけになるのでしょうが，第2編の裁判例や立退きの現場に身を置く実務家の感覚からすると，少なくとも立退料の重要性はそれほど低くないと思われます。

Q-21

立退料と借家権価格は違いますか。

A 借地借家法 28 条で規定する「財産上の給付」，すなわち立退料と借家権価格は同じと思っている人が結構います。

借家権価格についての正式な定義は，Q-24で述べる「不動産鑑定評価基準」を参考にしてもらうとして，一般の人が考えている借家権価格とは，その建物の敷地の価格に借地権割合と借家権割合を掛けるものです。

建物の価格ではなく，建物の敷地つまり建物が建っている土地の価格を基準とするのです。

建物の価格自体は，老朽化していることが普通で，ほとんど価値がなく，むしろ解体費用を要するという意味でマイナス価格ともいえます。

これに対して，建物の敷地の価格は特に大都市では高額になることが多く，借地権割合と借家権割合を掛けても相当な金額となります。

たとえば，坪当たり 100 万円で 30 坪の土地の上にある一軒家の借家の場合，住宅地の借地権割合は 6 割で，借家権割合は 4 割とすると，100 万円 × 30 坪 × 0.6 × 0.4 = 720 万円で，借家権価格は 720 万円となります。

また，同じく坪当たり 100 万円で 50 坪の土地の上に 5 戸の連棟式の長屋が立っている場合には，1 戸の借家の借家権価格は，100 万円 × 50 坪 × 0.6 × 0.4 ÷ 5 戸 = 240 万円となります。

第1編 借家をめぐる66のキホン　43

　いずれにしても，一般的に考えられている借家権価格によれば相当に高い金額で，これが立退料と同じということになると，家主側からは，今までに受け取った家賃の総額を超えることにもなりかねず，それはあまりに厳しい数字ではないかという批判がなされることがあります。

　確かに，借家の明渡しの実務では，以上のような簡易な計算式を使って，借家権価格が計算され，それをもとに借家人側が立退料を要求することがしばしば見受けられます。

　私自身家主側に立った場合に，借家人についた不動産業者からそのような請求を受けたことがあります。

　しかしながら，二つの意味でこれは間違っているといえます。

　第1に，Q-24で述べるとおり，借家権価格はそれほど簡単ではないこと，第2に，借家権価格がそのまま立退料となるわけではないということです。

　特に，第2については，借地借家法28条において，家主と借家人双方の使用の必要性，借家に関する従前の経緯，建物の利用状況および建物の現況と合わせて総合的に判断して，立退料の金額が考慮されるのです。

　したがって，家主の使用の必要性がかなり高い一方で，借家人が本来の目的に従った使い方をしていないなどの事情があれば，立退料の金額は借家権価格よりも相当に低くなることが予想される一方で，家主がいわゆる地上げ目的で取得した場合には，借家権価格より高い金額を提示しても正当事由が否定されることもあります。

Q-22

立退料の算定の仕方として借家権価格の他に，どのようなものがありますか。

A Q-24 の「不動産鑑定評価基準」や，Q-26 の「公共用地の取得に伴う損失補償基準」でも説明しますが，借家権価格以外の算定の仕方としては，移転に伴う損失の補填を積算する方法があります。

まず考えられるのは実際の「引越費用」です。次に，引越し先を探すための費用として不動産業者への「仲介手数料」があります。

そして，新しい借家を借りる際の「一時金」が必要です。「礼金」と「敷金」です。敷金は将来の退去時に返還されるのではないかといわれますが，原状回復費用との関係で実際にいくら戻るか分からないなどとして，立退きの実務では敷金の金額を含めることもしばしばあります。

それに，引越しをすると，移転通知をするのでその「通知費用」もかかります。

これで終わりかというと，まだ一番大きな金額が残っています。「差額家賃」です。

引越しを求める借家のほとんどは老朽化して建替えを要する状況にあり，家主としても手入れができていないこともあって，家賃が近隣相場と比べて割安となっています。

このため，次に移転しようとする借家の家賃との差額が大きいことに

なります。そこで，この差額家賃をどの程度の期間持つかということが問題となります。

これらを積算していくと，一般の居住用の場合でもそれなりの数字になり，100万円を超えることもしばしばあります。

ところで，裁判例をみると，借家権価格や移転に要する費用のほかに，全く違う立退料の算定方法を示していることがあります。

立退時の家賃の何か月分を支払えというものです。ただその月数はバラバラで，3か月分や6か月分があれば，24か月分，長いものでは60か月分というのもあります。

ただ，家賃を算定方式とした理由，まして，その何か月分かを立退料とした根拠について，特に触れているわけではありません。あえていえば，家賃の何か月分というのは数字のイメージが目に浮かびやすいということなのかもしれません。

いずれにせよ，裁判所における立退料の算定の仕方はさまざまであり，確定したものがあるわけではありません。

それだけに，家主と借家人が直接会って立退交渉をすると，家主からすれば異常に高い金額が借家人によって提示されると感じ，逆に借家人からすれば家主は極めて少額の立退料しか提案しないと不満に思うのです。

この結果，家主と借家人の考える立退料の金額に大きな開きがあるために，立退きをめぐる交渉が暗礁に乗り上げることになるのです。

このような場合に，借家関係についてよくわかっている弁護士などの専門家へ相談をすることで，事態が一気に解決へ向かうことがありますので，双方ともに解決をあきらめないことです。

Q-23

居住用と事業用とで，立退料の算定の仕方は違いますか。

A 居住用と事業用とで立退料の算定の仕方が特に異なるというわけではありません。

いずれの場合も，借家権価格という方式を使うことも，移転に伴う損失の補填を積算する方法を選択することもあります。

ただ，後者の場合に，事業用については，移転に伴う損失として「営業補償」が追加されるので，居住用よりもはるかに大きな立退料となることが多いのです。

第2編の裁判例をみても，居住用の立退料が1,000万円を上回ることがないのに対して，事業用の立退料では1億円を上回ることがしばしばあり，両者の立退料はけた違いといえる現実があります。

営業補償の具体的な項目としては，主に工作物補償と営業休止補償が考えられます。

「工作物補償」というのは，移転することにより既存の事業用の内装や括りつけの什器備品が使えなくなり，移転先で新たに必要となる内装費などです。

特に，華やかな内装で客を引き寄せる店舗や，移動が困難な厨房設備に費用が掛かるレストランなどでは，工作物補償が予想外に多額となります。

第 1 編　借家をめぐる66のキホン　　**47**

「営業休止補償」としては，収益減補償，得意先喪失補償，固定的経費補償，従業員休業補償などがあります。

「収益減補償」とは，事業を続けていたら儲けたはずの休業期間中の利益とか役員報酬です。

「得意先喪失補償」とは，事業休止により得られたであろう新たな得意先が得られなかったことにより今後一定期間の売上減少額が考えられます。

「固定的経費補償」とは，営業休止中でも支払わなければならない業界の会費とかリース費用，光熱費の基本料金等です。

「従業員休業補償」とは，休業期間中に従業員に支払う給料のうちの一定額です。

これらの営業補償で問題となるのは，家主には借家人の営業の実態がよくわからないので，はたして借家人がどれだけの営業損害を主張するのかあらかじめ予測がつかないし，また実際に提示された金額がどこまで正しいのか検証することが困難であることです。

特に，営業休止期間がどの程度かというのは，各業界特有の事情があるので，判然とせず，借家人の言うがままになることもあります。

他方で，借家人の主張する収益減補償や得意先喪失補償については，それを裏付ける資料として確定申告などの税務申告資料が提出されても，税務対策から過少申告をしていることが多く，必ずしも実態を反映していない現状があり，借家人の立証が困難なこともあるのです。

以上のとおり，事業用の場合には，営業補償をめぐって困難な問題が多く，また金額が嵩むために，立退料をめぐる交渉が決裂して調停や裁判へ移行することが多いと思われます。

Q-24

不動産鑑定評価基準で「借家権」はどのように定められていますか。

A Q-21で述べたように，一般の人が考えている借家権価格とは，その建物の敷地の価格に借地権割合と借家権割合を掛けるという単純なものですが，不動産評価のプロである不動産鑑定士が評価をする際に依拠するのは，「不動産鑑定評価基準」で，最新のものは2014年5月1日付の「国交省事務次官通知」で一部改正されており，その「各論　第1章　価格に関する鑑定評価　第3節　建物　Ⅲ借家権」には以下のように定められています。

「借家権の取引慣行がある場合における借家権の鑑定評価額は，当事者間の個別的事情を考慮して求めた比準価格を標準とし，自用の建物及びその敷地の価格から貸家及びその敷地の価格を控除し，所要の調整を行って得た価格を比較考量して決定するものとする。借家権割合が求められる場合は，借家権割合により求めた価格をも比較考量するものとする。この場合において，貸家及びその敷地の1.から6.までに掲げる事項を総合的に勘案するものとする。

さらに，借家権の価格といわれているものには，賃貸人から建物の明渡しの要求を受け，借家人が不随意の立退きに伴い事実上喪失することとなる経済的利益等，賃貸人との関係において個別的な形をとって具体に現れるものがある。この場合における借家権の鑑定評価額は，

当該建物及びその敷地と同程度の代替建物等の賃借の際に必要とされる新規の実際支払賃料と現在の実際支払賃料との差額の一定期間に相当する額に賃料の前払的性格を有する一時金の額等を加えた額並びに自用の建物及びその敷地の価格から貸家及びその敷地の価格を控除し，所要の調整を行って得た価格を関連付けて決定するものとする。この場合において当事者間の個別的事情を考慮するものとするほか，貸家及びその敷地の1.から6.までに掲げる事項を総合的に勘案するものとする。」

ちなみに，「貸家及びその敷地の1.から6.までに掲げる事項」は以下の通りです。

1．将来における賃料の改定の実現性とその程度
2．契約に当たって授受された一時金の額及びこれに関する契約条件
3．将来見込まれる一時金の額及びこれに関する契約条件
4．契約締結の経緯，経過した借家期間及び残存期間並びに建物の残存耐用年数
5．貸家及びその敷地の取引慣行並びに取引利回り
6．借家の目的，契約の形式，登記の有無，転借か否かの別及び定期建物賃貸借（借地借家法第38条に規定する定期建物賃貸借をいう。）か否かの別

Q-25

Q-24 の借家権についての不動産鑑定評価基準の定めは，実務上どう考えればよいでしょうか。

A 借家権に関する不動産鑑定評価基準で，まずいえることは，前段の「借家権の取引慣行がある場合」はほとんどないということです。

したがって，借家権の取引慣行を前提とした比準価格を標準とする取引事例比較法，自用の建物及びその敷地の価格から貸家及びその敷地の価格を控除する控除方式，および借家権割合により求めた割合方式は，現実にはどれも取られていないと思われます。

むしろ，後段の「不随意による立退き」が，まさに借地借家法の明渡しの正当事由で問題となる場合です。

こちらについては，新規の実際支払賃料と現在の実際支払賃料との差額の一定期間に相当する額に賃料の前払的性格を有する一時金の額等を加えた額に基づく「差額賃料等補償方式」と「控除方式」が挙げられています。

ただし，控除方式は，「借家権の取引慣行がある場合」に採用されており，そうではない場合にも同方式を用いることに疑問であることと，同方式は割合方式と裏腹の関係にあると思われるので，採用することはできないと思われます。

第1編 借家をめぐる66のキホン 51

　なお，末尾に「貸家及びその敷地の1.から6.までに掲げる事項」を総合的に勘案すると書かれていますが，そこに掲げられている各事項のうち，1，3，5は，賃料の改定の評価の場合はともかくとして，立退料には関係しないことと思われます。

　また，2，4，6は借地借家法28条の正当事由の中の「建物の賃貸借に関する従前の経過，建物の利用状況及び建物の現況」に含まれる事項が多いのですが，これらは法的判断に属することですから，不動産鑑定士が評価するというよりも，むしろ裁判所が判断することのように思えます。

　なお，「貸家及びその敷地の1.から6.までに掲げる事項」とここでは記載されていますが，本来は「7.借家権価格」まであります。

　さすがに，借家権に関する不動産鑑定評価基準で借家権価格を勘案するというのでは意味がないので，排除されたのだと思われます。

　いずれにせよ，借家権に関する現行の不動産鑑定評価基準は曖昧な規定であり，この基準に基づいて借家権を適切に評価することは難しいと思われます。

　まして，借家権価格ではなく，立退料そのものの評価については，不動産鑑定評価基準において一切記述されてないので，仮に立退料に関する鑑定評価書を依頼しても，不動産鑑定士がこれを引き受けることはまずありません。

　不動産鑑定士があえて作成するとすれば，正式な鑑定書ではなく調査報告書にとどまり，そこでは「不動産鑑定評価基準によらない」ことが明記されることが多いようです。

Q-26

公共用地の取得に伴う損失補償基準でいわれる「用対連」とは何ですか。

A 経緯からいいますと，土地収用法等による公共事業に適用される損失補償の基準として，1962 年 6 月 29 日に「公共用地の取得に伴う損失補償基準要綱」が閣議決定されました。

これを基に，同年 10 月 12 日に決められたのが，用地対策連絡会決定（改正 2007 年 6 月 15 日）の「公共用地の取得に伴う損失補償基準」（以下，「用対連基準」といいます）と，1963 年 3 月 7 日用地対策連絡会決定（最近改正 2009 年 6 月 29 日）の「公共用地の取得に伴う損失補償基準細則」（以下，「用対連細則」といいます）です。

この「用地対策連絡会」は通称「用対連」といわれます。

用対連には，中央用地対策連絡協議会（中央用対），用地対策連絡協議会全国協議会（全国用対），そして各地区用地対策連絡（協議）会（地区用対）の各組織がありますが，用対連基準という場合の用対連は中央用対のことです。

中央用対は，会員が中央省庁，公団本社等で昭和 36 年 12 月に設立されました。会長は国土交通省土地水資源局長です。公共用地の取得に関する事務を所管する行政機関，公社等の中央機関における連絡・調整の他地区用対に対する指導を行います。

全国用対は，各地区用対が会員で，その連合組織として昭和 44 年に

設立されました。会長は国土交通省関東地方整備局長です。

　各地区用対は，地方支分局，都道府県等が会員で，北海道，東北，関東，北陸，中部，近畿，中国，四国，九州，沖縄の10地区に設立されています。会長は，各国土交通省地方整備局長等です。

　用対連は，公共事業の施行に必要な用地取得に関し，起業者相互の連絡調整を行うとともに，補償基準等の運用の調整および損失補償に関する調査・研究等を共同で行うことを目的として，各公共事業の起業者によって組織された任意団体です。

　任意団体といっても，会長が国土交通省の局長とされ，会員も行政機関や公的団体であり，極めて公共性の強いものですから，それぞれの公共事業施行者は，用対連基準および用対連細則をもって実務に当っており，法律に近い規範性があるといえます。

　そして，用対連基準は，公共事業に止まらず，民間の立退の現場においても利用される場面がしばしばあり，さらには，裁判所に提出される鑑定書の中でも用いられることがあります。

Q-27

用対連基準では借家人への補償は，どうなっていますか。

A 用対連基準 34 条では，（借家人に対する補償）として，

1 項で，「土地等の取得又は土地等の使用に伴い建物の全部又は一部を現に賃借りしている者がある場合において，賃借りを継続することが困難となると認められるときは，その者が新たに当該建物に照応する他の建物の全部又は一部を賃借りするために通常要する費用を補償するものとする。」

2 項で，「前項の場合において，従前の建物の全部又は一部の賃借料が新たに賃借りする建物について通常支払われる賃借料相当額に比し低額であると認められるときは，賃借りの事情を総合的に考慮して適正に算定した額を補償するものとする。」と規定されています。

そして，用対連細則 18 では，「基準第 34 条（借家人に対する補償）は次により処理する。」として，「2」で用対連基準 34 条 1 項に対応する一時金が，「3」で同基準 34 条 2 項に対応する差額家賃についての補償が，それぞれ規定されています。

一時金については，賃貸借契約において借家人に返還されないことと約定されている一時金と，借家人に返還されることと約定されている一時金とに分けて計算式が規定されています。

また，差額家賃については以下の通り定められています。

第1編　借家をめぐる66のキホン　　**55**

「差額家賃の補償額は，次式により算定する。

（標準家賃（月額）—現在家賃（月額））× 12 × 補償年数）

補償年数　別表第5（家賃差補償年数表）の区分による範囲内で定めるものとする。」

として，同表によれば，2年を原則としています。

　さらに，用対連基準37条では，移転雑費として，「移転先又は代替地等の選定に要する費用，法令上の手続に要する費用，転居通知費，移転旅費その他の雑費を必要とするときは，通常これらに要する費用を補償するものとする。」と規定され，その詳細については用対連細則21で定められています。

　また，営業補償として，用対連基準43条では営業廃止の補償が，同基準44条では営業休止等の補償が，同基準45条では営業規模縮小の補償がそれぞれ規定されています。

　そして，これらの各営業補償に対応して，用対連細則26，27，28では営業廃止，営業休止および営業規模縮小の各補償の細則がそれぞれ規定されています。

　これらの各規定によれば，差額賃料等補償方式を基本とし，事業用の場合は加えてさまざまな営業補償を考慮しており，不動産鑑定評価基準よりも実務的には役に立つものといえます。

Q-28

借地借家法に違反する契約は，すべて無効ですか。

A 借地借家法 30 条は，「この節の規定に反する特約で建物の賃借人に不利なものは，無効とする。」と，また，同法 37 条は，「第31 条，第 34 条及び第 35 条の規定に反する特約で建物の賃借人又は転借人に不利なものは，無効とする。」と，二つの条文で借地借家法に違反する特約の無効を規定しています。

　まず，借地借家法 30 条でいう「この節の規定」というのは，「第 1 節建物賃貸借契約の更新等」として規定されている 26 条から 29 条までの各条文を対象としています。

　これらの各条文は，更新拒絶や解約申入れの条件，正当事由制度，建物賃貸借の期間等借家契約の存続に関するもので，これに違反する特約を無効とするものです。

　たとえば，更新拒絶や解約申入れを無条件に認める特約，言い換えると正当事由がなくても契約が終了する合意をしても，借地借家法 30 条に違反して無効となるわけです。

　もっとも，借地借家法 38 条の定期建物賃貸借，同法 39 条の取壊し予定の建物の賃貸借，そして同法 40 条の一時使用目的の建物の賃貸借については，いずれも明文で 38 条と 39 条では，「第 30 条の規定にかかわらず」と，また，40 条では，「この章の規定は……適用しない」として，

借地借家法 30 条の規定の適用を排除し，契約で定められた期間の到来
による契約の終了を認めているのです。

　次に，借地借家法 37 条が無効とするのは，「第 2 節　建物賃貸借の効
力」の中の 31 条の「建物賃貸借の対抗力等」，34 条の「建物賃貸借終
了の場合における転借人の保護」，35 条の「借地上の建物の賃借人の保
護」の各規定に違反する特約で建物の賃借人または転借人に不利なもの
です。

　借地借家法 30 条が契約の存続を念頭に置いているのに対して，同法
37 条は賃貸借の効力のうち，上記の三つの条文が強行規定であること
を明確にしたものといえます。

　言い換えると，第 2 節の建物賃貸借の効力の各規定の中でも，たとえ
ば 33 条の造作買取請求権について，旧借家法のときにはこれを排除す
る規定は同様に認められていませんでしたが，借地借家法 37 条の対象
条文から除かれることにより，造作買取請求権を排除する特約は有効と
なりました。

　つまり，強行規定から任意規定に変わったわけです。畳や建具などの
造作が持つ価値が相対的に下がってきたことによるものと思われます。

　このように，借地借家法の条文に違反するからすべて無効となるわけ
ではなく，それぞれの条文の持つ重みから，無効になる場合もあればそ
うでない場合もあるので，注意が必要です。

Q-29

借家人は家主が借家を売却しても借家の権利を主張できますか。また，借家契約をしても入居前に売買や抵当権を設定したらどうですか。

A 借地借家法 31 条 1 項は，「建物の賃貸借は，その登記がなくても，建物の引渡しがあったときは，その後その建物について物権を取得した者に対し，その効力を生ずる。」と規定しています。

本来は，借家人が借家の権利を契約した相手方（建物の賃貸借であれば家主）以外の第三者（家主からその建物を買い受けた人など）に対しても主張するためには，その建物自体に登記をする必要があります。

しかし，借家人にその登記まで求めるのは費用がかかって現実的ではないし，そもそも家主がそのようなことを了解しません。

そこで，借地借家法は，建物の登記の代わりに，家主から建物の引渡しを受けさえすれば，借家人はその権利を家主以外の第三者に対しても主張できるとしたのです。

しかし，これは言い換えると，建物の引渡し前に，家主がその建物を第三者に売却してしまうと，借家人は借家の権利を第三者に主張できないということを意味しているのです。

人に貸す契約をした建物を第三者に売却することはあまりないかもしれませんが，抵当権を設定することはよくあります。

抵当権設定登記後に建物の引渡しを受けた借家人は，その借家の権利を競売で取得した人に主張できません。

抵当権者からすると，抵当権の登記をする際に建物の引渡しを受けた借家人がいないことを確認する必要があることになります。

借地借家法31条は，1項のほかに2項と3項があります。

2項は，「民法566条第1項及び第3項の規定は，前項の規定により効力を有する賃貸借の目的である建物が売買の目的物である場合に準用する。」と，

3項は，「民法533条の規定は，前項の場合に準用する。」と，それぞれ定めています。

2項の民法566条の規定は，買主に対する売主の瑕疵担保責任（2020年から施行される民法改正後は「契約不適合責任」といいますが，内容はほぼ同じです）を，3項の民法533条の規定は，同時履行の抗弁権を規定しています。

つまり，建物の引渡しを受けた借家人がいる場合に，それを知らないで建物を取得した買主は，売主に対し瑕疵担保責任を主張して，契約の解除や損害賠償を請求することができますし，同時履行の抗弁権を主張して，借家人が退去するまで売買代金の支払いを拒むことができるのです。

Q-30

2018年に改正された民法の相続の関係で「配偶者居住権」が認められたそうですが，どのようなものですか。また，それは，借地借家法の借家とは違いますか。

A 2018年7月6日に民法の「第5編　相続」が改正されました。その改正民法のいわば目玉商品の一つが,「第7章　遺言」と「第8章　遺留分」の間に新しく設けられた「第8章　配偶者の居住の権利」です。

1028条から1041条まで14か条ありますが，1036条までの「第1節　配偶者居住権」と1037条からの「第2節　配偶者短期居住権」の二つに分かれています。

配偶者居住権が，原則として配偶者の終身の間，つまり生きている限り続くのに対して，配偶者短期居住権は，原則として遺産分割により居住建物の帰属が確定した日，もしくは相続開始日から6か月経過日のいずれか遅い日までという短期的なものです。

いずれにも共通していることは，居住建物を無償で使用する権利を有するということですから，民法597条3項などの使用貸借の規定が準用されています。

したがって，家賃を支払うことを前提とした借地借家法の借家とは異

なる権利ということになります。

もっとも，無償で使用できるから財産的価値がゼロというわけではありません。ただほど高いものはないとも言われるではありませんか。

相続税の算定の際に，この配偶者居住権が今後問題になると思われます。

現に，参議院法務委員会で採択した付帯決議では，配偶者居住権の評価額の基準を検討課題としています。

配偶者居住権については，民法1031条で所有者に対し登記義務を課しています。

問題は，配偶者居住権の登記より後に建物に抵当権を設定したときに，競売になったとしても，配偶者居住権が失われることにはならず，配偶者が生存する限り無償で使用をさせることになり，抵当権者にとっては，配偶者居住権によって把握する価値が減少することです。

これまでであれば，配偶者を含む家族が居住していても，競売で所有権を取得した者は引渡命令によって強制的に退去させることができたのに，今回の配偶者居住権の創設により，それができなくなりました。

この結果，居住用建物に抵当権を設定する金融機関は，融資に慎重にならざるを得ないと思われます。

また，配偶者居住権の評価が，今後正当事由における立退料にも間接的な影響を与えることが予想されるので，要注意です。

Q-31

家賃の改定は，どのような場合にできますか。一定の期間家賃を上げない特約をしていても増額を請求できますか。

A 借地借家法 32 条 1 項は，「借賃増減請求権」として，「建物の借賃が，土地若しくは建物に対する租税その他の負担の増減により，土地若しくは建物の価格の上昇若しくは低下その他の経済事情の変動により，又は近傍同種の建物の借賃に比較して不相当となったときは，契約の条件にかかわらず，当事者は，将来に向かって建物の借賃の額の増減を請求することができる。ただし，一定の期間建物の借賃を増額しない旨の特約がある場合には，その定めに従う。」と，家賃の改定の条件を定めています。

借地借家法では，「借賃」と表示していますが，民法については既に 2004 年の現代語化の際に，「借賃」から「賃料」に直されており，本書では，一般的な言い方である「賃料」もしくは「家賃」を使用します。

家賃増減請求権の要件としては，①土地もしくは建物に対する租税その他の負担の増減，②土地もしくは建物の価格の上昇もしくは低下，③その他の経済事情の変動，④近傍同種の建物の家賃に比較して不相当となったとき，を挙げています。

これらをまとめて，「事情変更の原則」といいます。

第1編　借家をめぐる66のキホン　63

　まず，①の租税その他の負担の増減のうち，租税としては，土地およ
び建物に対する固定資産税と都市計画税があります。租税以外の「その
他の負担」としては，建物に対する減価償却費，維持管理費，火災保険
料等があります。

　②の価格の参考としては，固定資産評価額，相続税評価の路線価，公
示価格等があります。

　③のその他の経済事情の変動としては，消費者物価指数，家賃係数，
国民所得などが考えられますが，各都市別に公表される消費者物価指数
がもっとも使用されています。

　④の近傍同種の建物の家賃との比較ですが，これには簡単なようで難
しいものがあります。というのも，建物の状況や契約条件などで一致す
るような近くの物件が意外に少なく，その情報を仕入れることが結構困
難だからです。

　これまでの家賃が不相当であるか否かは，以上の①から④に止まるも
のかどうかについては問題があります。

　たとえば，前回の賃料改定から相当期間の経過が必要か否かです。

　裁判所は，増額については一定期間の経過は不要との立場ですが，実務
上は少なくとも1年以内に2回も増額請求するのは無理と思われます。

　他方で，借地借家法32条1項ただし書きでは，一定の期間建物の借
賃を増額しない旨の特約がある場合には家賃増額請求権を行使できない
と定められているので，増額請求の場合には「一定の期間増額しない特
約がないこと」も要件の一つといえますが，永遠に増額しないという特
約であれば，「一定の期間」ではないので，この特約には該当しないと
思われます。

Q-32

３年ごとに１割ずつ増額するとか，地価や固定資産税の変動に応じて自動的に家賃を改定するなどの特約は有効ですか。その場合，これらの特約とは異なる家賃の改定はできますか。

A 借家契約の家賃や，借地契約の地代（地上権）もしくは賃料（賃貸借）については，二つの問題があります。

第１に，当事者間の家賃等に関する特約をどうみるのか，第２に，これらの特約の存在にもかかわらず借地借家法32条（借家の場合）あるいは同法11条（借地の場合）の増減請求権の行使が許されるのかです。

まず，第１の問題については，原則として，これらの特約は有効と考えられています。

それは，借地契約であれ，借家契約であれ，当事者が合意した契約内容については，それが借地借家法に違反するようなものでない限り，まずは当事者間の合意を尊重すべきであるという，私的自治の原則から有効と解されるからです。

これは，私法における大原則の一つと解されています。

もっとも，たとえば３年ごとに５割ずつ増額するというような極端な特約については，民法90条の公序良俗違反による無効や，借家人が消

費者の場合に消費者契約法10条による無効の主張が認められる可能性はあります。

元に戻って，家賃の自動改定特約が原則として有効とすると，第2の問題，すなわち，借地借家法32条による家賃増減請求権の行使については否定されるように思われるかもしれません。

たとえば，12年契約で3年ごとに1割ずつ家賃を増額する特約があり，それが有効とすれば，12年間の家賃は確定していることになり，これを変更する請求はできないように思えるからです。

しかしながら，家賃に関するどのような取決めであっても，その合意をしたときから相当期間が経過した場合に，その間に借地借家法32条で定める，租税公課の増減や土地などの価格の急激な変動あるいは消費者物価などの経済指標が大きく変わった場合には，事情変更の原則が働き，家賃増減請求権の行使を妨げられないというのが，学者の大方の考え方です。

そして，第2編の裁判例で紹介するように，最高裁も，借地借家法32条1項が「強行法規」であることから，家賃の自動改定特約によってこの条項の適用を排除できないとして，この考え方を支持しています。

以上から，家賃の自動改定特約は原則として有効であるものの，それはあくまで借地借家法32条に基づく家賃の増減請求権の行使を認めることを前提とするものだという理解の上に成り立っているものといえます。

Q-33

家賃の改定の是非を判断するのは，いつの，どの家賃のことですか。

A これは簡単な質問と思われるかもしれません。

改定の是非を判断する家賃とは，今の家賃だから，その時点も今の家賃になったときである，という答えで決まりだという声が聞こえてきそうです。

なるほど，3年前に家主と借家人とが話し合って，それまでの7万5,000円から増額して今の8万円の家賃で合意したということであれば，家賃の改定の是非を判断するのは8万円で，時点は3年前ということになることについて，誰も異存ないと思われます。

問題は，3年前の8万円への変更について，両当事者が実際に合意したものではなく，9年前に借家契約を締結した際に，契約当初が7万円，6年前に7万5,000円，3年前に8万円となるように，自動改定特約がなされていた場合です。

この後の場合も，前の場合と同様に比較する家賃は8万円で比較する時点は3年前ということでよろしいのでしょうか。

それも一つの考え方かもしれないが，そうではないという反論が強く出されていました。

後の場合については，自動改定特約で家賃の改定がなされてきたにす

第1編　借家をめぐる66のキホン　67

ぎず，両当事者が実際に合意したものではないからというもので，第2編の裁判例で紹介するように，最高裁もこの立場に立っています。

　実際に両当事者が合意したのは契約当初の9年前で，そのときの家賃は7万円であったのだから，今の時点で比較すべき家賃は7万円であり，借地借家法32条1項で定める，土地もしくは建物に対する租税その他の負担の増減，土地もしくは建物の価格の上昇もしくは低下，その他の経済事情の変動については，9年前のこれらの各事情とを比較することになります。

　そこで，現在家賃に自動改定された3年前と比べれば，確かに土地の価格も固定資産税等の公租公課も相当に上がったかもしれないとしても，実際に両当事者が合意した9年前と比較すると，この間に当初6年間で土地の価格や公租公課がいったん相当に下がった後に直近の3年間でそれなりに上がったものの，9年前ほどの価格や公租公課にまでは回復していないとすると，比較すべき家賃は現時点よりも高い価格で公租公課も負担していたことになります。

　そうすると，3年ぶりに地価も公租公課も大幅に上昇したことを受けて，家主が借家人に対し，家賃の増額を求めても，借家人からは，9年前の地価も公租公課も今と比べて高いことを理由に，逆に自動改定特約で3年前に決まっていた8万円の家賃の大幅値下げを請求してくることもあります。

　このように，いつの時点のいくらの家賃と比べて，借地借家法32条1項でいう各価格の変動を考慮するのかということに，十分気を付けないと，かえって足をすくわれることになるので要注意です。

Q-34

家賃の増額請求に対し借家人はいくら供託すればよいのでしょうか。家賃が確定した場合に，その差額に対する利息はいくらになりますか。また，家賃の減額請求を受けた家主は，借家人にいくらの支払いを請求できますか。その場合，借家人は請求額を現実に支払うのか，供託するのか，どちらですか。

A 借地借家法 32 条において，2 項で家賃の増額の場合について，3 項で家賃の減額の場合について，それぞれ規定されています。

まず増額について，借地借家法 32 条 2 項は，「建物の借賃の増額について当事者間に協議が調わないときは，その請求を受けた者は，増額を正当とする裁判が確定するまでは，相当と認める額の建物の借賃を支払うことをもって足りる。ただし，その裁判が確定した場合において，既に支払った額に不足があるときは，その不足額に年 1 割の割合による支払期後の利息を付してこれを支払わなければならない。」と定めています。

問題は，増額の請求を受けた者，すなわち借家人が「相当と認める額」とは何かです。借家人が相当と認めた額，つまり主観的な額でよいのかというと，そうではありません。

第 1 編　借家をめぐる66のキホン　　**69**

　客観的に相当な額でなければならず，少なくとも，増額請求する前に借家人が家主に対し支払っていた家賃相当額を支払うか，家主からその支払いの受領を拒絶された場合には，最寄りの法務局に供託する必要があります。

　この供託を「受領拒否」による「弁済供託」といいます（民法494条）。

　ちなみに，家主が死亡してその相続人が誰か不明の場合にも，「債権者不確知」による弁済供託ができます。

　ところで，最終的に調停や裁判で新たに決まった家賃と，この間に実際に支払ってきた額もしくは供託した額との差額については，年1割の利息を付さなければなりません。ゼロ金利が長く続いている時代にあっては，年1割の利息は結構な負担となるので，供託する場合にどの程度の家賃を供託するかを十分検討する必要があります。

　次に減額について，借地借家法32条3項は，「建物の借賃の減額について当事者間に協議が調わないときは，その請求を受けた者は，減額を正当とする裁判が確定するまでは，相当と認める額の建物の借賃の支払を請求することができる。ただし，その裁判が確定した場合において，既に支払を受けた額が正当とされた建物の借賃の額を超えるときは，その超過額に年1割の割合による受領の時からの利息を付してこれを返還しなければならない。」と定めています。

　この場合に家主が請求する「相当と認める額」は，一般的には減額前の家賃と考えられますし，借家人としても安全策をとって減額前の家賃を支払うことですが，供託はできません。

　その代わりに，借家人は，減額が認められれば，年1割という高率の利息を家主に請求することができます。

Q-35

家主は増額請求中でも供託金を受け取るために，どのような手続きをとりますか。

A 法務局で供託金を受け取る手続きのことを供託金の払渡請求といいますが，これには二種類あります。

一つは，供託された方，ここでは家主からの払渡請求で，「還付請求」といい，もう一つは，供託した方，つまり借家人からの払渡請求で，「取戻請求」といいます。

供託金の還付請求については，供託した法務局に問い合わせて確認する必要がありますが，概略は以下の通りです。

まずは，法務局が送ってきた供託通知書を法務局に持参します。

そして，法務局備え付けの供託金払渡請求への記入をしなければならず，記載例は法務省のホームページを参照してください。

次に，家主の３か月以内の印鑑証明書と実印が必要です。家主が会社などの法人の場合は資格証明書も必要です。

ところで，借家人の供託金について，家主が還付請求しないまま放置することがあります。

これは，家主が還付請求の手続きをすると，借家人の主張する家賃の金額を認めたことになるのではないかという，いわば俗説が意外なほど広まっているからです。

第1編　借家をめぐる66のキホン　　71

　確かに，還付請求をする際に，供託金払渡請求書の「払渡請求事由」
に「供託受領」とだけしか記載しないと，借家人の主張する家賃の金額
を認めたものと受け止められる可能性があります。

　しかし，供託金払渡請求書の「備考欄」に「家賃の一部弁済受領の留
保をする」と記載しておけば，借家人の主張を全面的に認めたことには
なりません。

　還付請求を長期間怠っていると，供託通知書を紛失することがありま
す。

　その場合には，紛失した旨を供託払渡請求書に記載すると，法務局が
借家人に対し，供託通知書の提出がないのに供託金の払渡しがなされる
ことに異議があれば，その理由を記載した異議申立書を提出するように
通知し，一定期間内に異議の申立てがないか，あっても理由がないと法
務局が認めた場合に，家主の還付請求を認めることになります。

　供託金の払渡請求には，借家人の取戻請求もあると初めに述べました
が，借家人は手元に金が不足すると，家主の知らぬ間に取戻請求をする
ことがあります。

　そこで，家主としては，法務局から供託通知書が来たから，いつでも
還付請求ができると思って安心しないように，気を付けて下さい。

　また，供託金の払渡請求については，還付請求であれ，取戻請求であ
れ，消滅時効の問題があります。

　2020年から施行される改正民法により債権の消滅時効は「権利を行
使することができることを知った時から5年間」と改正前より一部短縮
されましたので，その面でも長期間の放置は好ましくありません。

Q-36

家賃の改定を話合いで解決できない場合は，いきなり裁判ができますか。また，裁判前の調停とは，どういうものですか。

A 民事調停法24条の2は，1項で，「借地借家法第11条の地代若しくは土地の借賃の額の増減の請求又は同法第32条の建物の借賃の額の増減の請求に関する事件について訴えを提起しようとする者は，まず調停の申立てをしなければならない。」

2項で，「前項の事件について調停の申立てをすることなく訴えを提起した場合には，受訴裁判所は，その事件を調停に付さなければならない。ただし，受訴裁判所が事件を調停に付することを適当でないと認めるときは，この限りでない。」と規定しており，家賃の改定については，地代の改定と同様に，いきなり裁判をするのではなく，まずは調停の申立てをすることを義務付け，また間違っていきなり裁判をしても，原則として調停に回される（これを「付調停」といいます）ことになります。

このように，裁判をする前に調停をすることを「調停前置主義」といいます。調停前置主義の代表例は，家庭裁判所で行われる離婚です。

では，調停とは何かといえば，裁判所での話し合いです。

裁判所が選任した2人の調停委員が，家主と借家人の間に入って双方からの話を聞き，双方に譲り合うように説得をして合意をまとめるので

す。

　家賃や地代の増減請求の場合には，調停委員の1人は不動産評価のプロである不動産鑑定士が付きます。

　そして，しかるべき時期に妥当な家賃案を提案するので，大抵の場合には家主も借家人も納得して解決します。

　調停では，不動産鑑定士は調停委員としていわばサービスで評価してくれるので，評価に係る費用を支払うことはまずありません。

　なお，調停での合意まであと一歩なのに，どうしてもその一歩を双方が歩めないときには，裁判所が民事調停法17条に基づくいわゆる「17条決定」を出すこともあります。

　この決定の告知を受けた日から2週間以内に双方から異議申出がなければ，裁判上の和解と同一の効力を生じます。

　このように，調停は我が国で行われている独自の優れた裁判所の手続きですが，その調停でもまとまらなければ，裁判に突入します。感情的にどうしても許せないときや，一棟のビル等の高額家賃のときです。

　この場合には，裁判所が選任する鑑定費用だけでも数十万円，ときには数百万円の鑑定費用を負担することになります。

　高額な増減請求であればともかく，1か月数千円やせいぜい数万円の家賃の改定のために，感情的になってそれだけの費用をかけて裁判までする必要があるのか疑問です。

　家主，借家人ともに冷静に判断して，できるだけ調停の段階で解決するのが望ましいといえます。

Q-37

敷金と保証金とは，どう違いますか。また，保証金の敷引とは，どういうことですか。

A 借家契約をするときに，借家人が家主に支払う一時金としては，敷金，礼金，そして保証金などがあります。

敷金は家主が預かるもの，礼金は家主が取りきるもの，保証金は敷金（敷引分を控除した残り）と礼金（敷引分）の両方の性格を有するもの，と位置付けられています。

関東では主に敷金，礼金の二本立てに対し，関西では京都を除き保証金１本が多かったのですが，保証金から敷金への移行も増えています。

これまでは，敷金，礼金，保証金のいずれについても，借地借家法や民法で何らの定義規定がありませんでした。

唯一，民法619条２項で，担保としての敷金が期間の満了によっても消滅しないことが書かれているだけで，敷金とは何かということについての定めはなかったのです。

2017年５月の民法改正（2020年４月施行）により，民法の「第２編　債権」の「第２章　契約」の「第７節　賃貸借」の「第４款」で，ようやく敷金の定義がなされました。

民法622条の２の１項で，「賃貸人は，敷金（いかなる名目によるかを問わず，賃料債務その他の賃貸借に基づいて生ずる賃借人の賃貸人に対する

金銭の給付を目的とする債務を担保する目的で，賃借人が賃貸人に交付する金銭をいう。以下この条において同じ。）を受け取っている場合において，次に掲げるときは，賃借人に対し，その受け取った敷金の額から賃貸借に基づいて生じた賃借人の賃貸人に対する金銭の給付を目的とする債務の額を控除した残額を返還しなければならない。一　賃貸借が終了し，かつ，賃貸物の返還を受けたとき。二　賃借人が適法に賃借権を譲り渡したとき。」と，

　2項で，「賃貸人は，賃借人が賃貸借に基づいて生じた金銭の給付を目的とする債務を履行しないときは，敷金をその債務の弁済に充てることができる。この場合において，賃借人は，賃貸人に対し，敷金をその債務に充てることを請求することができない。」と，それぞれ規定が追加されました。

　要するに，名目の如何を問わず，たとえ保証金という表示であっても，賃料債務等を担保する目的で借家人が家主に交付した金銭を敷金というのです。

　もっとも，関西で一般的に使われている保証金は，前に述べたように，敷金の性格だけでなく，敷引分という礼金の性格を併せて有するものであり，単純な敷金ではありません。

　極端な場合には，保証金全額が敷引される例もあり，これはもはや敷金の性格を一切有していないといえます。

　保証金をめぐっては，敷引が消費者契約法に違反しないか，あるいは，災害時の保証金没収条項が有効化などさまざまな裁判例があり，詳細は第2編に任せますが，紛争化しやすい保証金制度については慎重に対処すべきと思われます。

Q-38

更新料は消費者契約法に違反しませんか。

A 借家における更新料というのは，借家契約を更新する際に，家主が更新を認める条件として借家人が支払いを約束した一定の金銭で，元の借家契約書にあらかじめ規定されている場合と，更新時に合意する場合とがあります。

関西では，京都や大津を除いて更新料を支払うことはあまりありませんが，東京などの関東においては，一般的に更新料が支払われているようです。

もっとも，これは借地の場合ですが，最高裁昭和51年10月1日判決・判時835号63頁は，更新料支払いの慣習については否定していますので，元の契約時もしくは更新時に家主と借家人との間で何らかの合意をしない限りは，この地域では更新料の支払いの慣習があるとして，家主が借家人に更新料の支払いを請求することはできません。

問題は，家主と借家人との間で何らかの合意がなされている場合に，その更新料が消費者契約法に違反して無効にならないかということです。

ここで，消費者契約法について簡単に説明しますと，消費者と事業者との間の契約については，両者間の情報および交渉力の格差に鑑みて，消費者の利益を不当に害することになる契約条項の全部または一部を無効とするものです。

そして，借家契約の場合には，家主は借家経営をするという意味で事業者であるのに対して，借家人が居住用で借りる場合には消費者として，この消費者契約法の適用を受けることになります。

特に，消費者契約法10条が，「消費者の不作為をもって当該消費者が新たな消費者契約の申込み又はその承諾の意思表示をしたものとみなす条項その他の法令中の公の秩序に関しない規定の適用による場合に比して消費者の権利を制限し又は消費者の義務を加重する消費者契約の条項であって，民法第1条第2項に規定する基本原則に反して消費者の利益を一方的に害するものは，無効とする。」と定めていることから，2008年頃に，借家の更新料について，保証金の敷引特約とともに，消費者契約法10条違反による無効の主張が裁判所でずいぶん争われたのです。

更新料の性格については，一般的に，賃料の補充，前払いもしくは借家契約を維持するための対価などの複合的な性格を有するものと位置付けられています。

詳細については第2編で述べますが，平成23年最高裁判決は，通常の場合と比べて高額に過ぎると評価される場合でなければ，更新料特約は有効としました。

この最高裁判決の結果，更新料特約については，よほどのことがない限り，無効となることはないと考えられるようになり，以後，消費者契約法に違反して無効という裁判もほぼ消えました。

Q-39

借家人の家賃等について保証人への請求が認められないことがありますか。

A 家主は，借家人との間で借家契約をする際に，借家人の家賃などの債務について，保証人か保証会社の連帯保証を要求するのが一般的です。

保証会社は保証料という対価を取得しますが，個人の保証人は，親子，兄弟の身内関係から中身を確認しないままに無償でなることから，借家人が失業等で家賃を支払えなくなったときに，家主からかなりの金額を請求されると，こんなはずではなかったと後悔する羽目になるのです。

そこで，民法は，このような保証人の責任を制限するために，法改正を重ねてきました。

まずは，2004年の民法の現代語化（カタカナ表記の文語体から平仮名表記の口語体へ改めたものです）の際に，446条2項で，「保証契約は，書面でしなければ，その効力を生じない。」として，いわゆる口約束の保証の効力を否定しました。

昔は，家主からあなたの息子だから安い家賃で構わないけど，あなたには保証人になってもらうけどよいですね，と言われて，気軽に「はい」と答えたものの，何の書面を取り交わさなくても，保証としての効力が認められていました。

しかし，この改正により，そのような口頭での保証の効力が否定され，借家契約の保証人についても，借家契約書の保証人欄への署名がなされないと，保証人としての責任を問われないことになったのです。

実は，この改正時に，もう一つ保証人の責任制限の規定が設けられました。それは，個人に対する不特定債務の貸付の保証（これを「貸金等根保証契約」といいます）の制限規定ですが，借家契約には直接関係しないものでした。

ところが，2017年5月の債権法改正といわれる民法改正時に，この趣旨が保証一般に拡大されたのです。

それが民法465条の2の「個人根保証契約の保証人の責任等」です。

1項で，「一定の範囲に属する不特定の債務を主たる債務とする保証契約（以下「根保証契約」という。）であって保証人が法人でないもの（以下「個人根保証契約」という。）の保証人は，主たる債務の元本，主たる債務に関する利息，違約金，損害賠償その他その債務に従たる全てのもの及びその保証債務について約定された違約金または損害賠償の額について，その全部に係る極度額を限度として，その履行をする責任を負う。」

2項で，「個人根保証契約は，前項に規定する極度額を定めなければ，その効力を生じない。」として，借家契約の個人の保証人についても，極度額，すなわち，保証人の責任の限度額を定めなければ無効となったのです。

この改正規定は2020年4月から施行されますが，施行前の契約であっても施行後に更新された場合には改正規定が適用される可能性があるので，これからの借家契約で保証人をつける場合には，限度額を明記するようにしましょう。

Q-40

借家人は借家に取り付けた畳等の造作について，家主への買取請求や壁の塗り直し費用の請求が認められますか。また，造作については収去義務がありますか。

A 借家人が借家を利用する途中で，使い勝手を良くするために，建物に手を入れることがあります。

無論，借家は家主が所有するものですから，勝手に手を入れることはできません。

家主に無断で手を入れることは，それ自体契約解除の理由になりますし，家主からは原状に戻せと言われるでしょう。

ここでは，家主の同意ないし承諾があることを前提に建物に手を入れた場合を検討します。

建物への手の入れ方としては，二つに分類できます。

一つは，畳やエアコンのように，冷蔵庫などの電化製品と異なり，建物自体に一応付着して建物の価値を高めているものの，取り外しが可能な場合で，これを「造作」といいます。

もう一つは，壁の塗り直しや屋根の葺き替えのように，建物との分離が不可能で建物の構成物になってしまう場合です。

最初の造作については，借地借家法33条に規定があります。

第1編　借家をめぐる66のキホン　　**81**

　1項で，「建物の賃貸人の同意を得て建物に付加した畳，建具その他の造作がある場合には，建物の賃借人は，建物の賃貸借が期間の満了または解約の申入れによって終了するときに，建物の賃貸人に対し，その造作を買い取るべきことを請求することができる。建物の賃貸人から買い受けた造作についても，同様とする。」

　2項で，「前項の規定は，建物の賃貸借が期間の満了又は解約の申入れによって終了する場合における建物の転借人と賃貸人との間について準用する。」と規定して，借家人および転借人の造作買取請求権を認めています。

　もっとも，造作買取請求権については，旧借家法のときと異なり，強行規定から除かれ，造作買取請求権を排除する合意をしても無効ではなくなったので，借家契約書には造作買取請求権を排除する条項が入れられているのが一般的です。

　もう一つの建物の構成物になるものについては，民法608条の必要費あるいは有益費として，家主に対し費用償還請求権が認められていますが，これらについては，造作買取請求権と異なり，旧借家法のときから，これらの費用を排除する特約は有効とされていたので，借家契約書にはこれらの排除特約が定められていました。

　ところで，造作買取請求権を排除する特約がある場合に，借家契約が終了した際に，その造作をそのまま放置してよいのか，借家人は引き取らなければならないのか，これまではっきりしませんでした。

　そこで，2017年の民法改正により，622条で使用貸借の一部規定を準用する597条1項において，借家人の収去義務を規定したので，借家人は契約終了のときに造作の収去義務を果たさなければならなくなりました。

Q-41

借家の転貸は認められますか。また，転貸が認められる場合，家主は直接転借人に家賃を請求できますか。

A 原則として，借家の転貸は認められません。

民法612条で，「賃借人は，賃貸人の承諾を得なければ，その賃借権を譲り渡し，又は賃借物を転貸することができない。」と規定している通り，賃貸借一般について，賃借権の譲渡とともに，転貸が禁止されているからです。

賃貸借については，賃借物を一定の目的で使用させるために賃貸しているのに，賃借人がそれを第三者に転貸することで，いわゆるさや抜きをして利益を得ることは，賃貸人からみると許せないことだと思います。

他方で，家主が入居する借主と直接の関係に入ることについて，家賃の集金などのさまざまなトラブルを避けるために，サブリース会社などへ賃貸することがありますが，このような場合には，賃貸借そのものが転貸目的ですから，転貸禁止の原則はあてはまりません。

転貸が認められている場合には，改正前の民法613条でも，「転借人は，賃貸人に対して直接に義務を負う。」と定められていましたが，2017年の改正で，より詳細な規定となりました。

まず1項で，「賃借人が，適法に賃借物を転貸したときは，転借人は，賃貸人と賃借人との間の賃貸借に基づく賃借人の債務の範囲を限度とし

第1編　借家をめぐる66のキホン　　83

て，賃貸人に対して転貸借に基づく債務を直接履行する義務を負う。この場合においては，賃料の前払をもって賃貸人に対抗することができない。」と定めて，転借人が賃貸人に支払う金額は転貸料全額ではなく，賃料の範囲にとどまることを明記しました。

　つまり，たとえば家主である甲が借家人である乙に7万円で賃貸し，乙が丙に8万円で転貸した場合に，転借人である丙は，乙に対して8万円を支払うことも，甲に対して直接7万円の限度で支払うことも可能なのです。

　また，賃料の前払いをもって賃貸人に対抗することができないとは，転借人丙が借家人乙に1年分96万円の転貸料を前払いした場合に，家主甲に対しては毎月の家賃の限度で，つまり7万円の支払い義務を負うことになります。

　このような場合に，丙は乙に対して二重払いした転貸料の返還を求めることは法律上可能ですが，一括前払いを要求するような乙は，支払い能力を失っていることが多いので，転借人丙は一括前払いの危険性に注意する必要があります。

　2項では，「前項の規定は，賃貸人が賃借人に対してその権利を行使することを妨げない。」と定めており，甲は，丙に対して直接の支払いを請求することも，乙に対して借家契約に基づく家賃の支払いを請求することもいずれも可能であるということを念のために定めたものです。

　無論，一方からの当月分の家賃を取り立てることができれば，他方に対しての取立てはできません。

Q-42

借家契約が終了した場合に借家の転借人が保護されることがありますか。

A 　甲を家主，乙を借家人，丙を転借人とすると，本来であれば，丙の転借の権利は乙の借家の権利を前提として成り立っているものですから，乙の借家の権利が契約期間の終了などで消滅すれば，丙の転借の権利も消滅するはずです。

　これを，親亀がこけたら小亀もこける，として「親亀子亀論」といいます。

　これに対して，丙を一定限度保護する例外規定として，2017年の改正民法613条3項と，借地借家法34条の二つの条文が参考になります。

　まず，改正民法613条3項は，「賃借人が適法に賃借物を転貸した場合には，賃貸人は，賃借人との間の賃貸借を合意により解除したことをもって転借人に対抗することができない。ただし，その解除の当時，賃貸人が賃借人の債務不履行による解除権を有していたときは，この限りでない。」と定めています。

　ここでは，二つのことが書かれています。

　第1に，本文で，家主甲と借家人乙との間で借家契約を合意解除しても，乙から転貸を受けた転借人丙に対する関係では「対抗することができない」，つまり丙に対し転借の権利が消滅したから明け渡せと主張できない，と定めているのです。

第1編　借家をめぐる66のキホン　**85**

　先ほどの親亀子亀論だけでは，甲と乙が共謀して合意解除することで何も悪くない丙の権利を簡単に消滅させることになりかねません。

　そこで，合意解除の場合には親亀子亀論の原則を否定したのが，民法613条3項本文の規定です。

　そして，第2として，ただし書きで，甲が乙に対し乙の債務不履行で解除権を有しているときは，合意解除という形であっても，第1の例外として，丙に合意解除を主張でき，丙の転借の権利も消滅するとしました。

　乙に債務不履行の事実があるときに，甲が一方的に解除権を行使すれば，先ほどの親亀子亀論により，丙の転借の権利も当然に消滅します。

　しかし，甲としてもそのようなケンカ腰ではなく，乙との合意解除による方が，乙の妨害がなくスムーズに丙の転借の権利を消滅させられると考えるのですが，そのような方法を民法が認め，親亀子亀論の原則に戻ったわけです。

　次に，借地借家法34条は，1項で，「建物の転貸借がされている場合において，建物の賃貸借が期間の満了又は解約の申入れによって終了するときは，建物の賃貸人は，建物の転借人にその旨の通知をしなければ，その終了を建物の転借人に対抗することができない。」

　2項で，「建物の賃貸人が前項の通知をしたときは，建物の転貸借は，その通知がされた日から6月を経過することによって終了する。」と規定しています。

　更新拒絶や解約申入れについて正当事由があるとして契約が終了する場合には，転借人にとってもあまり予想していないことなので，甲から丙に直接契約終了の通知をすることを条件として，しかも丙に対し6か月の猶予という一定の保護を与えたものです。

Q-43

借地上の建物の借家人が保護される場合がありますか。

A 借地上の建物の借家人は，Q-42の転借人に似ているところがあります。

甲を地主，乙を借地人，丙を借家人とし，甲乙間の借地契約が終了すると，乙丙間の借家契約も終了するのが原則であり，やはり，親亀子亀論が成立するからです。

しかし，いつでも親亀子亀論が成立すると，借地上の建物の借家人に厳しすぎるといえます。

もっとも，借地上の建物の借家人には，民法613条のような規定がありません。

そこで，甲と乙が合意解除した場合には，乙の債務不履行の有無にかかわらず，甲が乙との合意解除を理由に丙に対し明渡しを求めると，丙としては明渡しを余儀なくされることになります。

ただ，具体的案件によっては，裁判所において民法613条の類推適用が認められることがあるかもしれません。

他方で，借地借家法35条は，借地上の建物の借家人について一定の保護規定を置きました。

1項で，「借地権の目的である土地の上の建物につき賃貸借がされている場合において，借地権の存続期間の満了によって建物の賃借人が土

第1編　借家をめぐる66のキホン　　87

地を明け渡すべきときは，建物の賃借人が借地権の存続期間が満了する
ことをその1年前までに知らなかった場合に限り，裁判所は，建物の賃
借人の請求により，建物の賃借人がこれを知った日から1年を超えない
範囲内において，土地の明渡しにつき相当の期限を許与することができ
る。」

　2項で，「前項の規定により裁判所が期限の許与をしたときは，建物
の賃貸借は，その期限が到来することによって終了する。」と，それぞ
れ定めました。

　まず，借地借家法が保護するのは，存続期間の満了に限定していると
いうことです。したがって，乙の債務不履行による解除や，甲と乙の期
間途中での合意解除の場合は，この保護が受けられません。

　次に，丙が借地権の存続期間が満了することをその1年前までに知ら
なかった場合に限るということです。言い換えると，甲は，丙が1年前
までに知っていたということを証明しなければなりません。

　そこで，甲の立場に立つと，存続期間満了の1年前までに何年何月何
日をもって甲乙間の借地契約が終了することを，丙に対し直接通知する
必要があるのです。

　丙は，1年前までに知らなかったから無条件かつ無期限に借家の権利
を主張できるのではありません。裁判所へ申立てをして，1年を超えな
い範囲内での期限の許与をしてもらわなければならないのです。

　たかが最大限で1年しか認められないのに結構面倒くさい手続きが必
要だなと思うかもしれませんが，1年の期限があれば，移転先の確保等
で余裕が生まれるので，それなりに意義のある規定と思われます。

Q-44

居住用建物の借家人が死亡した場合は，借家の権利は相続されるとのことですが，相続人ではない同居人はそのまま居住できますか。

A 居住用に限らず，建物の借家人が死亡した場合には，その借家の権利は相続されます。

民法896条は，相続の一般的効力として，「相続人は，相続開始の時から，被相続人の財産に属した一切の権利義務を承継する。」と定めて，借家の権利も「被相続人の財産に属した権利義務」の一つと考えられるからです。

夫の名前で契約していた借家の権利を妻がそのまま引き継ぐことができるのも，また，親が亡くなっても子供が当然のように家賃の支払いを続けることで借家の権利を承継できるのも，相続の効力によるものといえます。

相続人が複数いる場合には，一般の相続財産については，相続人同士で話し合いをして誰がどの相続財産を取得するかを決めるのですが，借家の権利については，話し合いをするまでもなく，それまで同居していた相続人が借家の権利を引き継ぐのが普通です。借家の権利は，不動産や預貯金と異なり，相続財産としての価値がほとんどないため，同居していた相続人が借家の権利を承継することにまず異論がないからです。

では，亡くなった人が相続人ではない人と同居していた場合に，相続人と同居人のどちらが借家の権利を主張できるのでしょうか。

法律的には，先ほどの民法896条により，相続人だけが借家の権利も相続するので，同居人には借家の権利を主張できないように思えますが，同居してない相続人からすると，同居人を押しのけてまでわざわざそれほど価値のない借家の権利を主張することはなく，家主からしても気心の知れた同居人にそのまま居住してもらうほうがよいと思うはずです。

そこで，実際上は，同居人との間で借家契約書を結び直すか，それさえもしないで，そのまま同居人が家賃を支払い続けることで，新たな借家契約が締結されたとみなされることになります。なお，同居していない相続人の一人が，あえて同居人を追い出そうとしても，いわゆる権利の濫用として認められないことが多いと思われます。

相続人が誰もいない場合については，借地借家法36条の規定が適用されます。

1項で，「居住の用に供する建物の賃借人が相続人なしに死亡した場合において，その当時婚姻又は縁組の届出をしていないが，建物の賃借人と事実上夫婦又は養親子と同様の関係にあった同居者があるときは，その同居者は，建物の賃借人の権利義務を承継する。ただし，相続人なしに死亡したことを知った後1月以内に建物の賃貸人に反対の意思を表示したときはこの限りでない。」

2項で，「前項本文の場合においては，建物の賃貸借関係に基づき生じた債権又は債務は，同項の規定により建物の賃借人の権利義務を承継した者に帰属する。」と定めている通りです。これにより，内縁関係の夫婦や事実上の養親子についても一定の保護が図られました。

Q-45

借家の権利の譲渡は認められますか。また，借地権の譲渡の許可のような裁判手続がないのはなぜですか。

A 借家の権利の譲渡については，借家の転貸と同様に，民法612条の適用対象となります。

1項で，「賃借人は，賃貸人の承諾を得なければ，その賃借権を譲り渡し，又は賃借物を転貸することができない。」

2項で，「賃借人が前項の規定に違反して第三者に賃借物の使用又は収益をさせたときは，賃貸人は，契約の解除をすることができる。」と規定しており，借家の権利の譲渡については，家主の承諾が必要で，承諾なしに譲渡した場合には，原則として，賃貸借契約を解除されることになります。

借家契約書にも，転貸と並んで，借家の権利の譲渡を解除事由と明記しているのが一般的です。

もっとも，個人企業を法人成りした場合など，借家の使用の実態が変わらない場合には，「背信的行為と認めるに足らない特段の事情がある」などとして，解除を制限する裁判例もあるので，注意が必要です。

ところで，借地権については，借地借家法19条において，借地権の譲渡や借地の転貸について，地主に不利となるおそれがないにもかかわらず承諾しないときは，裁判所が借地権者の申立てにより，地主の承諾

第1編　借家をめぐる66のキホン　　91

に代わる許可を与えることができる旨の規定があります。

　しかし，借家の権利については，借地借家法にこれと同様の規定があ
りません。

　借地権の場合には借地の上に財産的価値のある建物の所有権が存在し
ており，これを認めないと，借地上の建物が有効活用できなくなるおそ
れがあります。

　この借地権と比べると，借家の権利は，それほど価値があるものとは
考えられていないので，借地借家法19条のような規定がないことにつ
いては，ある程度やむを得ないことかもしれません。

　もっとも，都心の繁華街のクラブ等の借家の店舗については，今でも
数千万円以上で「権利売買」がなされているといわれているように，相
当の価値が見込まれることもあり，借家の権利を譲渡していることがし
ばしばあるのです。

　しかし，借地権の譲渡のような裁判所の手続きがない以上，表立った
借家の権利の譲渡ができず，業務委託ないし営業の賃貸借等の衣をかぶ
っていることが多いようです。

　それも，家主甲から賃借した借家人乙より業務委託を受けた丙からそ
の権利（が何かはっきりしないのですが）について転々譲渡を受けたＸが
その借家で店舗経営をしているという実態が今でもあるのです。

　そのような立場のＸが，甲からあなたは何の権利があってこの店で商
売をしているのかと問い詰められたときに，乙あるいは丙の従業員にす
ぎないというような主張で通しきれるのかという問題があるのです。

Q-46

借家の修繕は，どちらがどこまでするのでしょうか。また，家主がすべき修繕をしないときには，借家人はどうすればよいでしょうか。

A 借家の修繕について，借地借家法は何も規定していません。そうすると，民法の登場です。

2017 年の改正民法 606 条 1 項は，「賃貸人は，賃貸物の使用及び収益に必要な修繕をする義務を負う。ただし，賃借人の責めに帰すべき事由によってその修繕が必要となったときは，この限りでない。」として，家主の修繕義務を原則として認めています。

ただし書き以下は，改正前の民法にはなかったのですが，借家人の使用の仕方を誤って修繕が必要になった場合，たとえば空焚きをして風呂釜を使えなくしたときは借家人の責任とするもので，借家人に債務不履行がある以上，当然のことを念のために明記したといえます。

家主が借家の保存に必要な行為をするときには，借家人はこれを拒めません（民法 606 条 2 項）。

ただ，家主がその保存行為をすると，工事騒音等で仕事ができないなど借家の目的を達成することができないときには，借家人が借家契約を解除することができます（民法 607 条）。

ところで，借地借家法の各規定と異なり，民法の各規定は任意規定と

第1編　借家をめぐる66のキホン　　93

されており，民法の規定に反する合意を当事者がすれば，その合意が優
先します。

　そこで，ほとんどの借家契約書では，柱，梁などの家の骨格を除いた
部分，たとえば切れた電球の取り換えや，備え付きの電気器具の故障な
どの修繕義務について，家主ではなく借家人としているのが実態です。

　借家人に課しているこれらの修繕義務がどこまで有効かは，特に居住
用の借家については難しい問題があります。

　ここでも，雨漏りや給湯器の修繕義務まで借家人に負わせるなど借家
人に相当厳しすぎるような条項であれば，消費者契約法などに違反して
無効となる可能性があるからです。

　裁判所も借家人の修繕義務については，制限的に解釈することがある
ので，第2編の裁判例を参照してください。

　家主が修繕義務を負っている場合に，借家人がどれだけ訴えても修繕
に応じないことがあります。

　そこで，改正民法は新しい規定を設けました。

　607条の2で，「賃借物の修繕が必要である場合において，次に掲げ
るときは，賃借人は，その修繕をすることができる。一　賃借人が賃貸
人に修繕が必要である旨を通知し，又は賃貸人がその旨を知ったにもか
かわらず，賃貸人が相当の期間内に必要な修繕をしないとき。二　急迫
の事情があるとき。」という規定です。

　そして，民法608条1項で，「賃借人は，賃借物について賃貸人の負担
に属する必要費を支出したときは，賃貸人に対し，直ちにその償還を請求
することができる。」と規定されているとおり，修繕費用を立て替えた
借家人は家主に対し，その費用を直ちに請求することができるのです。

Q-47

借家人の原状回復義務は，どこまでする必要がありますか。また，国交省のガイドラインとは何ですか。

A 借家人が借家の修繕義務をどこまで負担するかという問題と，借家人の原状回復義務の範囲は裏腹の関係にあるともいえます。

借家が傷んだときに，家主，借家人のいずれもが修繕をしないままで契約が終了すると，家主はその傷みは借家人の修繕義務の範囲だから原状回復義務の対象になると主張し，借家人は家主の修繕義務の範囲だから原状回復義務の対象外であると反論することが多いのです。

もっとも，借家人の修繕義務の範囲と原状回復義務の範囲とが必ずしも一致するわけではありません。

使用の仕方によってある程度の汚れが生じても修繕をする必要はありませんが，原状回復義務の範囲に含まれることがあります。

その原状回復義務の範囲についても，借家契約書によって大きく異なります。

関東地方では，明渡し時に原状回復の一つとしてハウスクリーニング代を要求されることがありますが，借家の修繕とは関係ないものともいえます。

いずれにせよ，借家人の原状回復義務については，借家契約書にどのように書かれているか，そして，回復すべき入居時の「原状」がどのよ

第 1 編　借家をめぐる66のキホン　　**95**

うなものであるかを確認することが重要なポイントとなります。

　契約書の内容が不明確な場合には，その解釈をめぐって争いになることが多く，その場合に何らかの指針があれば，家主，借家人の双方にとって都合がよいものといえます。

　その点で，賃貸住宅については，国交省が1998年3月に取りまとめて，その後，2004年2月および2011年9月に改訂した『原状回復をめぐるトラブルとガイドライン』が大変参考になると思います。

　このガイドラインは，原状回復について，「賃借人の居住，使用により発生した建物価値の減少のうち，賃借人の故意・過失，善管注意義務違反，その他通常の使用を超えるような使用による損耗・毀損を復旧すること」と定義して，これらの場合の費用を借家人負担としました。逆にいえば，経年変化や通常の使用による損耗に対する修繕費用については，家賃に含まれるというのです。

　第2編の裁判例でも紹介する大阪府住宅供給公社に係る2005年最高裁判決も通常損耗の原状回復義務を否定しています。

　なお，2017年改正の民法621条では，「賃借人は，賃借物を受け取った後にこれに生じた損傷（通常の使用及び収益によって生じた賃借物の損耗並びに賃借物の経年変化を除く。以下この条において同じ。）がある場合において，賃貸借が終了したときは，その損傷を原状に復する義務を負う。ただし，その損傷が賃借人の責めに帰することができない事由によるものであるときは，この限りでない。」として，国交省のガイドラインと同様の規定がなされています。

Q-48

天災などで一部の使用ができない場合の家賃の支払いはどうなりますか。

A 　日本列島は天災に溢れているといっても過言ではありません。大地震，豪雨，火山噴火，そして台風などきりがありません。

　このような天災など借家人の責任ではないことにより借家の一部が使用できなくなった場合の家賃については，2017年改正民法の前の民法611条では以下の通り定められていました。

「1　賃借物の一部が賃借人の過失によらないで滅失したときは，賃借人は，その滅失した部分の割合に応じて，賃料の減額を請求することができる。

　2　前項の場合において，残存する部分のみでは賃借人が賃借をした目的を達することができないときは，賃借人は，契約の解除をすることができる。」

改正後は，これが以下の規定に変更されました。

「1　賃借物の一部が滅失その他の事由により使用及び収益をすることができなくなった場合において，それが賃借人の責めに帰することができない事由によるものであるときは，賃料は，その使用及び収益をすることができなくなった部分の割合に応じて，減額される。

　2　賃借物の一部が滅失その他の事由により使用及び収益をすることができなくなった場合において，残存する部分のみでは賃借人が賃

借をした目的を達することができないときは，賃借人は，契約の解除をすることができる。」

多少の表現の違いはあっても，同じ内容ではないかと思われるかもしれません。しかし，そうではないのです。

どこが違うかといえば，「賃借人は，その滅失した部分の割合に応じて，賃料の減額を請求することができる」と，「賃料は，その使用及び収益をすることができなくなった部分の割合に応じて，減額される」との違いですが，これだけでは分かりにくいかもしれませんね。

まず，主語が違います。改正前は，「賃借人」であるのに対して，改正後は，「賃料」です。

この主語に応じて，述語も変わります。改正前は，「減額を請求することができる」に対して，改正後は，「減額される」となっています。これで何となく分かってきたでしょうか。

天災などで借家の一部が使用不可となった場合に，改正前は，借家人が自ら家主に対して減額請求をすることによって初めて減額されるのに対して，改正後は，そのような減額請求をしなくても，当然に家賃が減額されるというのです。

この違いは，小さいようで大きいのです。

というのも，借家人はやはり家主と比べて弱い立場であることが一般的なので，家主に対し，積極的に家賃の減額の意思を表明することは難しいからです。

そこで，当然に家賃が減額されると改正されたことにより，借家人は家主に対しあえて家賃の減額を言わなくても家賃の支払いを少なくすることが可能となりました。

Q-49

借家が譲渡された場合は，家主の地位も当然に移転しますか。

A 家主甲が借家人乙との間で借家契約をしていたところ，甲がその借家の所有権を丙に譲渡した場合に，乙に対する家主の地位も当然に移転するのかという問題です。一般的に契約上の地位の移転については，相手方の承諾が必要であると解されています。

契約上の地位には，権利だけでなく，義務を含むために，相手方からすると，契約上の地位が勝手に移ってしまうのは困るからです。

改正民法539条の2は，「契約の当事者の一方が第三者との間で契約上の地位を譲渡する旨の合意をした場合において，その契約の相手方がその譲渡を承諾したときは，契約上の地位は，その第三者に移転する。」と定めて，これを確認しました。

借家の権利の譲渡については家主の承諾が必要ですが（Q-45参照），借家の建物の譲渡については，借家人の承諾は不要です。

賃借権と異なり，所有権を譲渡することは自由で，民法の規制も特にないからです。

問題は，借家の建物を譲渡した甲は，建物の所有権を失う以上，原則として家主の地位も失うはずで，そうなると，失われた家主の地位を引き継ぐのは，借家の所有権を譲り受けた丙以外にありません。

ただ，家主の地位は，改正民法539条の2でいう契約上の地位に他な

りません。家賃を受け取るという権利だけでなく，借家の建物を使用収益させるという義務，さらには預った敷金や保証金を返還する債務を含む複合的なものだからです。

そこで，所有権の移転と同時にそのような債務を含む家主の地位についてまで，借家人である乙の同意がなく，また乙への通知をしないままに甲から丙に当然に移転するかが争われてきましたが，第2編で改めて紹介する昭和33年最高裁判決などは，乙に対する甲から丙への賃貸人の地位の移転を認めています。

2017年改正民法では，この最高裁判決の趣旨を踏まえて，605条の2，605条の3が追加されました。

まず，605条の2の1項の「……賃貸借の対抗要件を備えた場合において，その不動産が譲渡されたときは，その不動産の賃貸人たる地位は，その譲受人に移転する。」と，

3項の「第1項又は前項後段の規定による賃貸人たる地位の移転は，賃貸物である不動産について所有権の移転の登記をしなければ，賃借人に対抗することができない。」により，不動産の譲受人が移転登記をすることで，引渡しを受けた借家人に対する家主の地位が甲から丙に当然に移転し，

4項の「……費用の償還に係る債務……敷金の返還に係る債務は，譲受人又はその承継人が承継する。」により，乙に対する敷金返還債務等を丙が引き継ぐことになります。

次に，605条の3は，登記などの対抗要件を備えていない譲受人についても，不動産の譲渡人と譲受人の合意による賃貸人たる地位の移転を認めたものです。

Q-50

改正民法で不動産を譲渡するのに賃貸人たる地位を譲渡人に留保する方法が認められたと聞きましたが，どういうことですか。

A 不動産を譲渡する一方で賃貸人たる地位を留保するものとして，改正民法605条の2で，以下の通り定められました。

「2　前項の規定にかかわらず，不動産の譲渡人及び譲受人が，賃貸人たる地位を譲渡人に留保する旨及びその不動産を譲受人が譲渡人に賃貸する旨の合意をしたときは，賃貸人たる地位は，譲受人に移転しない。この場合において，譲渡人と譲受人又はその承継人との間の賃貸借が終了したときは，譲渡人に留保されていた賃貸人たる地位は，譲受人又はその承継人に移転する。」

これは，主にJリートなどの不動産の証券化のために信託譲渡する場合を想定しています。

これまでは，Q-49 でも述べたとおり，旧所有者甲（これを「オリジネーター」ともいいます）から新所有者である信託受託者丙へ不動産を信託譲渡することにより，賃借人乙らに対する賃貸人たる地位も甲から丙へいったんは移転します。

そこで，丙が甲に改めてこの不動産を一括賃貸した上で，乙らの個別の承諾を得て，乙らに対する賃貸人（すなわち転貸人）たる地位を甲に

移転させる（つまり，乙らに対する賃貸人の地位を甲に回復させるわけです）という方法が行われていました。

しかし，この方法によると，大きな不動産では乙らの一部に承諾を得られないことにより（所有権を譲渡したのに譲渡人が再び賃貸人になるというのは，一般の人には確かに分かりにくいことです），賃借人によって賃貸人が分かれることになるなど権利関係が複雑化しました。

そこで，改正民法では，このような権利関係の複雑化を避けるために，賃借人の個別の承諾がなくても，信託受託者である新所有者丙とオリジネーターである旧所有者甲との間で，①不動産の乙らに対する賃貸人たる地位を甲に留保すること，②丙が甲に不動産を賃貸することについて合意することで，乙らの個別の承諾を得なくても，甲の乙らに対する賃貸人の地位の留保が可能となったのです。

何か，不動産の賃貸人たる地位が行ったり来たりしているようで，ややこしそうですが，むしろ，行ったり来たりするのをやめて，元の所有者のままに賃貸人たる地位を留めておく方法を改正民法が認めたものです。

なお，改正民法605条の2の2項後段において，賃貸人たる地位が甲に留保された場合に，甲と丙（または，丙から不動産の譲渡を受けた第三者等の承継人）との間の賃貸借が終了したときは，甲に留保された賃貸人たる地位は，丙（その承継人を含む）に当然に移転すると定めていますが，3項では，甲から丙（その承継人を含む）への所有権の移転の登記をしなければ，賃借人である乙らに対抗できず，賃料を請求できないことになります。

Q-51

借家人は第三者に対して妨害の停止請求ができますか。

A 借家人などの不動産の賃借人は，使用収益するためにその不動産を賃借します。

その不動産を家主などの賃貸人が占有しているのであれば，賃借人は賃貸借契約に基づいてその明渡しを請求できますが，賃貸人以外の第三者が占有などをして，賃借人の使用収益を妨害しているときには，その第三者とは契約関係にない以上，賃貸人である不動産所有者の物権的請求権を代位行使する方法などが考えられました。

さらに，借家の権利は借地権と同様に，それ自体が物権に近いものともいえますから，より端的に，不動産の賃借権，たとえば借家の権利自体に基づいて妨害排除請求ができる，という法理が裁判例で認められてきました。

最高裁昭和28年12月18日判決・民集7巻12号1515頁，最高裁昭和30年4月5日判決・民集9巻4号431頁は，いずれも借地権に関するものですが，賃借権による妨害排除請求を認容しています。

2017年改正の民法605条の4は，この判例法理を条文化したものです。

「不動産の賃借人は，第605条の2第1項に規定する対抗要件を備えた場合において，次の各号に掲げるときは，それぞれ当該各号に定める請求をすることができる。

一　その不動産の占有を第三者が妨害しているとき　その第三者に
　　対する妨害の停止の請求
　二　その不動産を第三者が占有しているとき　その第三者に対する
　　返還の請求」

本条のポイントは二つあります。

一つは，不動産の賃借人は対抗要件を備える必要があるということで，借家の場合は，借地借家法 31 条により引渡しを受けていることでこの要件を満たします。

もう一つは，妨害排除請求について二種類が認められたことです。

1 号の妨害停止請求権と 2 号の返還請求権です。

これらの訴えは，民法 180 条以下の「物権　第 2 章　占有権　第 2 節　占有権の効力」の中で規定されている 198 条の「占有保持の訴え」と，200 条の「占有回収の訴え」にそれぞれ対応するものです。

ところが，実は占有の訴えとしてはもう一つ，199 条の「占有保全の訴え」があります。

「占有者がその占有を妨害されるおそれがあるときは，占有保全の訴えにより，その妨害の予防又は損害賠償の担保を請求することができる。」として定められた妨害予防請求権ですが，改正民法 605 条の 4 では，この妨害予防請求権までは規定されていません。

不動産賃借権である借家の権利などに，そこまでの物権的請求権を明文化することにためらいがあったのかもしれないものの，今後の裁判例で，妨害予防請求権が認められる可能性がないわけではありません。

Q-52

家賃の滞納が何か月分続いたら借家契約を解除できますか。契約を解除する前に催告は必要ですか。また，借家人が破産しても解除はできませんか。

A いろいろな借家契約書をチェックすることがありますが，「1か月分の家賃を滞納すると催告なしに契約を解除できる。」というような規定を見かけることが少なからずあります。しかし，このような規定を鵜呑みにすることは危険です。

まずは，1か月分の家賃の滞納が解除事由になるかですが，難しいと思います。

借家契約書で家賃の支払時期については，ほとんどの場合，翌月分を当月末日限り支払う，として先払いの定めをしていると思われます。

ということは，たとえば10月分の支払いを9月末までに支払う必要があり，それを1日でも過ぎると，つまりは10月1日であっても，1か月分の家賃の滞納になってしまうわけです。

人間は忙しさからうっかり支払いを忘れることもあるし，また急用や急病のために支払う意思があっても支払えないことがあります。

家賃の支払いについて銀行の自動引落としの手続きをしていても，借家の契約期間に合わせて引落としを2年間と限定していると，2年経過後も借家契約が自動更新されると自動引落としの手続きの継続を忘れて

いることもあるのです。

こうなると，さすがに１か月分の家賃の滞納があったからといって直ちに解除をすることについては疑問を持たざるを得ません。

では，どの程度の家賃の滞納があれば借家契約を解除できるかですが，借家の目的などの借家契約の内容，建物の老朽化，借家人の経済状況（生活保護世帯か否かなど）や身体の具合などによって，一概には言えないものの，３か月程度の滞納があれば，解除が認められる可能性が高いと思われます。もっとも，そのためには，いきなり解除ではなく，その前段階で催告をすることが必要です。

催告は督促とも言いますが，「いつからいつまでの３か月分の家賃の支払いがなされていないので，何月何日までにお支払い下さい。」という旨の家賃の請求のことです。

この催告をしてその期限通りに支払わないことを確認した上で，初めて解除通知をすることが，解除を確実にする方法といえます。

そして，催告にしても解除にしても，裁判になったときに，これらの書面が借家人に届いたことを証明する必要があります。

解除通知については，配達証明書付き内容証明郵便という方法がもっとも証拠能力が高くお勧めです。

その前段階の催告については，そこまでやるのではなく，直接手渡して受領のサインをしてもらう，あるいは，メールで催告して開封確認をしておくという簡便なやり方もあり得ます。

なお，借家人が破産した場合に，2004 年までの旧民法 621 条では家主および借家人の破産管財人のいずれからも契約解除ができましたが，この条文が破産法の改正時に廃止されたため，家主からの解除が認められなくなりました。

Q-53

契約者と入居者が異なる場合は，借家契約を解消できますか。

A 　契約者と入居者が異なるとは，家主Ｘが甲を借家人として甲との間で借家契約を結んだのに，実際に入居していたのは，甲ではなく乙であったという場合です。そんなことがあるのかと思われるかもしれませんが，現実にあるのです。

　戦後まもなくあった有名な事件ですが，駐留軍の兵士を相手とする契約者ではない女性を短期間住まわせたというだけで借家契約の解除を認めた昭和33年最高裁判決があります。

　また，最近よく聞く話ですが，いわゆる暴対法やそれに関連する各地の条例による規制などで暴力団員が借家契約をすることが難しくなっていることから，暴力団員が女性の名前を使って契約をし，実際には暴力団員が住居または事務所として利用することがあります。

　このように，契約者と入居者が異なる場合に，家主Ｘとしては法律的にどう対処すべきでしょうか。

　設問で，「解消」といって，「解除」といわなかったのは，以下に述べるとおり，「解除」に限らないからです。

　まず，入居者乙に対しては，そもそも契約をしていないのですから，甲との借家契約の解除等をするまでもなく，不法占拠者として直ちに明渡しを求めることが可能と思われます。

　もっとも，Ｘにしてみると，見知らぬ乙を入居させたのは甲ですから，

第1編　借家をめぐる66のキホン　107

甲との借家契約についても意思を表明しておく必要があると考えます。

　まず，「錯誤」の主張です。

　Xは借家人を甲と思い契約したのに，入居したのは乙ですから，Xは契約の相手方である借家人を誤解したとして，民法95条の錯誤による無効（2017年改正民法では取消し）を主張できます。

　次に，甲の「詐欺」です。

　甲は，最初から自分が入居する意思がなく，乙を入居させる目的でありながら，それを隠してXと借家契約を結んだのですから，Xをだましたわけです。

　Xは，甲の詐欺により借家契約をしたとして，民法96条1項により借家契約を取り消すことができるのです。

　もっとも，甲はXをだます意図はなかった，当初は自分で使用するつもりであったが，事情が変わったので，乙に使用させたと弁解するかもしれません。

　そのような場合には，民法612条1項の「転貸」に当たり，一般的にも借家契約書で禁止されているので，Xの承諾なく転貸したことについて，「無断転貸による解除」を主張できます。

　以上のとおり，Xとしてはさまざまな法的主張ができますが，ここで注意すべきことが一つあります。乙の入居を知りながら長期間放置することです。借家人の違法状態について適切な対処をしないと，それを認めてしまったと評価されることがあるからです。これを「黙示の意思表示による承諾」といいます。

　家主としては，契約者とは異なる者が入居していることを発見したときには，直ちに契約解除等の適切な行動をとるべきと思われます。

Q-54

居住用の借家で塾を開設したら契約を解除できますか。また，どこまですると用法違反になりますか。

A 　居住用に限定して貸したのに，その借家で事業をすることは借家契約の禁止事項に当たり，契約を解除される可能性があります。

　民法616条が準用する使用貸借の規定の民法594条1項は，「借主は，契約又はその目的物の性質によって定まった用法に従い，その物の使用及び収益をしなければならない。」と定め，この違反を「用法違反」といいます。

　では，塾の経営がどうかといえば，確かに居住目的とは異なるので，形式的にみればこの用法違反に当たると思われます。

　もっとも，塾の経営といっても，規模の大小や多様な形態があります。

　大学生が自宅で複数の小学生を相手に家庭教師をする，あるいはお年寄りが週に何回か珠算教室や書道教室をしながら年金生活の足しにするものから，もっと大々的にアルバイトも使って毎日塾を開いているものまで，実にさまざまであり，これらを一律に禁止できるかは難しいところです。

　交通事故で夫を突然亡くした妻が，生活のために自宅で近所の子供を相手に算数や国語を教えたからといって，契約を直ちに解除することに

第1編　借家をめぐる66のキホン　109

は家主としても躊躇するところがあるでしょう。

　かといって，そのまま放置すれば，他の借家人から苦情が出ることも予想されます。

　そこで，家主は，借家人に対し塾の経営が原則として用法違反に当たることを警告し，教えている生徒の数や時間などの実情を明らかにするように求めます。

　そのうえで，借家人の生活のためにやむを得ないと判断した場合には，他の借家人に迷惑とならないように，駐輪は整然とすることや，大声を出すのを禁止するなどの万全の対応を求めることです。

　そのような場合でなく，大々的に塾経営をしているときには，直ちに解除してよいかという質問を受けますが，家賃の滞納の場合と同様に，まずは催告をすべきと思います。

　「塾経営は居住目的に限定した建物賃貸借契約書第何条に反する用法違反ですから，いついつまでに塾経営を取りやめてください。」というような内容の催告です。

　撤退する機会を与えるほうが，後に裁判になった場合に，家主としてここまで配慮したのに借家人が従わなかった，ということを裁判所に印象付けることができるからです。

　そして，その期限が来ても借家人が塾経営を以前通りに続けていれば，借家契約を解除することになります。

　ところで，同じ用法違反といっても，その目的が違法なもの，たとえば違法な賭博に使用しているということであれば，信頼関係がすでに破壊されていると考えられるので，催告を要することなく解除することも可能と思われます。

Q-55

ペット禁止違反で契約が解除される ペットとは，どういうものですか。

A 借家契約書では，ペットを禁止している特約が多いと思います。「犬，猫及びこれに類するペットを禁止する。」，「一切のペットを禁止する。」など，ペット禁止と一口に言ってもいろいろな表示方法があります。

ペット禁止については，以前に動物愛護の関係から問題提起されマスコミで話題になったことがありますが，裁判所はほぼ一貫してペット禁止特約を有効としてきました。

その理由としてはいくつも挙げられます。

危険性，騒音，臭いなどの衛生面，そして傷や汚れです。

危険なペットといえば，ワニやニシキヘビを飼っていて問題になったことがありました。犬でもドーベルマンのような大型犬は危険性の面でも一般の人は不安に感じると思います。

騒音といえば，やはり犬の鳴き声でしょう。猫でも大きな威嚇声を出すことがあります。

これらの声をどう感じるかは個人差があり，音の大きさだけでなく，昔犬にかまれた経験を持っている人は，どんな小さな犬の鳴き声でも耐えられないという人がいます。

小鳥の鳴き声やオウムの人まね声でも気にする人は気にします。

臭いなどの衛生面についても，敏感な人はすぐに家主や管理会社に連絡します。

ペット禁止なのに犬の臭いがする，衛生面でも問題だから飼育をやめるように注意して欲しいと言われると，家主としては，特約違反であるとしてその借家人に催告することになります。

以上のことは，直接的には借家人同士の問題といえますが，家主として最も困るのは，犬や猫の建物の柱などへのひっかき傷や便の処理などが不十分であることによる取れない汚れです。

これは借家の価値に直接影響するものですから，家主も借家終了時に気を付ける必要があります。

ところで，以上述べたような危険性，騒音，臭いなどの衛生面，汚れということについての問題が比較的少ないと思われる小鳥はどうでしょうか。ここで，契約書の書き方が影響すると思われます。

たとえば，「犬，猫及びこれに類するペットを禁止する。」という程度の限定的な表現であれば，鳥類の小鳥は哺乳類の犬や猫とは相当に異なりますし，危険性や騒音，臭いという面でもさほどの影響はないと思われます。

しかし，「一切のペットを禁止する。」という例外なくペットを禁止するという規定であれば，小鳥の飼育も難しいと思われます。

問題は，これまでに述べた悪影響がどれも認められないようなペット，たとえば熱帯魚も認められないかです。

ペット禁止の趣旨からすると，認めてもよいようにも思えますが，ピアノ禁止などの重量制限がある共同住宅では水の重みも無視できず，また電気代がかさむことからも悩ましいところです。

Q-56

近隣への迷惑行為で契約が解除されるのは，どういう場合ですか。また，家主が迷惑行為を放置していたらどうなりますか。

A アパートやマンションという共同住宅は，文字通り壁一つ隔てた隣同士で共同生活する建物です。お互いに節度をもって暮らさないと，気持ちの良い日々を送ることができません。

　そこで，借家契約書には，「借家人が他の借家人や近隣の人に対して迷惑行為をしたことにより，家主との信頼関係を損ねたときには，家主は本契約を無催告で解除できる。」というような規定が入っています。

　私が相談を受けた迷惑行為をいくつか挙げてみましょう。

　昔から相談事でよくあったのは，夜中に大音量でステレオやテレビを付けっ放しにしていて眠ることができないなどの騒音の問題です。

　同じ音でも，洗濯機を一晩中回し続ける，壁をどんどん叩くというものもありました。

　音以外では，他の借家人の悪口を近所に言いふらす，新聞広告の裏に借家人のプライバシーを書き込んでマンションのポストに入れる，2階のベランダからゴミ袋を投げ捨てる，アパートの屋外階段や玄関前に不用品を勝手に置いて，階段の上り下りや郵便物の取り出しに支障をきたすなど実にさまざまです。さらにエスカレートすると，エレベーターで

第1編　借家をめぐる66のキホン　113

たまたま乗り合わせたほかのマンションの住民の後を付けていくといっ
たストーカーまがいの行動をする借家人もいました。

　問題はこうした迷惑行為をしている人は，迷惑行為についての自覚が
ないことです。

　そのような借家人に対し，「催告なしに解除できる。」と借家契約書に
書かれているとしても，その通りにいきなり解除することは危険です。

　まずは，近隣の人からの陳述書などの証拠を収集したうえで，具体的
事実を指摘して，そのような迷惑行為を直ちに止めるように催告するこ
とです。それでも迷惑行為を続けるようであれば，初めて解除するよう
にしましょう。

　借家人自身ではなく，その子供や同居人が他の借家人に対し大声で叫
んだり，暴力行為を働くことがあります。

　子供は借家人でないから関係ないと弁解をする借家人がいますが，子
供をしつけるのは親の務めですし，借家人だけでなく家族として借家を
利用している以上，そのような弁解は通りません。

　家主の中には，借家人から他の借家人の迷惑行為を何回指摘されても
放置する人がいますが，家主には借家人に対し借家を使用収益させる義
務がある（民法616条，同法594条1項）以上，迷惑行為をする借家人が
いることによって，借家人の使用収益に支障をきたしているのですから，
そうした借家人の迷惑行為を排除する義務があることになります。

　したがって，迷惑行為をする借家人をいつまでも放置している家主は，
他の借家人から損害賠償請求を受けることにもなりかねず，現に家主に
対する損害賠償を認めた裁判例もありますので，家主の方々も気を付け
ましょう。

Q-57

家主による自力救済の禁止とは，どういうことですか。

A 「自力救済」という言葉にはあまりなじみがないかもしれませんが，家主の相談に乗っていると，まさに，自力救済と知らないままに自力救済を現実にやっている人や，その寸前の人にしばしば出くわします。

では，自力救済とは何かといえば，権利を侵害された者が裁判や強制執行などの国の司法手続きによらずに，自力で権利を回復することをいいます。

裁判などの手続きが整備されていない昔の時代であれば，そのようなこともやむを得なかったのかもしれませんが，それでもそうしたことが許されると，力のある少数者は何でも思い通りにする半面，力のない大多数の人々は泣き寝入りとなり，それでは社会的正義や社会秩序の維持が失われる混乱した状況に陥り，国家としては到底認められません。

幸いにも，現在の日本は法治国家といわれるように，裁判制度がきちんとできている民主主義国家ですから，いろいろな不満は各人それぞれにあるでしょうが，少なくともそのような混乱した社会ではありません。

それは言い換えると，日本では自力救済が禁止されているということです。

ところが，家主の中には少なからず，上述した通り自力救済をしよう

という人がいるのです。

「家賃を何か月も支払わないような借家人は借家人の資格がない。2か月前からどこかへ行ってしまい行方不明だから，借家の権利を放棄したようなものだ。鍵を取り換え，中の家財道具を全部出し，ハウスクリーニングをして，借家人募集をする。家財道具はしばらく他の倉庫で保管しておけばよいね。」などと相談を受けることがあります。

その場合，弁護士の私は，「それはちょっと待ってください。そのようなことをすると，刑法130条の住居侵入，235条の窃盗もしくは261条の器物損壊などに当たるかもしれませんよ。いずれにせよ，それは自力救済という違法な行為ですから，同様なケースでこれまでに繰り返し，損害賠償を請求されています。それに失踪をする人はややこしい筋から借家契約書を担保に高利の金を借りていることもあり，自力救済をすると，その筋から一生たかられることになるので，くれぐれも自重してください。」などとアドバイスします。

もっとも，自力救済ができなければどうするかといえば，本人を見つけ出してきて鍵を受け取り，家財道具の放棄書に署名させることができればよいのですが，それが無理であれば，明渡しの裁判と強制執行をするしかありません。

裁判や強制執行には弁護士費用を含めて相当な金額を要します。

家賃の不払いだけでも大きな損失なのに，裁判費用などまで負担するのは馬鹿らしいと思われるかもしれませんが，借家経営も一つのビジネスです。

借家の明渡しには裁判費用などのコストがかかることを覚悟する必要があります。

Q-58

借家の立退交渉を不動産業者に委任するのは違法ですか。

A 老朽化した借家の借家人に対する立退交渉を，家主が自らすることは大変です。

まず，古い借家を持っている家主は高齢者が多く，体力的に無理なことが多いといえます。

また，昔のように家主自ら毎月家賃の回収のために借家に出向いて，借家人と会っていれば，それなりの人間関係も築けることから，立退交渉もある程度スムーズにいったのかもしれません。

しかし，今はほとんどが銀行振込みか管理会社に家賃の集金を任せているため，家主は借家人と会うことがまれで，どのような借家人がいるか正確に把握してないこともあります。

そのような家主が，初めて借家人と会って，いきなり立退きの話を持ち出せば，借家人にしても，修繕要求になかなか応じてもらえなかったなどというこれまでのいろいろな不満を持ち出すことが多く，家主としても安い家賃で我慢してきたのにという思いもあって冷静に対応できずに，もめることは必定です。

そこで，家主は身近な不動産業者に相談すると，それなら私に任せなさい，あるいは立退交渉が得意な不動産業者を知っているから紹介すると言われると，これらの不動産業者に一任してしまうほうが楽かなと思

ってしまうのです。

しかし，ここで気を付けていただきたいことがあります。

借家の立退交渉というのは，借地借家法28条の正当事由が具備されているか否か，そのためにどの程度の立退料を支払わなければならないかを判断する必要があることから，「法律事務」に属するため，不動産業者への依頼は問題になるのです。

弁護士法72条は，「弁護士又は弁護士法人でない者は，報酬を得る目的で訴訟事件，非訟事件及び審査請求，再調査の請求，再審査請求等行政庁に対する不服申立事件その他一般の法律事件に関して鑑定，代理，仲裁若しくは和解その他の法律事務を取り扱い，又はこれらの周旋をすることを業とすることができない。」と定めています。

弁護士でない者がこれらの行為をすることを「非弁行為」といい，弁護士法77条は，非弁行為をした者について，「2年以下の懲役又は300万円以下の罰金に処する。」と規定しています。

したがって，立退交渉を弁護士以外の者がすることは，弁護士法72条に違反する非弁行為であり，同法77条の刑事罰の対象になるのです。

現に，地上げをしていた会社の社長が2008年3月に非弁行為で逮捕されたことから，その会社に地上げを依頼していた東証二部上場の会社も，株が急落して資金調達が困難となり，同年6月に民事再生の申立てをすることになりました。

また，このような非弁行為をする不動産業者の中には，Q-57で述べた「自力救済」に走ることもあり，依頼者である家主も損害賠償責任に留まらず，刑事責任を負うことになりかねないので要注意です。

借家の立退は弁護士に任せるべきと思います。

Q-59

1999年に制定された「良質な賃貸住宅等の供給の促進に関する特別措置法」は，何のためにつくられたのでしょうか。

A 一言でいえば，定期借家制度を導入するためです。

1941年に導入された正当事由制度により，家主の立退請求は大変困難となりました。

建物をいったん貸したら返らないという風潮が強まり，そこへ戦後の土地価格の上昇があいまって，あえて退去をお願いするときには，家主からみたら，それまでに受け取った家賃の何倍もの莫大な立退料を支払わざるを得なくなりました。

しかし，これによって，当然，家主側は建物を貸すのはばからしいという意識が強まったことから，適切な貸家住宅が供給不足となり，戦後の深刻な社会問題の一つとなりました。

いわゆる貸し渋り現象です。

そこで，問題解決のために1991年に成立したのが「借地借家法」です。

この借地借家法の目玉商品の一つといわれたのが「期限付借家」です。

期限がくれば，借家関係が無条件に終了するというものですが，期限付借家は実務においてほとんど利用されませんでした。

期限付借家には借地借家法の38条で家主の不在期間の借家，39条で

取壊し予定の借家がありましたが，要件があまりに厳しく，たとえば将来建替え予定の借家を一時的に貸すことには適用されないなど，絵に画いた餅だったからです。

これではいけないということで，1995年ごろから，期限付借家の制度を改めて，新たに「定期借家」を設けようという気運が盛り上がってきました。

法律をつくる本来の法務省の中の法制審議会ルートではなく，議員立法として，「良質な賃貸住宅等の供給の促進に関する特別措置法」がつくられ，1999年12月9日に成立しました。

その中に入っているのが，「定期借家制度」です。

この法律は，5条の本則と4条の附則とから成り立っていますが，本則の1条から4条までは，国や地方公共団体に対して，良質な借家を設けるように努力しなさいというもので，実質的な意味はほとんどありません。

ここで大事なのは，5条の借地借家法の一部改正のところです。

この法律は，2000年3月1日から施行されています。

それでは，定期借家とは何かというと，これは法律用語ではありません。法律用語としては，「定期建物賃貸借」といいます。

借地借家法第3章の第3節「期限付建物賃貸借」を「定期建物賃貸借等」に改め直したというものです。

「期限付建物賃貸借」が使いものにならないので，これを化粧直しして定期借家で再出発しようということになったのですから，本質的内容は以前の期限付建物賃貸借と変わらず，それよりずっと使い勝手の良いものにしたということです。

Q-60

「定期借家」とは，どういうものですか。また，従前の期限付建物賃貸借や一時使用目的の建物の賃貸借とは，どう違いますか。

A 定期借家は何かということですが，内容自体は以前の期限付建物賃貸借（借地借家法39条でその一つとしての「取壊し予定の建物の賃貸借」は残っていますが，定期借家の創設により事実上存在意義をなくしています）や，同法40条の「一時使用目的の建物の賃貸借」と変わりません。

つまり，期限が来れば借家は終了します。

終了に際して，家主に正当事由はいらないし，まして立退料を支払う必要はないというものです。

ところで，今回の定期借家制度の特徴は，これまでの期限付建物賃貸借と異なり，内容の制限が一切ないということです。

以前の借地借家法38条の「家主の不在期間の借家」では，家主が生活の本拠として使っていたものを，転勤などで，よそへ移っている期間だけを貸すという，まことに限定されていたものですが，今回の定期借家では，そのような条件はありません。

貸す対象が居住用かあるいは店舗や事務所などの業務用かの区別なく使えます。

第1編　借家をめぐる66のキホン　121

　また，地域的限定もなく，都会であろうと地方であろうと利用できます。面積が広いとか狭いとかの区別もありません（ただし，床面積が200㎡未満の居住用の建物については，後で述べるとおり，解約に関し，例外的取扱いがなされています）。

　さらに，一定期間以上でなければならないとか，一定期間以内に限るとかいうような，期間による限定もありません。

　ここで一言いうと，従来は期間に関し，最長期間について民法604条の規定により20年（2017年改正民法では50年）までとされていたのが，良質な賃貸住宅などの促進に関する特別措置法で，借地借家法29条2項を追加して，この民法の条文を借家について適用しないと明文化し，定期借家，普通借家を問わず，20年を超えて何年でもよいことになりました。

　また，最短期間については，借地借家法29条1項で1年未満は期間の定めのないものとみなされていましたが（つまり，解約申入れには6か月以上前にする必要があります），定期借家に限っては，借地借家法38条1項後段で，29条1項を適用しないとしたため，1年より短い期間の，つまり3か月とか6か月の定期借家が認められました。

　他方で，「一時使用目的の建物の賃貸借」は，旧借家法の時代から制度としてあるものですが，どこまでが一時使用といえるのか認定が難しいため訴訟で争われることが多く，それ自体法的リスクが高いものとして，敬遠されてきました。

　これに対して，定期借家は要件が明確であり，後述するように入口と出口を間違えさえしなければ，使いやすい制度であり，実際に特に商業ビルなどでは急速に普及してきました。

Q-61

「定期借家」の契約の仕方は厳格になっていますか。

A 定期借家には内容による制限はないのですが，方式による制限があります。

入口と出口です。ここでは入口の説明をします。

入口とは，契約の仕方の問題です。

借地借家法38条の1項から3項にその規定があります。

まず1項の前段で，「期間の定めがある建物の賃貸借をする場合においては，公正証書による等書面によって契約をするときに限り，第30条の規定にかかわらず，契約の更新がないこととする旨を定めることができる。」と定められています（ちなみに，1項後段は Q-60 で説明しています）。

「公正証書による等書面によって契約をするときに限り」と書かれているので，一般の人は，つい「公正証書」の方に目がいってしまいます。

つまり，定期借家の契約をするには公正証書でなければいけないのか，それは金もかかるし，面倒だなぁと思ってしまうのです。

しかし，決してそうではありません。

「等書面」と書かれているように，公正証書は一つの例示にすぎず，「書面」であればよい，つまり私的な契約書でもよいということで，ただし書面の上で定期借家であるということを明らかにしなさいということな

のです。

契約をするにあたって，もう一つ注意が必要です。

それが，借地借家法38条の2項と3項です。

まず2項で，「前項の規定による建物の賃貸借をしようとするときは，建物の賃貸人は，あらかじめ，建物の賃借人に対し，同項の規定による建物の賃貸借は契約の更新がなく，期間の満了により当該建物の賃貸借は終了することについて，その旨を記載した書面を交付して説明しなければならない。」とし，

さらに3項で，「建物の賃貸人が前項の規定による説明をしなかったときは，契約の更新がないこととする旨の定めは，無効とする。」と，これまでかと念押しするような規定がなされていることです。

要するに，家主は，先ほどの定期借家の契約書とは別に，契約する前に文書で借家契約が定期借家であること，つまり，契約の更新がなく，期間満了により契約が終了することを説明して，その文書を借家人に渡す義務を負うことになっており，この義務を果たさない契約は無効であるとして，定期借家による終了を借家人に主張できなくなるのです。

中には，定期借家の契約書の中に2項の説明文書を入れておけばよいではないかという意見もあり得ると思います。

現に，それで争われたケースがありますが，平成22年および平成24年の最高裁判決では，いずれも契約書とは別に説明文書を要求しており，借地借家法38条2項，3項を厳格に解釈しています。

なお，説明文書は相手に渡すものですから，家主側は，後日の証拠として，渡すものとは別に同文の文書に借家人に記名捺印をしてもらって手元に残しています。

Q-62

「定期借家」の終了の仕方は，どうなっていますか。

A 定期借家では，もう一つの方式の問題として出口，つまり契約の終了の仕方にも気を付けなければなりません。

もっとも，期間が１年未満か，１年以上かで取扱いが異なります。

まず，１年未満の場合，未満というのは１年は入りませんが，このときは家主が特別なことをしなくとも期間満了とともに契約は当然に終了します。

問題は，期間１年も含めた１年以上の契約の場合です。

この場合には，借地借家法 38 条 4 項で以下の通り規定されています。

「第 1 項の規定による建物の賃貸借において，期間が 1 年以上である場合には，建物の賃貸人は，期間の満了の 1 年前から 6 月までの間（以下この項において「通知期間」という。）に建物の賃借人に対し期間の満了により建物の賃貸借が終了する旨の通知をしなければ，その終了を建物の賃借人に対抗することができない。ただし，建物の賃貸人が通知期間の経過後建物の賃借人に対しその旨の通知をした場合においては，その通知の日から 6 月を経過した後は，この限りでない。」

つまり，借地借家法 38 条 4 項本文により，期間の満了する 1 年前から 6 か月の間に終了通知を借家人にしないと，当初約束した期間満了日に契約が終了しないことになるのです。

第1編　借家をめぐる66のキホン　**125**

　もっとも，この間の通知を逃すと，すぐに普通借家になるわけではな
く，今度は，同条項のただし書きにより，満了日の半年以内であっても，
通知すればその通知から6か月経過後に契約が終了することになります。

　たとえば，2018年10月1日に2年間の定期借家の契約をした場合に，
2019年10月1日から2020年3月31日までに終了の通知をすれば，
2020年9月30日で契約は終了しますが，2020年4月1日以降同年9月
30日までの間の，たとえば2020年1月10日に通知をしたときは，そ
の半年後の同年7月9日に契約が終了することになります。

　それでは，その半年間も何も通知をせず，2020年9月30日を経過し
てしまい，しかも借家人がそのまま居たとしたらどうなるでしょうか。

　この点は，今回の法律でははっきりしません。

　その場合でも通知をすれば，6か月後に契約は終了すると主張する学
者もいますが，私はその意見ににわかに賛成できません。

　むしろ，普通借家に転換する可能性がかなりあると思います。

　というのも，期間が満了した以上，当初の契約書の対象期間外である
ために契約書の及ばない借家となりますが，前に述べたとおり，契約書
のない定期借家は認められていないので，普通借家と考える方が自然だ
からです。

　借地借家法38条6項が「前二項の規定に反する特約で建物の賃借人
に不利なものは，無効とする。」と定めているのも，私の考え方の支え
になると思いますが，最終的には最高裁の判断にお任せします。

Q-63

更新と再契約とは，どう違いますか。また，普通の借家から「定期借家」への切替えはできますか。

A 普通の借家の場合には，これまでに繰り返し述べたとおり，期限の定めをしていてその期限が到来しても，家主に借地借家法28条の正当事由がなければ，契約は続きます。

これを「更新」といいますが，これに対して，定期借家の場合には，更新という制度がありません。

逆にいえば，更新がある借家契約書は定期借家という標題であっても定期借家ではないということになります。

ところで，定期借家による契約で，家主，借家人の双方ともに期限後の契約の継続を望む場合があります。

このようなときには，当初の契約終了日までに，改めて契約書をつくり直さなければなりません。

これを「再契約」といいます。

当初の定期借家契約書に，再契約のことが書かれていることがあります。

たとえば，「本契約は，前項に規定する期間の満了により終了し，更新がない。ただし，甲及び乙は，協議で合意の上，本契約の期間の満了の日の翌日を始期とする新たな賃貸借契約（以下「再契約」という。）を

することができる。」，また，「甲は，再契約の意向があるときは，期間終了通知の書面に，その旨を付記するものとする。」などと記載されています。

無論，このように書かれていても，再契約をするか否かは，あくまでも両当事者の自由であり，両当事者ともに改めて合意しない限り，元の定期借家の期間満了によって，契約は終了します。

この法律の施行により問題となったのは，それ以前からの普通借家にも定期借家への切替えができるのかどうかということです。

特に，ちょうど更新時期がきたときに，契約書を巻きなおして普通の借家から定期借家の契約に切り替えられるかどうかという質問をよく受けるのですが，「良質な賃貸住宅等の供給の促進に関する特別措置法」の附則2条1項で，居住用，事業用を問わず，普通借家から定期借家への切替えは一切できません。

さらに，更新とは関係なく，従来の普通借家をいったん合意の上で解約して，改めて定期借家で契約することも，附則3条で，居住用借家については当分の間認められません。

当分とは何年間かということですが，附則4条で施行から4年を目途に居住用借家の見直しをすると規定されていたものの，施行から相当期間経過しても見直しの気配すらありません。

一棟のビルで建替えを検討している家主は，退去した後の新たなテナントは入れず，既存テナントで当面出る気配のないテナントについては，無理に解約申入れをして莫大な立退料を支払うよりも，相当に家賃を下げてでも数年間の定期借家に切り替える方法を採用することが増えてきました。これも新しい立退きの手法として，注目を浴びつつあります。

Q-64

「定期借家」では，家賃を固定化できますか。

A 定期借家では，普通借家と異なり家賃を固定化できます。

借地借家法38条7項で，「第32条の規定は，第1項の規定による建物の賃貸借において，借賃の改定に係る特約がある場合には，適用しない。」と定められたことによります。

同法32条は，「借賃増減請求権」といわれる規定です。

土地や建物の公租公課の増減や，土地や建物の価格の上昇または低下その他の経済事情の変動などにより，周りの家賃相場と比べて不相当となったときには，家賃について，家主は増額を，借家人は減額を，それぞれ請求することができ，普通借家の場合には借家人側の減額請求は排除できません。

これに対して，同法38条7項が定められたことにより，定期借家では，その期間の家賃の改定についての特約が予めなされていれば，途中でその特約に反して，家主からも借家人からも増減請求ができないこととなりました。

つまり，特約によって，定期借家の期間の家賃が予め明確に定まるということになったわけです。

これは一見家主に不利にみえるかもしれませんが，建物の老朽化により家賃が下落するリスクを考えると，むしろ使いようによっては，家主側

に大変有利なものとなるかもしれません。

　このように新しい制度が導入された場合に，借家の仲介を行う宅地建物取引業者いわゆる不動産業者の方も，より厳しい義務を負うことになります。

　特に宅建業法35条で，宅建業者は重要事項説明義務がありますので，定期借家か普通借家か，賃料増額請求権の排除特約があるか否かを明示しなければなりません。

　ところで，定期借家の導入によって，いろいろな経済的効用がはかれるでしょう。

　まず，家賃の固定化により一定期間の家賃の総額が決まることにより，そのビルの投資利回りが確定するので，特に業務用テナントビルについての取引が活発化すると思われます。

　これまでの我が国の民間用借家では，入替えが激しく，立退きでもめにくいワンルームマンションや2DKサイズが欧米と比べて原則的に多かったのですが，家主が安心して貸せるようになるため，良質な大型物件も借家として供給されることが期待できます。

　さらに，共同住宅などで空室が出ても，建替えを予定しているときは貸せなかったものが，定期借家により建替え時期まで貸すことができるようになり，効率的な借家経営も可能となります。

　もっとも，家主にとって良いことばかりではありません。

　借家経営の競争が激化することは必至であり，そのために，家賃や保証金の相場が下がることも予想されます。

Q-65

「定期借家」でも中途解約ができますか。また，その場合の違約金規定は有効ですか。

A 200㎡未満の居住用借家については，一定のやむを得ない事情があれば中途解約が認められました。

借地借家法38条5項で，「第1項の規定による居住の用に供する建物の賃貸借（床面積（建物の一部分を賃貸借の目的とする場合にあっては，当該一部分の床面積）が200㎡未満の建物に係るものに限る。）において，転勤，療養，親族の介護その他のやむを得ない事情により，建物の賃借人が建物を自己の生活の本拠として使用することが困難となったときは，建物の賃借人は，建物の賃貸借の解約の申入れをすることができる。この場合においては，建物の賃貸借は，解約の申入れの日から1月を経過することによって終了する。」と規定し，

なお，同条6項で，「前二項の規定に反する特約で建物の賃借人に不利なものは，無効とする。」と定めています。

これらの規定により，定期借家の借家契約では，借家人が転勤などのやむを得ない事情で，生活の本拠として使用することが困難となったときは，期間の途中でも家主に対して解約の申入れができ，この場合には申入れから1か月の経過で，借家契約が終了することになり，これに反する特約は無効とされました。

もっとも，借地借家法38条5項の規定は，要件が結構厳しいといえます。

第1に，居住用の借家に限定しており，事業用の定期借家については適用外としていることです。

定期借家制度が事業用にこそ普及しているものの，居住用にはそれほど使われていない現状を考えると，どれだけの実務的意義を有するか若干の不安を持ちます。

第2に，居住用であっても，200㎡未満に限定していることです。

本来，定期借家は，「良質な賃貸住宅等の供給の促進に関する特別措置法」により制度化されたという経緯からも，良質な借家，つまりは面積の比較的広い借家の普及を大義名分としていたはずであるにもかかわらず，中途解約の申入れを200㎡未満に限定したのは，同法の趣旨に反しないかという素朴な疑問を抱きます。

第3に，200㎡未満の居住用借家についても，いつでも解約の申入れができるのではありません。あくまでもやむを得ない場合に限られます。何がやむを得ない場合かは，これから裁判所で事例が積み重ねられていくことでしょう。

他方で，事業用借家の契約書をみる機会がありますが，いずれも中途解約を認めていないのが原則です。

そして，中途解約を例外的に認める場合には，残りの契約期間の家賃全額を違約金として請求できる旨の定めとなっているのが多いようです。

これらの規定の有効性については，裁判所で何回も争われており，全面的に有効であるという裁判例，一定期間に限定している裁判例，それぞれがあり，最高裁で決着するまでにはまだ時間がかかりそうです。

Q-66

「空家等対策の推進に関する特別措置法」は，借家にどのような影響を与えていますか。

A 　今日の空家問題のきっかけは，2014年に総務省統計局が公表した「平成25年住宅・土地統計調査」ではなかったかと思います。

そこで，総住宅数に対する空家率が820万戸で13.5％という数字が世間に衝撃を与えました。

空家増加の背景には，高齢化の進展による介護施設入居や相続紛争の長期化で相続物件が放置されるなどして，老朽化した住居に誰も居住しなくなったことなど，まさに現在の世相を反映しているといえます。

空家の何が問題かといえば，人が使用しないことによる建物の急速な劣化で倒壊のリスクが高まること，不法侵入や放火等の犯罪を誘発すること，不法廃棄物の捨て場になるなど衛生上および景観上の面での劣化を招くことで地価を下落させるなどさまざまです。

そこで，2014年11月に公布された「空家等対策の推進に関する特別措置法」では，倒壊等著しく保安上危険となる恐れのある状態等の要件を満たすと，市町村が「特定空家」と認定して，勧告対象となった特定空家の土地については，建物があっても住宅用地に係る固定資産税等の特例措置の対象から除外し，さらには改善命令にも応じなければ，空家

の解体を強制的に行う行政代執行ができるようになりました。

さて，このような空家問題が借家とどう関係するかといえば，老朽化した連棟式の借家で歯抜け状態になっている空家についてのリスクが高まっているからです。

空家になっても老朽化しているためにリフォーム代が高くかかる反面，人口減によりそのような借家に住む人があまり期待できないこと，家賃の支払いは続いているが実際に住んでいるのか倉庫代わりになっているのか分からないこと，借家の空家を放置していて倒壊や放火等により借家人や第三者から想像を超える損害賠償請求を問われるかもしれないこと，それを回避するために借家人に対し立退交渉をすると，莫大な立退料を請求されるかもしれず，借家経営をしている家主さんにとって空家問題は決して他人ごとではありません。

では，家主としてどうすればよいかということですが，覚悟を決めるしかありせん。

空家問題を解決するには建物を解体するしかない，わずかばかり居住している借家人に対する明渡し交渉を速やかに行うこと，そのためにある程度の立退料の支払いを覚悟することです。

では，どの程度の立退料を用意すればよいかということについては，Q-21～Q-27を参照してください。

第2編 借家をめぐる100の重要裁判例

《はじめに》

　判例検索を使用して，旧借家法が成立した1921年以降の，1,000を超える借家に関する大審院および最高裁の裁判例を概観すると，大審院も最高裁も，時代の空気をある程度反映していることがみえてきます。

　戦前の大審院の時代は，造作買取請求権をめぐる裁判例が多く出されています。現在の借地借家法と異なり，排除特約が無効とされた造作買取請求権についての当時の関心の高さがうかがえます。

　戦後の約20年間は，正当事由をめぐる紛争が多発し，最高裁で集積された判例が借地借家法28条の条文化に結び付きました。

　昭和の終わりから平成初めにかけてのいわゆるバブル時代には賃料（家賃）増額の，バブル崩壊後は一転して賃料（家賃）減額の裁判が相次ぎましたが，新しい元号の下でどのような賃料に係る裁判が生じることでしょうか。

　2000年に成立した消費者契約法は，借家にも影響を与えました。更新料や敷引について消費者契約法を適用するか否かについては下級審では分かれましたが，最高裁は，2011年に原則として実務で行われている更新料等の約定について，その適用を否定しました。2000年から施行されている定期借家制度に関する最高裁判決も出始めており，今後も注目すべき判決の登場が予想されます。

　ところで，旧借家法の成立以来，借家に関する法制度で廃止になったものがあります。重要なものを挙げると，地代家賃統制令，短期賃貸借制度，罹災都市借地借家臨時処理法があります。

　本書では，これらの廃止された制度に関する裁判例については，たとえば短期賃貸借制度をめぐる裁判例の集積など学術的には大変興味深いものがありますが，実務的には今日的意義を失ったものと考え，原則として取り上げていないことをお断りします。

　他方で，2017年，2018年と民法に関する重要な改正が続きました。これらの法改正が借家に与える影響については，これからいくつかの裁判例を通して現れてくるはずで，注意深く見守っていきたいと思います。

　それでは，これから借家についての重要な裁判例をみていきましょう。本書では，訴訟における原告，被告あるいは上告人，被上告人とは関係なく，原則として賃貸人（家主）をＸ，賃借人（借家人）をＹと，それぞれ表示しています。裁判例の順番は，第1編の項目順にほぼ従っています。

　なお，引用している文献のうち，大審院民事判決録は「民録」，大審院，最高裁判所民事判例集は「民集」，最高裁判所裁判集.民事は「集民」，判例時報は「判時」，判例タイムズは「判タ」等の略語例によっています。

第 2 編　借家をめぐる 100 の重要裁判例　　137

【1】　鉄道高架下施設や一つの建物をベニヤ板で区切った店舗でも借家に当たるか。

（最高裁平成 4 年 2 月 6 日判決・判時 1443 号 56 頁）

事案の概要　　本件施設物は，高架下施設です。旧国鉄の高架下施設などの賃貸事業をするＶから一区画の高架下施設の使用承認を受けたＷが，これを二つに分けて，その一つである本件店舗で飲食店を営業していましたが，Ｙに対し本件店舗の営業に関する契約を締結し，Ｙが営業を継続してきました。その後，Ｗから本件店舗の権利について譲渡を受けたＸが，Ｙに対し本件店舗の明渡しを求めて提訴しました。一審，原審ともにＸの請求を棄却したため，Ｘが上告したところ，最高裁は上告を棄却しました。本件訴訟については論点がいくつかありますが，本件施設物および本件店舗が旧借家法における借家に当たるかどうかについてのみ判決文を引用します。

判決の要旨　　原審は，本件施設物は，鉄道高架下施設であるが，土地に定着し，周壁を有し，鉄道高架を屋根としており，永続して営業の用に供することが可能なものであるから，借家法にいう建物に当たる，本件店舗は，本件施設物の一部を区切ったものであるが，隣の部分とはブロックにベニヤを張った壁によって客観的に区別されていて，独立的，排他的な支配が可能であるから，借家法にいう建物に当たる……として，Ｘの本件請求を棄却しているが，原審の右認定判断は，原判決挙示の証拠関係に照らし，正当として是認することができ，原判決に所論の違法はない。

コメント　　借家に当たるかという点で，本件では二つの論点があります。一つは，鉄道高架下施設が借家に当たるか，もう一つは，一つの建物をベニヤ板で区切ったような店舗でも借家に当たるかです。

　第一の点について，民法でも借地借家法でも，実は建物の定義をしていません。そこで，不動産登記に関する登記事務の取扱いについて定めた 2015 年 2 月 25 日法務省民事局長通達の「不動産登記事務取扱手続準則」

77条（1）ウで、「ガード下を利用して築造した店舗，倉庫等建造物」を例示しており，客観的にみても，屋根と周壁を有した土地の定着物であることから，高架下施設が借家に当たることになると思われます。

第二の点について，最高裁昭和42年6月2日判決・民集21巻6号1433頁が，「建物の一部であっても，障壁その他によって他の部分と区画され，独占的排他的支配が可能な構造・規模を有するものは，借家法1条にいう「建物」であると解すべき」と述べていることからも，ベニヤ板であってもこの要件を満たすと評価できるので，本判決は妥当であると思われます。

【2】 借家人が増築した部分も借家になるか。

（最高裁昭和 43 年 6 月 13 日判決・民集 22 巻 6 号 1183 頁）

事案の概要　前所有者 V から借家の譲渡を受けた家主 X は，借家人 Y に対し，主屋部分ならびに Y が新築した下図のワ，カ，ヨ，ニ，ハ，ロ，ワの各点を順次結ぶ直線で囲まれた甲部分，および，ニ，ヨ，タ，ト，ヘ，ホ，ニの各点を順次結ぶ直線で囲まれた乙部分の付属建物について，主屋の朽廃等を理由に解約申入れをして，提訴しました。一審は X の請求を全部認めたものの，原審が甲部分については，主屋に附合していないとして，一部変更したため，X が上告したところ，最高裁は X の敗訴部分を破棄して，東京高裁に差し戻しました。

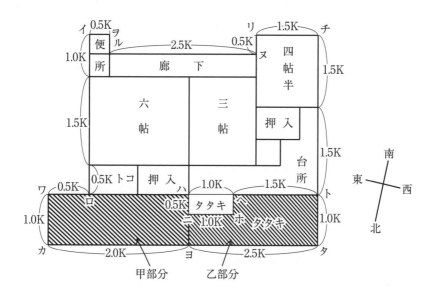

判決の要旨 所論は，帰するところ本件新築にかかる建物のうち甲部分が主屋部分に附合しないとした原審の判断が，附合に関する法規の解釈，適用を誤るものである旨主張するものであるところ，原判決は，甲部分は，その基礎が主屋部分の基礎から離して設けられており，その柱は主屋部分の柱と接合されておらず，その屋根も防水の関係で主屋部分の屋根の下に差し込めてあるが構造的には両者は分離しているものであり，これに反し，新築建物のうち乙部分は，主屋部分の北方一間の線に柱を建て，この柱と主屋部分北側の柱とをたる木でつなぎ，そのたる木は，主屋部分の柱に欠き込みをして接合せしめ，床は全部たたきとして，玄関，浴室，物置に使用され，甲部分と乙部分とは，柱および屋根が構造的に接合していない事実を認定し，右乙部分は主屋部分に附合するが，甲部分は主屋部分に附合せず，ために，主屋部分の前所有者Ｖは，甲部分の所有権を取得せず，Ｖから主屋部分を買い受けたＸも甲部分の所有権を取得せず，甲部分はＹの所有に属する旨判示し，これに対する賃貸借契約の効力を否定している。

　しかし，右新たに築造された甲部分が主屋部分および従前の建物に附合する乙部分に原判示の部分において構造的に接合されていないからといって，ただちに甲部分が主屋部分に附合していないとすることはできない。原判示によれば，甲部分と主屋部分とは屋根の部分において接着している部分もあるというのであるから，さらに甲部分と主屋部分および乙部分との接着の程度ならびに甲部分の構造，利用方法を考察し，甲部分が従前の建物たる主屋部分に接して築造され，構造上建物としての独立性を欠き，従前の建物と一体となって利用され，取引されるべき状態にあるならば，当該部分は従前の建物たる主屋部分に附合したものと解すべきものである。

　したがって，原審としては，これらの諸点について，審理，判断し甲部分の主屋部分に対する附合の有無を決すべきであるにかかわらずこれをなさず，甲部分が主屋部分および乙部分と原判示の部分において構造的に接合していない事実より，ただちに甲部分は主屋部分に附合していないものとし，右部分についてのＶの所有権取得を否定し，ＸのＹに対する請求中，甲部分に対する請求

第 2 編　借家をめぐる100の重要裁判例　**141**

を棄却したのは，附合に関する法規の解釈を誤り，審理不尽，理由不備の違法あるものというべきであり，この点に関する論旨は理由がある。

コメント　本判決の主題は，不動産の付合の解釈です。以前は「附合」と表示されていたのですが，2004 年の民法の現代語化によって，「付合」と改められました。民法 242 条は，「不動産の所有者は，その不動産に従として付合した物の所有権を取得する。ただし，権原によってその物を附属させた他人の権利を妨げない。」として，不動産に付合した場合に，不動産の所有者が付合した物の所有権を原則として取得するものの，「権原」によって附属させたものについては，その例外を認めました。ちなみに，附属の「フ」は難しい「附」で，「付属」ではないのが不思議です。

　ところで，本件のように，借家人が家主の建物に増築した場合に，原則通りにその増築部分が付合して家主が所有権を取得し，その増築部分も借家の対象となるのか，それとも，借家人が「権原」によって附属させたものとして，借家人の所有物となり，借家の対象とはならないかが問題となったのです。

　ここで，「権限」でなく「権原」となっているのに気付きましたか。一般的に使用される「権限」は，法人や個人が法律上なし得る能力や範囲をいうのに対し，ここで使われている「権原」は，ある法律行為などを正当とする法律上の原因を意味しますが，なかなかすっきりしませんね。

　原審は，柱や屋根などが主屋部分と接合していないとして，構造的な面から付合を否定しましたが，最高裁は，構造面だけでなく利用方法も考察して，一体として利用され，取引される状態にあれば付合すると解釈したものです。最高裁の考えは取引の実態に合致するもので，妥当な判断と思われます。

　最高裁昭和 32 年 3 月 28 日判決・集民 25 号 1013 頁も，借家人が家主の承諾を得た上で増改築した場合に，独立の建物として経済上の目的

に使用し得ないもので増改築部分は家主所有建物の構成部分になったものであるから区分所有権を認めることはできない，と判示しています。

他方で，最高裁昭和38年10月29日判決・民集17巻9号1236頁は，「賃借人が権原によって原家屋に附属させた独立の建物は，他に特別の事情が存しない限り，原家屋とは別の区分所有権の対象となる。」として，借家の対象から除外しました。

昭和43年最高裁判決と昭和38年最高裁判決の判断の分かれ目はどこにあるのでしょうか。昭和43年最高裁判決では，主たる建物を借りていた借家人が自ら増築した部分についての所有権の主張に対し，付合に当たるとして排斥されました。他方で，昭和38年最高裁判決では，元々の2階建て建物の1階部分だけを全面的に改築して利用しただけにすぎず，主たる建物の借家関係がありません。それにしても，家主の立場からすると，借家人に対し，安易に増築や改築を認めるべきではないという貴重な教訓といえます。

第2編　借家をめぐる100の重要裁判例　**143**

【3】　建物を借りて一定額の支払いをしても借家でないことがあるか。

（最高裁昭和 35 年 4 月 12 日判決・民集 14 巻 5 号 817 頁）

事案の概要　　Y_1 が，2 階建て店舗 1 棟の本件建物を所有していましたが，Y_1 の妻の伯父に当たる Y_2 に対し，2 階部分の 7 畳と 6 畳の 2 室を貸し（7 畳の方は Y_1 も使用する），本来であれば 1 畳当たり 1 か月 1,000 円を相当とするところ，親戚の間柄であるということで室代として 1 か月 1,000 円を支払うことで合意しました。また，Y_1 は，妻の弟の Y_3 に対しても，食費代の別に 2 階の 6 畳を 1 か月 1,000 円で貸しました。その後，Y_1 は X に本件建物を譲渡したところ，X は，Y_1 ないし Y_3 に対し，同人らの使用関係は使用貸借であり，これを承継するものではないとして，明渡しを求めて提訴しました。一審，原審ともに X の請求を認めたため，Y_1 らが上告しましたが，最高裁は上告を棄却しました。

判決の要旨　　原判決が，Y_2，Y_3 の 1 か月 1,000 円宛の各支払金はいずれも各室使用の対価というよりは貸借当事者間の特殊関係に基づく謝礼の意味のものとみるのが相当で，賃料ではなく，右契約は使用貸借であって賃貸借ではないと解すべき旨を判示し，そして，X は，各契約後，Y_1 より本件建物の所有権を取得したけれども，X はこれによって Y_1 の右各室についての使用貸借関係を法律上承継するものではない，としたのはすべて相当というを妨げない。

コメント　　親族間の建物の貸借は微妙です。1 銭の支払いもなければ使用貸借であることが明らかですが，身内であるだけに謝礼の意味も込めて少しだけでも金銭の支払いをすると，後に民法 593 条以下の使用貸借か，借地借家法の適用のある借家（賃貸借）かをめぐって紛争となるのです。

　本件では，家賃相場の 6 分の 1 以下の金額でしたので使用貸借と認定

しました。最高裁昭和41年10月27日判決・民集20巻8号1649頁も、「建物の借主がその建物等につき賦課される公租公課を負担しても、それが使用収益に対する対価の意味を持つものと認めるに足りる特別の事情のない限り、この負担は借主の貸主に対する関係を使用貸借と認める妨げとなるものではない。」と同様な判示をしています。

　他方で、東京地裁平成18年8月30日判決・判例秘書は、他人2人にそれまで合計14万1,000円で貸していた2室をその半分以下の6万円で貸したことについて、賃貸借であることを前提に正当事由を認めています。

　このように、身内関係の建物の貸借が賃貸借、つまり借家なのか、借地借家法の適用のない使用貸借かは判然としないことがあるので、いずれかであるかを契約書に明記することが必要であると思われます。

第２編　借家をめぐる100の重要裁判例　　**145**

【4】　駐車場でも借家になることがあるか。

（東京高裁昭和 62 年 5 月 11 日判決・東京高民 38 巻 4 〜 6 号 22 頁）

事案の概要　　ＸがＹに対し，本件建物内の立体駐車場設備一式を賃貸したもので借家法の適用がないとして，期間満了による明渡しを求めて提訴しました。一審がＸの請求を認めたため，Ｙが控訴したところ，東京高裁は一審判決を取り消してＸの請求を棄却しました。

判決の要旨　　Ｘは，本件賃貸借は本件建物内に組み込まれた立体駐車場設備一式の賃貸借であって，本件建物部分は付随的に利用されるにすぎないから本件賃貸借は建物の賃貸借ではないと主張するが，本件賃貸借契約書には賃貸借物件の表示として本件建物部分が明示されていること，本件建物部分のうちハイ・ガレージ部分は立体駐車場用の建物であり，自動車および立体駐車場設備機械を格納し，これらを風雨，熱射，塵などから保護するものであって，それ自体有用なものであり，また，車路部分はハイ・ガレージ部分に自動車が出入りするために必要不可欠な施設であり，駐車場管理室も本件立体駐車場の営業管理上必要な施設であり，これらを賃借しなければ本件立体駐車場の営業は成り立たないこと，本件建物部分は独立した建物であり，その中に立体駐車場設備機械が存在しなくとも，立体駐車場用建物として賃貸借の対象となり得るものであることなどにかんがみると，Ｘの主張は採用することができない。

以上により，本件賃貸借は建物および立体駐車場設備機械の賃貸借であって，借家法の適用のある賃貸借であるというべきであるから，本件賃貸借が期間満了により当然に終了したとのＸの主張は直ちに採用することができない。

コメント　　駐車場を目的とした賃貸借がさまざまであることは，第 1 編の Q-3 で述べた通りです。家主は，この契約は立体駐車場設備機械の賃貸借であるとして，借家法の適用を免れようとしました。

しかし，東京高裁は，家主の主張を排斥しました。立体駐車場設備一式

146

が建物に収まっていること，契約書に本件建物が明記されていること，建物内に自動車も立体駐車場設備機械も収まっていることの有用性などから，本件建物の重要性を認め，借家法の適用のある借家と認定したのです。

　ちなみに，契約書の表示を事実認定の一つとしていることからも，契約書の記載の仕方がいかに大切であるかがよく分かる判決です。弁護士として契約書の作成とチェックの重要性を再認識させられる判決でもあります。

第２編　借家をめぐる100の重要裁判例　　147

【5】　借家人と第三者による共同経営契約は転貸か。

（最高裁昭和29年10月26日判決・民集8巻10号1972頁）

事案の概要　　家主Ｘが，借家人Ｙ₁，Ｙ₁の子Ｙ₂およびＹ₂が本件建物の一部をパチンコ店営業のために無断転貸したと主張するＹ₃を相手に，ＸがＹ₁との借家契約を解除して本件建物の明渡しを求め提訴しました。一審および原審は，いずれも転貸の事実を認めずＸの請求を棄却しました。そこで，Ｘが上告したところ，最高裁は原判決を破棄し，東京高裁に差し戻しました。

判決の要旨　　原審の判示するところは，「Ｙ₂は従来本件建物においてカフェーを営んでいたが，営業が振るわなくなったので，昭和26年1月中Ｚの世話で，Ｙ₂とＹ₃との間に，右カフェーのホールにしていたところをパチンコの営業所に使用し，Ｙ₃においてパチンコ遊技器その他必要な設備の費用を出資し，営業の名義人はＹ₃とし，営業所の管理はＹ₂があたるという内容の遊技場共同経営の契約をし，これに基づいてパチンコ営業をしているものであって」というのである。右の「名義人」とか「営業の管理」とかいう語は，いかなることを意味するのか不明である。原判決文にいう「出資」「管理」等の語およびＹ₃が営業の名義人となったという事実等から見て，ただ単にＹ₂がＹ₃から消費貸借として資金を借り受け自ら設備をして営業をしている関係と解することはできない。Ｙ₃が設備費を出資して名義人となりＹ₂が管理しているという字句は，論旨にいうようにＹ₃が営業の主人であり，Ｙ₂はＹ₃のために管理する占有機関にすぎないものとみる余地も十分にあり，また，それほどでなくとも共同使用，共同占有等の関係あるものと認むべき場合であるかもしれない（原審の引用した第一審判決事実摘示によれば，Ｙら自身「共同で営業をする」云々と言っている）。原審は，Ｙ₂，Ｙ₃両名の関係がいかなるものであるかについてなお詳細の審理判断をしなければ，たやすくＸの請求を排斥することはできないはずであり，審理不尽理由不備の違法を免れない。なお，原審は，Ｘの「上告人自らパチンコ営業を営む必要があるから」本件賃貸

借を解除した旨の主張に対し，X側の必要性については何ら審理することなく，「前認定のような事実の下では……正当の理由ということはできない。」と判示して簡単に排斥している。しかし，もしX自ら本件家屋でパチンコ営業をしなければ他に生計がない（Xは「必要がある」と言っている）というような場合であるならば，原審のように軽く扱うことはできないはずである。

コメント　一審および原審ともに，借家人（正確にはその子）が第三者を営業名義人とし，その出資をもって営業を管理する旨の共同経営契約に基づく営業について転貸に当たらないとしたのを，最高裁は同様の事実認定をしながら転貸に当たり得るとしたもので，最高裁の転貸に対する厳しい姿勢がみてとれます。

第2編　借家をめぐる100の重要裁判例　　149

【6】　借家人による経営の委託は転貸か。

（最高裁昭和39年9月24日判決・集民75号445頁）

事案の概要　　XはYとの間で，本件家屋についての調停が成立していましたが，その中で調停条項第6項に転貸禁止の定めがありました。ところが，YはZとの間で本件家屋のうちの2坪余の店舗について，収益の如何を問わず月額6,000円を下らない金銭を支払って店舗を使用することは上記転貸禁止に触れるとして解除通知をし，Yに対する強制執行のための執行文の付与を受けました。これに対して，Yは無断転貸に当たらないとして強制執行異議の申立てをしたところ，一審，原審ともにYの申立てを認めなかったため，Xが最高裁へ上告しましたが，最高裁は上告を棄却しました。

判決の要旨　　いわゆる経営の委任または委託の場合，法律上委任の形式をとるにかかわらず，受任者が自己の計算において自己の裁量に従って経営を行い，委任者に対して一定の金員を支払うことが少なくない。かかる場合，経営の委任といっても実質は営業の賃貸借に外ならないと解すべきである（このようなことはコンツェルン関係でしばしばその例を見るところである）。しかして，原審の認定によれば，YとZとの間において経営委託契約の形式の下に，ZはYがXより賃借する本件家屋のうちの2坪余の店舗を使用し，同人自身の計算において鳥禽類の仕入販売を行い，収益いかんにかかわらずYに対して月額6,000円を下らざる金員を支払うことを約し，Zは該契約に基づいて右店舗を使用するものであるというのであって，右認定は挙示の証拠によって肯認し得る。しからば，Yは経営委託契約の名の下に，その賃借する本件家屋の一部をZに転貸したものと認むべきであり，これと同旨に出でた原審の判断は正当であり，原判決には所論の違法はない。

コメント　　【5】の裁判例では「共同経営契約」，本件では「経営の委託」もしくは「経営の委任」という標題ですが，どのような名目であろうとも，借家人が借家の全部または一部を利用させる目的で第三

者から金銭を取得しているのであれば，実質的にみて転貸であると最高裁が判断するのは当然と思われます。その目的が無断転貸禁止についての脱法的手段であると考えられるからです。

　実は，経営委託の名の下に契約をするのは，借家人だけではありません。家主の方も借地借家法や借家法の適用を免れるために経営委託であると主張することがあるのです。【1】で紹介した平成4年最高裁判決もまさにその事例です。

　家主，借家人のどちらの立場にせよ，実質が借家契約であるにもかかわらず，それ以外の標題にするというのは，何らかの好ましくない意図が潜んでいることがあるので，契約書の作成やそのチェックに関与する立場の者は，心してそのような意図にまぎらわされないようにする必要があると思われます。

第２編　借家をめぐる100の重要裁判例　　**151**

【7】　社宅に借家法の適用を否定した事例。

（最高裁昭和29年11月16日判決・民集8巻11号2047頁）

事案の概要　　Xは，従業員であるYに対し，その所有する本件建物の一室を社宅として与えましたが，その後Yが退社したため，明渡しを求めて提訴したところ，一審，原審ともにXの請求が認められました。そこで，Yが上告しましたが，最高裁は上告を棄却しました。

判決の要旨　　会社とその従業員との間における有料社宅の使用関係が賃貸借であるか，その他の契約関係であるかは，画一的に決定し得るものではなく，各場合における契約の趣旨いかんによって定まるものと言わねばならない。原判決がその理由に引用した第一審判決の認定によれば，Xは，その従業員であったYに本件家屋の一室を社宅として給与し，社宅料として1か月金36円を徴してきたが，これは従業員の能率の向上を図り厚生施設の一助に資したもので，社宅料は維持費の一部に過ぎず，社宅使用の対価ではなく，社宅を使用することができるのは従業員たる身分を保有する期間に限られる趣旨の特殊の契約関係であって，賃貸借関係ではないというのである。論旨は，本件には賃借権の存在を証明し得る証拠があるにもかかわらず，原判決はこれを無視してその存在を否定した法律関係の認定を誤った違法があるというのであって，帰するところ原審の適法にした証拠の取捨判断，事実の認定を非難するにほかならないので採用することができない。

コメント　　社宅であるというだけで，借地借家法の適用の有無が画一的に決まるわけではなく，契約の趣旨いかんによる，という本判決は誠にその通りと思います。本件では，月36円の社宅料が維持費の一部にすぎないと認定していることから，周りの家賃相場と比べて相当に低額であると思われます。加えて，従業員であるということが社宅使用の条件であることが明確であれば，賃貸借とはいえず，当時の借家法の適用を否定するのは当然です。

最高裁昭和35年5月19日判決・民集14巻7号1145頁は，原判決について，「雇用と転借，使用とは互いに条件となり不可分関係に立つもので，一方が消滅すれば他方もまた消滅する趣旨すなわち解除条件付の趣旨を判示したものと解すべきものであることは，その判決文に照らし明らかである。」などとして違法は認め難いとしています。

　また，最高裁昭和44年4月15日判決・判時558号55頁も，電気代，石炭代，入浴料しか支払わず，住宅使用料等を徴収していないことから，「社宅に関する特殊な契約関係であって，借家法の適用はない旨の原審の判断は，正当として是認することができる。」と，借家法の適用を否定しました。

　社宅使用に借地借家法の適用を否定することは決して稀ではないのです。

第 2 編　借家をめぐる100の重要裁判例　　153

【8】　社宅に借家法の適用を認めた事例。

（最高裁昭和 31 年 11 月 16 日判決・民集 10 巻 11 号 1453 頁）

事案の概要　　Xは，戦時中に従業員 Y_1，Y_2 に対し，社宅の各 1 室を，それぞれ 1 か月 18 円で使用させていましたが，Y_1，Y_2（以下，総称して「Yら」という）との雇用契約が終了した後に，Xから所有権移転登記を経由した Z が，Y らを相手に各室の明渡しを求めて提訴しました。一審は，Z の請求を認めましたが，原審は Y らに対する明渡しを否定したため，Z が上告したところ，最高裁は上告を棄却しました。

判決の要旨　　本件家屋の係争各 6 畳室に対する Y らの使用関係については，原判決は，判示各証拠を総合して，その使用料は右各室使用の対価として支払われたものであり，Y らと X との間の右室に関する使用契約は，本件家屋が X の従業員専用の寮であることにかかわりなく，これを賃貸借契約と解すべきであるとしていることは原判文上明らかである。およそ，会社その他の従業員のいわゆる社宅寮等の使用関係についても，その態様はいろいろであって必ずしも一律にその法律上の性質を論ずることはできないのであって，本件 Y らの右室使用の関係を，原判決が諸般の証拠を総合して認定した事実にもとづき賃貸借関係であると判断したことをもって所論のような理由によって，直ちに誤りであると即断することはできない。

コメント　　【7】で紹介した三つの最高裁判決とは異なり，本判決は借家契約であるとして借家法の適用を認めました。

　もっとも，【7】の昭和 29 年最高裁判決で述べている「有料社宅の使用関係が賃貸借であるか，その他の契約関係であるかは，画一的に決定し得るものではなく，各場合における契約の趣旨いかんによって定まるもの」と述べていることと，本判決の「社宅寮等の使用関係についても，その態様はいろいろであって必ずしも一律にその法律上の性質を論ずることはできない」との判示は，同じ趣旨であり，基本的には，使用料が相場の家賃

と比べてそれほどの差がなければ賃貸借に傾く一方，相場と比べて非常に安く社宅の維持費の一部に留まる程度であれば賃貸借が否定されることになります。

　本件では，「世間並みの相当家賃額」であることを重視した結果ともいえ，その結論に異存ありません。

　なお，最高裁昭和28年4月23日判決・民集7巻4号408頁は，借家法の正当事由を認めていますが，「従業員福利施設」とはいいながら，賃貸借であることを当然の前提として判断しています。もっとも，「現在約60世帯の住宅困窮従業員を擁している」ことなどを重視したことから，社宅であることが正当事由を認定する上で大きな要因であることを認めています。

第 2 編　借家をめぐる100の重要裁判例　**155**

【9】　公営住宅の建替え事業と借家法の関係。

（最高裁昭和 62 年 2 月 13 日判決・判時 1238 号 76 頁）

事案の概要　　東京都Ｘは，老朽化した都営の木造住宅について，改正前の公営住宅法による建替え事業を施行することとし，都知事が同法および東京都営住宅条例に基づき，Ｙに対し，建替え事業計画について建設大臣の承認を得た旨通知した上，期限を定めての明渡し請求をして提訴しました。Ｙは，借家法の要件具備が必要であるなどとして争いましたが，一審，原審ともにＸの請求を認めました。そこで，Ｙが上告したところ，最高裁は上告を棄却しました。

判決の要旨　　公営住宅法第 3 章の 2 の諸規定は，公営住宅の建設の促進および居住環境の整備を目的とする公営住宅の建替え事業（以下，「事業」という）について，事業主体が一定の要件および手続きのもとに画一的かつ迅速に事業を施行しうるようにするとともに，入居者に対して仮住居の提供，新たに建設される公営住宅への入居の保障および移転料の支払い等の措置を講ずべきものとしているのであるから，事業の施行に伴い事業主体の長が同法 23 条の 6 に基づいて当該公営住宅の入居者に対し明渡し請求をするためには，右の要件および手続きを充足するほかに，借家法 1 条の 2 所定の要件を具備することを要しないものと解するのが相当である。本件において，原審の適法に確定した事実関係のもとにおいては，ＸのＹに対する公営住宅法 23 条の 6 に基づく本件明渡し請求は同法所定の要件および手続きに欠けるところがないとしたうえ，これを認容すべきものとした原審の判断は正当として是認することができる。

コメント　　老朽化した公営住宅の建替え事業は，画一的でかつ迅速な施行を要求される公共性の極めて強い事業といえます。そのために，公営住宅法が制定されて，このような場合の入居者に対する明渡し請求について，入居者の個別的事情に左右されずに手続きを行えるよ

うにしたものです。しかし，それは借家法における家主と借家人の使用の必要性などの個別事情を考慮することなく，明渡しを認めることになり，公営住宅法と借家法の関係が問題となるわけです。

公営住宅における地方公共団体と入居者の関係も，借家関係であるという点では，私人間の場合と異なることはなく，公営住宅法に特別の定めがない限り，借家法の適用があると考えられます。逆に，公営住宅法に特別の定めがある場合には，一般法よりも特別法が優先するという法理により，公営住宅法が適用されるのは当然ともいえます。そして，公営住宅法では，入居保障や移転料など入居者への一定の保護も用意しており，入居者にとって，借家法と比べ必ずしも不利益であるとは言い難いところもあり，本判決は妥当であると思われます。

なお，最高裁平成2年10月18日判決・民集44巻7号1021頁が，民間の場合と異なり，公営住宅の入居者死亡による相続人の承継を否定していますが，一定の資格要件を課している公営住宅についてやむを得ないと思われます。

また，最高裁平成29年12月21日判決・判時2378号6頁は，不良住宅の密集する地区における住宅の集団的建設の促進を目的とする住宅地区改良法に基づく改良住宅を使用する権利の承継について，京都市住宅条例24条1項が同居の承認を受けた者に限定していたことが「法の規定及び趣旨に照らして不合理であるとは認められないから，法29条1項，公営住宅法48条に違反し違法，無効であるということはできない。」と判示し，改良住宅の使用権の相続による承継を否定した原審の判断を是認しました。

第2編　借家をめぐる100の重要裁判例　　**157**

【10】　公営住宅での借家法による解約申入れ。

（最高裁平成2年6月22日判決・判時1357号75頁）

事案の概要　　東京都Xから都営住宅の一室の使用許可を受けたYが，自宅を購入して転居した後も長男を居住させるなどして使用を続けていました。そこで，Xは東京都住宅条例20条1項6号の「知事が都営住宅の管理上必要があると認めたとき」に該当するとして，使用許可を取り消し，明渡しを求めて提訴しました（公営住宅法にはそのような明渡し事由はありません）。一審，原審ともにXの請求を認めたため，Yが上告しましたが，最高裁は上告を棄却しました。

判決の要旨　　原審は，公営住宅法に基づく公営住宅の使用許可による賃貸借についても，借家法が一般法として適用され，同法1条の2に規定する正当の事由がある場合には，同条により解約の申入れをすることができ，東京都営住宅条例20条1項6号は適用されないものとしたうえ，適法に確定した事実関係の下において，同号の使用許可の取消しの意思表示をその主張事実から借家法1条の2による解約申入れとし，その正当の事由を肯認し，権利の濫用に当たらないとして，Xの本件明渡し請求についてこれを認容したものであって，右判断は正当として是認することができる。

コメント　　一見すると，本件判決は【9】と矛盾するのではないかと思われるかもしれませんが，そうではありません。【9】では，公営住宅法において建替え事業をする場合に，借家法に対する特別の規定を設けていることを認めました。これに対して，本件では，公営住宅法にそのような規定がないのに，条例で使用許可の取消し事由を追加して定めてもその適用はないとした上で，一般法である借家法に基づく解約申入れとしては認めた，というものです。

　つまり，公営住宅法に規定されている【9】の事案では特別法としての同法が適用され，同法に規定されていない本件については，条例での規定

があったとしてもその適用はなく，一般法の借家法が適用されるとしたもので，一般法と特別法の関係法理としては矛盾しないのです。

　なお，最高裁昭和59年12月13日判決・民集38巻12号1411頁も，公営住宅に無断増築をして割増賃料の請求にも応じなかった入居者に対する明渡し請求について，「公営住宅の使用関係については，公営住宅法及びこれに基づく条例が特別法として民法及び借家法に優先して適用されるが，法及び条例に特別の定めがない限り，原則として一般法である民法及び借家法の適用があり，その契約関係を規律するについては，信頼関係の法理の適用があるものと解すべきである。」として，信頼関係を破壊するとは認め難い特段の事情があるときには明渡しを請求することはできないとしつつ，そのような特段の事情は認められないとして，東京都の明渡し請求を認めました。

第2編 借家をめぐる100の重要裁判例 **159**

【11】 デパートのケース貸しに借地借家法の適用があるか。

（最高裁昭和30年2月18日判決・民集9巻2号179頁）

事案の概要　　Xは，Y₁ないしY₆（以下，総称して「Yら」という）に対し，それぞれ本件建物であるデパート売場の一部を貸していましたが，本件建物の増改築をするために解約申入れをしたことから，YらがXを相手に妨害排除を求める仮処分を申し立て，仮処分決定を得ました。そこで，Yらは仮処分決定の認可を求めて提訴したところ，一審が仮処分決定を取り消したため，Yらが控訴しましたが，原審はこれを棄却しました。そこで，Yらが上告したところ，最高裁は上告を棄却しました。

判決の要旨　　Yらは，Xとの契約に基づきXの店舗の1階の一部の場所において，商品什器を置いて，それぞれ営業を営んでいるものであるが，右契約の内容について，原判決が，「疏明せられたもの」とするところによれば，①Yらの使用する前示店舗の部分はあらかじめXから示されて定められたものである。②右部分は，営業場として一定しているものではあるが，同時に，右営業場はデパートの売場で，したがって売場としての区画がされているに過ぎず，これを居住に使用することは許されず，殊にXは店舗の統一を図るため商品の種類，品質，価格等につきYらに指示する等Yらの営業方針に干渉することができるのはもちろん，X経営のデパートたる外観を具備し，またはそのデパートの安全を図るため右売場の位置等についてもXにおいて適当の指示を与えることができるのであって，たとえば防火等の必要あるときは右売場の位置の変更を指示することができるものである。③Yらは自己の使用する営業場の設備を自己の費用でつくり店舗の造作をなし得る約であるが，同時に，右設備は定着物でなく移動し得るものに限られ，かつ右造作等を設置する場合は必ずXの許可を要し，Xの営業方針に従わなければならない。④Yらは当初定められた種類の営業をそれぞれ自己の名義で行い，したがってその租税も自己が負担するものであるが，同時に，右営業は名義の如何を問わずXの所有とされ，Yらにおいて営業権または営業名義の譲渡賃貸書換えをすること

はできない。⑤Ｙらは自己の資本で営業し店員の雇入，解雇，給料支払いはＹらにおいてするものであるが，同時に，その営業方針は統一され，使用人の適否についてもＸの指示に従うべき定めである。⑥Ｙ₁はＸに対し当初売上金の1割を支払うこととしたが，その後，昭和25年4月以後右支払金は月額4万円と改定され，その余のＹらはＸに対し2か月分の権利金名義でＹ₂は金9万円，その他のＹらは金6万円宛支払う約である。⑦ＹらはＸに対し前示営業場1枡につき1日金100円宛支払う約であったが，同時に，右権利金は出店料に対し権利金として支払うものであり，右日掛金は右1枡分の出店料として維持費名義で支払う定めであって，Ｙ₁については右権利金の支払に代え前示のように売上金の歩合で支払うものである。なお，前示契約はＹ₁との間では期限の定めがなく，その余のＹらとの間では2箇年の存続期間の定めがあったものであるが，互いに都合により1箇月の猶予期間をおいて契約解除をし得る定めであり，かつ，前示のように営業方針について，Ｘが干渉するほか，包装用紙もこれを一定せしめＸにおいて調整の上，Ｙらに分譲する，というものである。

　以上の事実関係に徴すれば，Ｙらは，Ｘに対し，Ｘの店舗の一部，特定の場所の使用収益をなさしめることを請求できる独立した契約上の権利を有し，これによって右店舗の一部を支配的に使用しているものとは解することができないから，原判決が，Ｙらは右店舗の一部につき，その主張のような賃貸借契約または少なくとも借家法の適用を受くべき賃貸借に基づく占有権を有することの疎明十分ならずとしたのは相当であって，これと反対の見解に立って，右契約に対し民法賃貸借に関する規定または借家法の適用ありと主張する論旨は採用することはできない。

コメント　　スーパーやデパートなどの場所貸しあるいはケース貸しといわれるものについては，本件のように借家法の適用が認められないことが多いと思われます。

　本件判決では，その理由として七つあげていますが，特に，①の「使用する前示店舗の部分はあらかじめＸから示されて定められたもの」，②の

「売場としての区画がされているに過ぎず……売場の位置の変更を指示することができる」の二つが重要な点であると思われます。つまり，売場位置の指定および変更の権利を貸主に握られている以上，借家法の適用が認められないのはやむを得ないところです。また，判決文では明示していませんが，指定された各売場が壁やドアなどで物理的，機能的に独立性を有していないことも，【1】で紹介したように，借家法の対象となる借家とはいえないと思われます。

【12】 一時使用借家を否定した事例。

（大審院昭和 15 年 4 月 6 日判決・新聞 4569 号 7 頁）

事案の概要　　XはYに対し，本件建物を，Xが隣接する菓子製造工場を拡張するために改築するまでの間ということで貸しました。Xは，本件契約が一時使用目的であって借家法の適用はなく，民法 617 条 1 項 2 号に基づき 3 か月の解約申入れで契約が終了したとして，Yに対し明渡し請求を提訴しました。一審および原審はXの請求を認めたため，Yが上告したところ，大審院は原判決を破棄し，東京民事地方裁判所に差し戻しました。

判決の要旨　　原審は，XはYに対し，昭和 7 年頃本件家屋を賃料 1 日に付金 1 円 50 銭，期間は 1 週間ないし 10 日と定め所謂日貸しにて賃貸したるところ，昭和 8 年 2 月分より右日貸しを廃し，賃料を 1 か月金 35 円に，さらに昭和 9 年 10 月分より 1 か月 30 円に減額の上賃貸したりとの事実を認めたるにかかわらず，「当初日貸しとせるはXにおいて本件建物に隣接せる自己の店舗を拡張し本件家屋を菓子製造工場に改築せむとする意図ありたるためXにおいて必要あるときは何時たりとも明渡しを求め得るごとく短期間の賃貸借となさむとの趣旨に出でたるものに係り。日貸しを廃したる後においても，何時にても明渡しを得べきものとして賃料を減額し，その後昭和 9 年 10 月Yにおいて造作代金を提供するによりて長期間にわたる賃貸方を交渉し来りたる際にもXは叙上の意図より長期間に亘る賃貸の申込みには応じがたきも店舗改築造の短期間ならば承諾すべき旨答えたるところ，Yはこれを承認の上本件 1 戸を継続賃借せるもの」なりとし，かかる理由の下に昭和 9 年 10 月以降の本件賃貸借は一時使用の目的に出でたるものなる旨認定したること判文上明らかなりとす。然れども，右判示によれば本件家屋を菓子製造工場に改築すべき時期が予定せられたりというにはあらず。かえって何時これを改築すべきものなりや或いは果たして改築を実行すべきものなりや全く不明のまま単に漠然Xにおいて改築の意思を有したる結果何時にても明渡しを求め得べき旨若しくは改築の時期まで使用せしむべき趣旨の下に賃貸したりというに過ぎざる

第２編　借家をめぐる100の重要裁判例　163

がゆえにたとえ原判示の経緯ありたるにせよ本件係争の賃貸借を以て一時使用の目的に出でたるものとみなすに足らず。蓋し借家法第８条は一時使用のため建物の賃貸借を為したること明らかなる客観的相当の事情あることを要件とする法意と解すべきものなるところ本件係争の賃貸借に於いて斯かる事情の存することは原判文上これを認むるを得ざればなり。若しそれＸが同法第１乃至第５条の適用を避けしが為漠然たる理由の下に一時使用の貸借と為すべきことをＹに約せしめたりとせば，其の，無効なること同法第６条に徴し明らかなるが故に他に別段の事情あらば格別，原審が本件賃貸借を以て借家法第８条に該当するものとみなしたるは審理不尽又は理由不備の違法あり。原判決はこの点において破棄を免れず。

> **コメント**　　本件判決は，一時使用借家を否定した事例です。原審が一時使用借家を認めたのに対して，大審院が否定したのはどこに理由があったのでしょうか。原審は，元々日貸しであったこと，家主に菓子製造工場の拡張の意図があったこと，いつでも明渡しと求められるものとして賃料の減額があったこと，などを理由に一時使用借家を肯定しました。これに対して，大審院は，一時使用借家というためには客観的に相当な事情が要件となるのに，菓子製造工場拡張のための改築時期が不明確で，むしろ借家法の適用を免れるために借家人に一時使用借家を約束させたものとの疑いを持ったのではないでしょうか。つまり，家主が明渡しを求めたいときにいつでも出て行ってもらうように，一時使用借家を利用したにすぎず，それは家主の主観的事情に係っている契約だから，一時使用借家の客観的要件を充足してないと判断したものと思われます。
>
> 　本件では触れられていないことで気になるのは，借家人側の事情です。一時使用借家というためには，むしろ借りる目的が一時的なものであることも重視すべきと思われますが，そのような事情が表に出ていないということについて，少なくとも借家人としては，一時使用目的で借りたものではないと推測します。

【13】 一時使用借家を認めた事例。

（最高裁昭和 36 年 10 月 10 日判決・民集 15 巻 9 号 2294 頁）

事案の概要　Ｘは，Ｙに対し，本件家屋を 3 年だけ貸すが，その期間内に他に適当な住居を得た場合には期間中でも即時に明け渡すという約束をしたものの，3 年経過してもＹが明け渡さないため，Ｘが本件家屋の明渡しを求め提訴しました。一審はＸの請求を棄却しましたが，原審が一審の判決を取り消してＸの請求を認めました。Ｙが上告したところ，最高裁は上告を棄却しました。

判決の要旨　本件賃貸借契約をもって，借家法 8 条のいわゆる一時使用のための賃貸借とした原審の判断は，原判決挙示の全証拠によれば肯認しうる。原判決は，所論のような欠点があるものとはいいがたいし，所論Ｙの諒解の事実を，所論のように 3 年の期間内でも貸借家屋を明け渡すこともあるべき旨約したとの事実からだけではなく，挙示のその他の証拠を総合して認定したものであることは，判文上明瞭である。また，所論指摘の低賃料の事実を，一時使用のための賃貸借であることの認定の一資料とした原判決の判断も，本件の場合には首肯しうるところであり，これに反する所論は独自の見解を述べるにすぎない。

　借家法 8 条のいわゆる一時使用のための賃貸借といえるためには，必ずしもその期間の長短だけを標準として決せられるべきものではなく，賃貸借の目的，動機，その他諸般の事情から，該賃貸借契約を短期間内に限り存続させる趣旨のものであることが，客観的に判断される場合であればよいのであって，その期間が 1 年未満の場合でなければならないものではない。

コメント　【12】が一時使用借家を否定したのに対して，本件判決が一時使用借家を認めた違いはどこにあるのでしょうか。「一時使用のため建物の賃貸借を為したること明らかなる客観的相当の事情あることを要件」とした【12】と，「賃貸借の目的，動機，その他諸般の事

情から，該賃貸借契約を短期間内に限り存続させる趣旨のものであること
が，客観的に判断される場合」と判示した本件判決は，基本的に同じこと
を述べていると思われます。

　家主が一時使用の借家にしたいという主観的事情だけでは足りずに，借
家人を含めた契約に至る経緯や目的などの客観的事情を総合的に判断す
る，ということであり，その判断の結果，【12】は否定し，本件判決は認
めたのです。特に，契約期間である３年後に向けての本件家屋の利用計
画が具体的であることが裁判所に良い印象を与えたものと考えられます。

　本件判決が注目されるもう一つの点として，「期間が１年未満の場合で
なければならないものではない」ということです。【12】は当初日貸しや
月貸しという究極の短期貸しでしたが，１年を超えても約定した期間の満
了で契約を終了させる客観的事情があれば，その方が一時使用借家を認定
しやすいのでしょう。

　本件では，家主が１年後に学校を卒業し，２年間の見習いを終え，３
年後に独立して本件家屋で店舗を構えることがはっきりしており，他方で
家賃も近隣より相当安いものであったことなどが重視されたものと思われ
ます。

　他に一時使用借家を認めた最高裁判決として二つ挙げられます。最高裁
昭和４１年１０月２７日判決・判時４６７号３６頁は，家主が転勤をする
公務員の関係で，転勤場所が借家から通える頃を想定して２年契約とし
たが，転勤がないために結果的に数回契約が更新されて約７年の契約期
間となったものの，一時使用借家を認めました。裁判官も転勤族の公務員
ですから，この家主に共感したのかもしれません。

　また，最高裁昭和４３年１月２５日判決・判時５０９号３４頁は，当
初無断転借人としてパチンコ営業をしていた者が，家主の転貸人に対する
明渡し訴訟で転貸人の敗訴が確定しそうになったことから，パチンコ店の
営業の継続が危ぶまれたため，家主に解決を申し入れた結果，家主との間
で５年に限っての賃貸借についての訴訟上の和解が成立したもので，一

時使用借家を認めました。

　もっとも，一時使用借家を認めるかどうかについて客観的に判断するとはいうものの，判断する主体は裁判官であり，その裁判官の主観にある程度影響されるのも裁判の現実であるといえます。したがって，一時使用借家の契約については，紛争が生じやすいという裁判リスクを考慮し，期間を限定した借家契約の依頼を受けた場合には，できるだけ定期借家契約を選択すべきでしょう。

【14】 国税の差押え登記後の引渡し。
(最高裁昭和 30 年 11 月 25 日判決・民集 9 巻 12 号 1863 頁)

事案の概要　Vが所有する本件建物について，昭和 25 年 4 月に国税滞納処分による差押え登記がなされ，昭和 26 年 12 月にXが公売により競落して所有権を取得しました。Vは，本件建物の一部についてそれぞれ，差押え登記前にWに，差押え登記後にYに賃貸し，またほかの者にも占有させていました。そこで，Xが，WやYらを相手に明渡し訴訟を提起したところ，一審はWに対する請求を棄却し，その余のYらに対する請求を認めたため，Yらが控訴しました。原審も，ほぼYらの控訴を棄却したため，Yらが上告しましたが，最高裁は上告を棄却しました。

判決の要旨　国税徴収法に基づく滞納処分によって滞納者所有の建物の差押えがなされ，その登記があった後，所有者に許される建物の利用または管理は，公売処分による徴収の目的を害しない範囲内に限られるべきものであるから，差押え登記後に，公売処分後まで継続する賃貸借をしても，公売処分により建物の所有権を取得した者に対抗できないのであって，かように賃貸借自体が建物の所有権を取得した者に対抗し得ないものとせられる場合には，たとえ賃借人がすでに建物の引渡しを受けていても，その賃貸借については借家法 1 条の適用はないものと解するのが相当である。したがって，右と同趣旨の見解により，本件建物の滞納処分による差押え登記の後Yとの間になされた賃貸借は，公売処分により建物の所有権を取得したXに対抗し得ないものと解し，Yの主張を排斥した原判決は正当であって，論旨は理由がない。

　本件は，借家法 1 条（現借地借家法 31 条）の借家の引渡しによる対抗力の問題です。
　本件判決は，国税などによる借家への差押えの登記がなされた後に，借家人に対して借家の引渡しがなされた場合には，その後公売により所有権を取得した者に対抗できないと判示しました。

それは，借家に抵当権の設定登記を経由した後に，家主から借家の引渡しを得た借家人が，その後競売により競落して所有権を取得した者に借家の権利を主張できないことと同様に考えられるということです。

言い換えると，差押え登記の前に借家の引渡しを受けた借家人は，その後に公売で取得した者に借家の権利を主張できるのであり，本件のWはまさにその立場にあったので，XのWに対する請求は棄却されたのです。借地借家法31条（旧借家法1条）が，「建物の賃貸借は……建物の引渡しがあったときは，その後その建物について物権を取得した者に対し，その効力を生ずる。」と定めているとおりです。

第2編　借家をめぐる100の重要裁判例　　**169**

【15】　競売中の賃借権についての譲渡の承諾が家主に認められるか。

（最高裁昭和 53 年 6 月 29 日判決・民集 32 巻 4 号 762 頁）

事案の概要

　Vは本件建物の所有者でしたが，昭和 42 年 5 月にW_1に賃貸した後，同年 6 月にZの根抵当権が設定され，同年 7 月にその旨の登記が経由されました。W_1の賃借権は，昭和 43 年 11 月にVの承諾の下にW_2に譲渡され，さらに，Yが昭和 47 年 3 月にVの承諾を受けて，賃借権の譲渡を受けました。他方で，Zは昭和 43 年 3 月に競売申立てをして，同年 4 月に競売開始決定があり，昭和 47 年 5 月にXが競落して，同年 7 月に所有権を取得し，その旨の登記を経ました。そこで，Xが本件建物の占有者であるYを相手に建物明渡し請求訴訟を提起しました。一審および原審はいずれもXの請求を認めたため，Yが上告したところ，最高裁は原判決を破棄し，仙台高裁に差し戻しました。

判決の要旨

　原判決は，Vはその所有の本件建物につき，Zに対する債務を担保するため根抵当権を設定し，その旨の登記を経由していたところ，右根抵当権の実行により，昭和 43 年 4 月競売開始決定があり，同日競売申立記入登記がされた，との事実を確定したうえ，Yは，本件建物につき設定された最先順位の抵当権に対抗しうるW_1の賃借権を，その適法な譲受人であるW_2から，さらに賃貸人Vの承諾を得て譲り受けたとのYの主張につき，YがVから賃借権譲渡の承諾を得たのは競売申立記入登記後のことであり，右承諾は競売開始決定の差押えの効力により禁止された処分行為にあたるとして，Yは，競落により本件建物の所有権を取得したXに対抗しうる占有権原を有しない，と判断しているのである。

　思うに，競売開始決定当時，目的不動産につき対抗力ある賃借権の負担が存在する場合において，競売開始決定により差押えの効力が生じたのちに賃貸人のした右賃借権譲渡の承諾は，特段の事情のない限り，右差押えの効力によって禁止される処分行為にあたらず，賃借権の譲受人は，競売申立債権者ひいて

競落人に対する関係において，賃借権の取得をもって対抗しうるものと解するのが相当である。けだし，競売開始決定の差押えの効力は，競売開始時における目的不動産の交換価値を保全するため，債務者ないし目的不動産の所有者の処分権能を制限し，目的不動産の交換価値を消滅ないし減少させる処分行為を禁止するものにほかならないところ，賃借権の譲渡に対する賃貸人の承諾は，その承諾に伴って賃貸借契約の内容が改定される等特段の事情のない限り，これによって賃借人の交替を生ずるにとどまり，他に従前の賃貸借関係の内容に変動をもたらすものではないから，右承諾は，目的不動産に新たな負担または制限を課するものではなく，目的不動産の交換価値を消滅ないし減少させる処分行為にあたるということはできないからである。そうして，競売開始決定の目的不動産について他に先順位の抵当権が設定されている場合には，右抵当権は，競落の効果としてすべて消滅するのであるから，右不動産について存在する賃借権は，最先順位の抵当権を基準とし，これとの優劣により，その対抗力の有無を決すべきものである。

そうすると，W_1 の賃借権の存否およびこれと最先順位の抵当権との優劣等を顧慮することなく，賃貸人Ｖの賃借権譲渡の承諾が競売開始決定の差押えの効力発生後にされたとの理由のみによって本件建物の占有権原についてのＹの主張を斥けた原判決は，競売開始決定の効力に関する法令の解釈適用を誤ったものというべきであり，この違法は原判決の結論に影響を及ぼすことが明らかであるから，論旨は理由がある。

コメント　一審も，原審も，賃借権の譲渡についての承諾行為が，競売開始決定の登記後になされた処分行為であるということで，競売開始決定の差押えの効力により禁止される処分行為であるとして，競売による競落人に対抗できないと判断しました。

これに対して，本件判決は，特段の事情のない限り差押えの効力により禁止される処分行為にあたらないとしました。その理由として，賃借権の譲渡に対する家主の承諾は，賃借人の交替を生ずるにとどまり，他に従前

第2編　借家をめぐる100の重要裁判例　171

の賃貸借関係の内容に変動をもたらすものではないから，右承諾は，目的不動産に新たな負担または制限を課するものではなく，目的不動産の交換価値を消滅ないし減少させる処分行為にあたるということはできないからである，と述べており，同感です。

　ここでいう「特段の事情」とは，賃借権の譲渡に伴い家賃が大幅に減額されるとか，譲渡先がいわゆる反社会勢力などが考えられますが，そのような特段の事情を競落人が主張，立証しない限り，賃借権の譲渡についての承諾行為が差押えの効力により禁止された処分行為とはいえないことになります。

　ところで，最高裁昭和28年3月17日判決・民集7巻3号248頁は，競売公告に記載がなくても，借家法により対抗し得る賃借権が対抗力を失うものではないと判示していますが，競売公告への記載は借家人の関与しないことであり，記載の有無によって賃借権の対抗力に消長をきたすことは不合理であり，当然の結論と思われます。

【16】 契約更新後は期間の定めのない契約となる。

（最高裁昭和 27 年 1 月 18 日判決・民集 6 巻 1 号 1 頁）

事案の概要　XがYに対し，本件建物を昭和 11 年 5 月に昭和 21 年 12 月 20 日までの約束で賃貸しましたが，同年 6 月 2 日に更新拒絶の通知をし，さらに昭和 22 年 11 月 28 日に解約の申入れをしてその日から 6 か月後の経過で本件賃貸借は終了したと主張しました。原審が，Xの請求を棄却したため，Xが上告したところ，最高裁は原判決を破棄し，福岡高裁に差し戻しました。

判決の要旨　借家法は，建物の賃貸借に関して，民法の賃貸借に関する法規に対して特別法規をなすものであって，賃貸借の期間満了の際における更新に関しても借家法は 1 条の 2 において正当の事由の存在を必要とし，2 条 1 項において更新拒絶の通知についての期間の定めをする等特別規定を設けているけれども，借家法に特段の規定のないかぎり，建物の賃貸借についても民法の賃貸借に関する一般規定の適用のあることはいうまでもないところである。借家法 2 条 1 項の規定も，「更新拒絶の通知をなすべき期間」，「条件を変更するにあらざれば更新せざる旨の通知」の効力および「前賃貸借と同一の条件を以て更に賃貸借をなしたるものと看做す」等の点において，民法第 619 条の本文の規定に対する特別規定たる関係に立つものであるが，同条ただし書きの規定に関しては，借家法は，別に何らの規定を設けていないのみならず，借家法の規定全体の趣旨からみても，特に右ただし書きの規定を排除すべき法意は，これを認めることはできないのであるから，借家法の適用を受ける建物の賃貸借についても，民法 619 条ただし書きの規定は，その適用あるものと解しなければならない。すなわち，本件の場合においても，原判決のごとく，Xのした更新拒絶の通知はその効力なく，本件賃貸借は前と同一条件を以て更新されたものとしても，Xは，さらに，正当の事由あるかぎり右賃貸借解約の申入れをすることができるものといわなければならない。然らば原判決は，右関係法規の解釈を誤った結果，Xの本件賃貸借に対する解約の申入れの主張に

ついて，判断を示さなかった違法あるものと断ぜざるを得ない。

> **コメント** 原審は，借家法2条にいう「前賃貸借と同一の条件」には，前借家契約における期間の定めも含まれているという見解でしたが，最高裁は，民法619条ただし書きについて，借家法は特別の規定を設けていないので，一般規定である民法が適用されるとして，更新後はいつでも解約の申入れができるとしたもので，実務的には重要な意義があると思います。
>
> もっとも，当初の借家契約書で，「期間満了の6か月前までに双方更新について異議の申出がなければ，同一の条件で2年間更新される。」というように，更新後の期間があらかじめ合意されている場合には，期間の定めがなくなるわけではないので，いつでも解約の申入れができることにはなりません。
>
> 最高裁昭和28年3月6日判決・民集7巻4号267頁も，本判決を引用して同趣旨の判示をしています。

【17】 法定更新を防ぐための遅滞なく異議とは。

（最高裁昭和 25 年 5 月 2 日判決・民集 4 巻 5 号 161 頁）

事案の概要　Xは，Y₁に昭和 22 年 11 月 15 日までの期間で本件家屋を賃貸していましたが，農地改革によって所有土地を買収されたうえ，妹一家がX宅に疎開先から戻って同居するようになり，Xと妹の双方の家族の収入を図るために，本件家屋で商売をする必要に迫られました。他方で，Y₁は，本件家屋の隣に自己所有の家屋を有し，本件家屋にはY₁の妹のY₂の家族を住まわせていました。Xは，Y₁に対し，期間満了前に更新拒絶の通知をしたものの，Y₂は継続使用をしていたため，昭和 23 年 1 月 21 日にY₁，Y₂を相手に明渡し訴訟を提起しました。一審，原審ともにXの請求が認められたため，Y₁，Y₂が上告しましたが，最高裁はこれを棄却しました。

判決の要旨　論旨は，賃貸期間満了後 10 日内外に本訴を提起したものならば，遅滞なく本件家屋の継続使用につき異議を述べたといい得るであろうが，本訴提起は，期間満了後 66 日を経過しているから，遅滞なく異議を述べたことにならないと主張する。しかし，本件家屋を継続して使用せしめる意思がなく，しばしば明渡しを求めていたことは，諸般の事情に照らし認め得るし，訴訟を提起するには相当の準備をしなければならないと認められるから，原審において期間経過後 66 日を経て本訴を提起した事実を以て，Xは遅滞なく異議を述べたものと判示したとしても，借家法 2 条 2 項にいう遅滞なくの解釈を誤ったものとはいえない。

コメント　借地借家法 26 条 2 項（旧借家法 2 条 2 項も同旨）は，同条 1 項の更新拒絶の通知を受けて，「前項の通知をした場合であっても，建物の賃貸借の期間が満了した後建物の賃借人が使用を継続する場合において，建物の賃貸人が遅滞なく異議を述べなかったときも，同項と同様とする。」として，更新拒絶の通知をしない場合と同様に法定更新されるとしています。

第2編　借家をめぐる100の重要裁判例　　**175**

　問題は，どの程度の期間までであれば，同条2項の「遅滞なく異議」といえるかどうかです。Yは，10日程度で提訴したのであればともかく，66日を経過しての提訴では「遅滞なく」とはいえないと主張しました。

　これに対して，最高裁は，提訴前からしばしば明渡しを求めていたことや，訴訟の準備には時間を要することなどから，原審が「遅滞なく異議を述べた」と判示したことに問題はないとしたものです。

　実際のところ，明渡しの意思を固めても裁判にまで踏み切るには費用も手間暇もかかり，相当の覚悟を要するので，約2か月程度で提訴したのであれば，「遅滞なく異議を述べたもの」と判断することに異論はありません。

【18】 永久貸与で解約申入れができるか。

（最高裁昭和27年12月11日判決・民集6巻11号1139頁）

事案の概要　Xの夫はY₁に対し，昭和12年に本件建物を医療経営のため，契約書に「永久貸与」という表示で賃貸し，その後夫から譲渡を受けたXが，本件建物に居住しあるいはそこで医療に従事しているY₂乃至Y₄（以下，Y₁を含め総称して「Yら」という）に対し，本件建物の明渡しを求め提訴しました。一審は，Xの請求を棄却しましたが，原審はこれを取り消してXの請求を認めました。そこで，Yらが上告しましたが，最高裁は上告を棄却しました。

判決の要旨　原判決は，「永久貸与」というのは，「長くお貸しいたしましょう」，「長くお借りしましょう」という合意をあらわすもので，賃貸借の存続期間を定めたものではないと解するのが相当である旨判示したものである。そして，原判決が右のごとく判示したのは，人が物品の売買，家屋の賃借のような日常の生活関係において永久という言葉を使用する場合には，確定的な長さを意味しないこと，ならびに証人Vの原審における証言によって判示のごとき作成の経緯を知ることのできる書証の各条を検討し，ことにその第11条等に留意して本件賃貸借の期間に関する当事者間の意思表示の内容を判断したものであること，原判決の判示に照らし明瞭であって，その判断には論理または経験則に反する点は認められないし，また，特別の事由なくして何らの効果を生じない意義に解したものともいえない。

コメント　一審は，借家契約書の「永久貸与」という表示について，文字通り，「永久に賃借することを約したもの」で，「民法の定める最長期20年の賃貸借があったものというべきである」から，「期間の定めのないことを前提とするXの請求は失当」と判断しました。

ところで，2017年に施行された民法改正により，民法604条で賃貸借の期間は最長50年となったこと，また借家法から借地借家法に改正

された際に，同法 29 条 2 項において，「民法 604 条の規定は，建物の賃貸借については，適用しない。」と定められたこと，この結果，現在では，借家の期間については，20 年どころか，100 年以上の契約でも許されることになりました。

　本題に戻り，一審の判断に対して，原審は，売買などの取引の現場で使用される「永久」という言葉は，確定的な長さを意味しないことなどから，賃貸借の期間を定めたものではないとして，Xの解約申入れを認めました。

　最高裁は，この原審の判断を支持したのですが，一般的に文言を重視する裁判所からすると異例とも思われるもので，若干の違和感を感じるところもありますが，他の証拠なども含めて考慮した結果とすれば，やむを得ないところかもしれません。

【19】 訴え提起による解約申入れ。

（最高裁昭和 26 年 11 月 27 日判決・民集 5 巻 12 号 748 頁）

事案の概要　Xは，Yに対し本件家屋を賃貸していましたが，昭和20年11月ころXの次男の結婚後の新居とするために，本件家屋の明渡しを希望する旨の申入れをしました。その後，本訴を提起して，次男夫婦および自己の住居に使用する必要ありとして，本件家屋の明渡しを求めました。一審，原審ともにXの裁判前の解約申入れの事実は否定しましたが，訴え提起による解約申入れを認めて，Xの請求を認めました。Yが上告したところ，最高裁は上告を棄却しました。

判決の要旨　本件においては，XはYに対し，本件家屋に対する賃貸借解約の申入れをしたことを原因として明渡しを請求したものであることは記録上明らかである。かかる場合は，賃貸人たるXは，賃貸借関係の存続を欲しない意思に出たことが明白である。したがって，本訴家屋明渡し請求中には自ら解約の意思表示を包含するものと認めるを相当とするから，たとえ本訴提起前に解約があった事実はこれを認めるに足る証拠がないとしても，本訴請求の時より借家法所定の期間を経過したときは，他に解約申入れの効力を妨げる事由のない限り，裁判所は有効な解約申入れがあったものとして，裁判をなすべきものであるから，右と同趣旨に出た原判決は正当であって所論のごとき違法はない。

コメント　家主が借家人に対し，解約申入れをしても，借家人は正当事由を争って任意に借家を明け渡さないことがあります。その場合に，家主は，調停の申立てをするか，訴訟を提起するなどの法的手続きをとることになります。

　家主が口頭で解約申入れをしたり，文書で申入れをしても，その控えがないことから，借家人が解約申入れの事実を争った場合に，それを証明することができないというだけで，家主の解約申入れの事実が認められない

第2編　借家をめぐる100の重要裁判例　179

のでは，最高裁としても釈然としなかったのだと思われます。

　そもそも，借家明渡し訴訟の提起は，家主としての明渡しに対する断固
たる姿勢を示すものに他ならず，それ自体を解約申入れの意思表示とみな
すことができれば，家主が証明するまでもなく，裁判所に明らかな事実と
いえます。

　そこで，本件判決は，訴訟提起に解約申入れの意思表示を認めたもので，
その結論には賛成です。なお，最高裁昭和36年11月7日判決・民集
15巻10号2425頁および最高裁昭和37年5月31日判決・判タ
133号47頁は，いずれも調停申立てについて，解約申入れの意思表示
がなされたものと認めています。

【20】 明渡し訴訟継続で解約申入れも継続。

（最高裁昭和 41 年 11 月 10 日判決・民集 20 巻 9 号 1712 頁）

事案の概要　Xは，Yに対し本件建物を賃貸していましたが，昭和 33 年 6 月に自己使用の必要性などから解約の申入れをし，明渡し訴訟を提起しましたが，一審はXの請求を棄却したため，Xが控訴しました。原審は，解約申入れ時点では正当事由を欠いていたものの，本訴維持により解約申入れの意思表示が継続していたと認められるところ，その間にXが，別途住居兼履物商として借りていた建物からの退去を余儀なくされたことなどの新たな事情により，昭和 38 年 12 月末頃に正当事由が具備されたとして，一審判決を変更してXの請求を認めました。そこで，Yが上告しましたが，最高裁は上告を棄却しました。

判決の要旨　建物の賃貸借契約の解約申入れに基づく該建物の明渡し請求訴訟において，右解約申入れをした当時には正当事由が存在しなくても，賃貸人において右訴訟を継続維持している間に事情が変更して正当事由が具備した場合には，解約申入れの意思表示が黙示的・継続的になされているものと解することができるから，右訴訟係属中正当事由が具備するに至った時から 6 か月の期間の経過により該賃貸借契約は終了するものと解するのが相当であり，このような場合に，所論のように，正当事由が存在するに至った後に，口頭弁論期日において弁論をなしまたは期日外においてとくに別個の解約申入れの意思表示をなすこと等を必ずしも必要とするものではない。

コメント　最高裁は，借家法に基づく解約申入れによる正当事由が具備されているかどうかという内容面についてはともかく，手続き面では，一貫して柔軟な解釈を展開してきました。

　まず，最高裁昭和 25 年 2 月 14 日判決・判タ 2 号 46 頁は，解約申入れの際に 6 か月の猶予期間を付さなくても 6 か月の経過で解約の効力を生ずると判示しました。

第 2 編　借家をめぐる100の重要裁判例　　181

　次に，最高裁昭和 29 年 3 月 9 日判決・民集 8 巻 3 号 657 頁は，解約申入れの時期に正当事由がなくても，その後引き続いて明渡しを請求し，事情が変わって正当事由を具備し，口頭弁論終結当時に 6 か月を経過していれば，解約申入れによる明渡しの請求をする権利を有するとしました。そして，最高裁昭和 34 年 2 月 19 日判決・民集 13 巻 2 号 160 頁は，解約申入れ当時には正当事由がなくても，その後，明渡し請求訴訟を係属中に口頭弁論においての弁論の都度解約申入れがなされたものと解することができると判示しました。

　本件判決は，これらの流れをさらに一歩進めて，口頭弁論で弁論をしなくても，明渡し請求訴訟を継続維持しておれば解約申入れの意思表示が黙示的・継続的になされているものと解釈したもので，【19】と合わせ最高裁の手続き面での寛大な姿勢が認められます。

【21】 解約申入れ後の損害金としての受領。

（最高裁昭和 40 年 3 月 23 日判決・集民 78 号 405 頁）

事案の概要　Xは，Yに対し，本件家屋を賃貸していましたが，破損腐朽が甚だしいとして解約申入れをして，建物明渡し訴訟を提起しました。一審，原審ともにXの請求を認めたため，Yが上告しました。Yは，家賃として支払った金員をXが受領した以上，解約申入れは撤回されたなどと主張しましたが，最高裁はYの上告を棄却しました。

判決の要旨　解約申入れによる家屋賃貸借契約の終了後において，なお賃貸借の存続を主張する旧賃借人から旧賃貸人に対し賃料として支払った金員を旧賃貸人が受領したとしても，そのことから直ちに旧賃貸人が解約申入れを撤回したとか，あるいは新たに賃貸借契約を締結したものと認めなければならないわけではない。原審は，少なくとも本件解約申入れの効果発生後は，XはYの提供した金員を賃料相当の損害金として受領していたものであると判断しているのであって，右解約申入れから本件訴訟提起にいたるまでの経緯につき原審の認定した事実関係に照らせば，原審の右判断は相当であり，これに所論の違法は認められない。

コメント　本件判決は，実務的には大変意義のあるものです。

家主が，借家契約について解約申入れや解除をして契約の終了を主張しても，借家人が契約を終了していないといって，従前と同様に家賃を支払うことがあります。その場合に，家主にしてみると，借家人が借家をそのまま使い続けているために，他に貸すことにより家賃収入を得ることができないので，借家人が支払うその家賃を受け取りたいと思うわけです。

しかし，単純に家賃を受領することは，解約申入れや解除を撤回したことになるのではという危険もあるので，さぁ，どうしたものかと悩むのです。

第 2 編　借家をめぐる100の重要裁判例　**183**

　本件判決は，それに対する一つの回答を提供しました。借家人が契約終了後も使用を続けている以上，家主に対する賃料相当損害金の支払い義務が生じるので，家主は家賃ではなく，賃料相当損害金として受領したのであれば，その受領行為により解約申入れなどを撤回したことにはならないとしたのです。

　家主としては，アパートローンなどを借りて借家を建てた場合に，家賃が入らないと借金を返せないという切実な問題を回避できるので，実務的には大変意義のある判決といえます。

　なお，最高裁昭和40年2月23日判決・集民77号583頁は，借家人が家賃として供託した金員を受領しても，賃料相当損害金として受領する趣旨であったと認定できるので，法定更新にはならないと判示しているのも参考になります。

【22】 判決確定後に正当事由が消滅しても借家契約は復活しない。

（最高裁昭和 33 年 1 月 23 日判決・民集 12 巻 1 号 96 頁）

事案の概要　XはYに対し，全身不随の祖母と同居してその世話をするために，本件家屋の借家契約について解約の申入れをしてその明渡しを求めたところ，前訴の裁判でXの請求が認められ，判決が確定しました。そこで，XがYに対する強制執行の手続きを申し立てましたが，YがXの祖母が死亡したので，正当事由は消滅したとして，請求異議の訴えを提起しました。一審，原審ともにYの請求を棄却したため，Yが上告しましたが，最高裁はYの上告を棄却しました。

判決の要旨　借家法 1 条の 2 の正当事由があって，これによる解約申入れが有効になされた旨の確定判決があった以上，その後該事由が消滅したとしても，従前の賃貸借が当然に復活し，または明渡し請求権が当然消滅するものでない旨の原判示は正当であって，原判決には所論の違法は認められない。

コメント　本件判決より約 5 年前に，最高裁昭和 28 年 4 月 9 日判決・民集 7 巻 4 号 295 頁は，「正当事由あることは解約申入れの有効要件に外ならないものであるから，一旦有効になされた解約の申入れが爾後の事情の変動によりその正当性を喪失し無効に帰すべきいわれはない。しかるに，原判決は，解約申入れ当時の上告人の生活状態のほか，解約申入れの効力発生後における事情，とりわけ第一審判決以降において上告人に存した事情を以て本件解約申入れの正当性を否定しているのである。されば，本論旨は，その理由があって，原判決は破棄を免れない。」と判示して，札幌高裁に差し戻しています。

　まして，本件の事案は，正当事由を認定して確定した判決後の事情をもって当該判決の強制執行に対する請求異議を求めたものですから，上記昭

和28年最高裁判決の趣旨に照らせば，請求異議を認めないのは当然といえます。

　つまり，解約申入れの正当事由というのは，解約申入れの時から6か月間存続することによって認められるものであり，その後の事情の変動により正当事由が消滅したとしても，解約申入れによる家主の借家人に対する明渡し請求権が消滅するわけではないことになります。

【23】 家主の利害が借家人より大であることを要しない。

（最高裁昭和 18 年 2 月 12 日判決・民集 22 巻 57 頁）

事案の概要　Vは，Wより昭和 5 年頃から本件家屋を賃借していましたが，Wの承諾を得て，昭和 10 年に Y₁ に本件賃借権を譲渡しました。Y₁ は Y₂（以下，総称して「Yら」という）と同居して，本件家屋で飲食店を経営していました。その後，昭和 15 年にWから本件家屋を譲り受けたXが，昭和 16 年 5 月にYに対し，薬局の店舗拡張のために本件借家契約について解約の申入れをし，同年 11 月に契約が終了したことを理由に明渡し訴訟を提起しました。一審，原審ともにXの請求を認めたため，Yが上告しましたが，最高裁は上告を棄却しました。

判決の要旨　建物の賃貸人が自ら使用する必要ありて解約の申入れをなす場合において借家法 1 条の 2 に所謂正当事由ありとなすには必ずしも賃貸人の利害が賃借人の利害より大なることを要するものにあらず。而して賃貸人が本来の賃貸人なる場合なると前賃貸人の地位を承継したる場合なるとによりその理を異にすることなし。今原判決を見るに用語不十分の感なきにあらずといえども，よくこれを精読すれば，原審は賃貸人たるXが本件賃貸借解約の申入れをなしたるは，自ら使用する必要ありたるがためにしてその必要は所謂正当の事由となすに足る程度のものなることを認定したるものなること自ら明白にして，原審採用の当該証拠資料によれば以てこの認定をなしえざるに非ず。所論は，畢竟原判決および法律の本旨を正解せずして原審の専権に属する証拠判断および事実の認定を非難するに帰し，上告適法の理由となすに足らず。

コメント　借家の解約申入れの正当事由については，当該借家の使用の必要性がもっとも重視されるといわれています。そこで，浮かんでくる素朴な疑問があります。家主の正当事由が認められるためには，借家の使用の必要性について，借家人よりも上回ることが要件かどう

かということです。

　それは当然の前提であるという考え方もあり得ますが，私は反対です。まず，当該借家を実際に使用している借家人と比べられると，これから使用したいと思っている家主にはまず勝ち目はありません。そして，借家の使用の必要性という価値を客観的，数量的に評価することができないので，どうしても主観的評価となり，既得権者が優位に立つことになると思うからです。

　本件判決も，「必ずしも賃貸人の利害が賃借人の利害より大なることを要するものにあらず」として，家主の使用の必要性が借家人より上回ることが正当事由の要件ではないとしたもので，私もこの考え方に賛成です。

【24】 家主の自己使用の必要性の重み。

（最高裁昭和 26 年 4 月 24 日判決・民集 5 巻 5 号 301 頁）

事案の概要

Xは，Xの先代がYに賃貸していた本件家屋について，母のためにもそこに居住して商業を営む目的で，解約の申入れをして本件家屋の明渡し請求を提起しましたが，Yは本件家屋をXから買い受けたとして，本件家屋の所有権移転登記手続きの反訴をしました。一審はXの請求を認め，Yの反訴を棄却したため，Yが控訴しました。原審は，Yの反訴は否定し，かえってXの本件家屋の所有権は認めましたが，Yに対する明渡し請求は棄却しました。そこで，Xが上告したところ，最高裁はXの敗訴部分を破棄し，大阪高裁に差し戻しました。

判決の要旨

Xが本件賃貸借解除の理由として，「Xは，父の没後会社勤めをして母と共に細々と生計を営んでいるが，近来の世情では到底家産を維持することも困難だったので，親族協議の上本件家屋は祖先の建築したものであるから子孫として之を守って祭祀の礼を果たすと共に，Xは未婚の婦女であるから，将来一身の落付きをつけ母を顧みるためにも本件家屋に居住するが至当であり，又右家屋に居住して何らかの商業を営み生活の資を稼がねばならない情況にあるので」云々と主張したことは，原審口頭弁論調書ならびに第一審判決事実摘示の記載により明らかである。右主張が，本件賃貸借解除の根本の理由である。そして，民法によれば，賃貸人は何時でも 6 か月の期間をおいて解約することができたのであるが，借家法 1 条の 2 は，借家人の利益のためにこれに制限を加えたのである。しかし，同条は「建物の賃貸人は自ら使用することを必要とする場合その他正当の事由ある場合にあらざれば」云々と規定し，自ら使用することを必要とする場合を特に挙げてこれを正当の理由ある場合の一としているのである。それ故，当初は賃貸人自ら使用する必要ある場合はそれだけで当然正当の理由あるものと解されていたのであるが，その後住宅難が追々甚だしくなるに従い解釈もそれにつれて借家人の利害を漸次重視するに至ったのである。しかし，所有権は何といっても強力な権利

であり，所有者が自己の所有物を使用する必要ある場合は相当重視されて然るべきである。殊にXの主張は，Xは未だ若年の婦女の身で母を顧みなければならず本件家屋に住んで何か商業を営む外生活を立てる道がないというのであって，果してそういう事実だとすればこれは相当重大な事由であり，Yの方にこれに打ち勝つべき格段の利害関係がない限り，それだけで当然正当の理由となり得べきものである。しかるに，原審がYの方にXの解約申入れを拒絶すべき如何なる理由あるかにつき何等判示するところなく，Xの解約申入れを正当な理由なしとしたのは「右正当の理由」の解釈を誤ったか，然らざれば理由不備の違法あるものと言わざるを得ない。さらにまた原判決は，「原審におけるY申請の各証人及び当審における証人の証言に徴すれば，Yは右売買の主張が認められないときは何時でも従前通り賃料を支払う準備をしており，家屋の使用方法を変更するような意向も認められないからYが右のような主張をしたからとて直ちに本件賃貸借関係について相互の信頼関係を裏切り，あるいはXのもつ賃貸人としての地位に大きな不利益を生ずるものとは認められない」と判示した。然し，Yが売買が存在しないに拘わらず存在したと主張し，賃貸人の所有家屋を自己の所有物なりと主張して裁判によりこれを奪取せんとしたものとせば，かくの如き行為はそれだけで著しく信頼関係を裏切るものであることはいうまでもない。それ故，原審がY主張の売買は認められないと判断した以上，Yの行為を以て信頼関係を裏切るものにあらずとなすには，Yが売買が成立したと信じて居り，しかも信ずるにつき相当の理由があった場合等その他正当の事由がなければならない，単に売買が認められなければ賃料を支払うつもりで用意をしていたとか，家屋の使用方法を変更する意図も認められないとかいうだけのことでは足りない。しかるに原審が右正当な事由につき何等判示することなくして信頼関係を裏切るものではないと判断したのは到底首肯することができない。なおまた事情の如何によってはたとえ原審のいう如くその額は少額であったとしても，賃料の不払いを原因としてなしたXの賃貸借契約解除は必ずしも原審のいうように信義誠実の原則に反するものということはできないであろう。この点においても原審の判断は理由不備の感なきを得ない。以上

の理由により原判決は借家法1条の2の解釈を誤ったか然らざれば理由不備の違法があると言わざるを得ない。

コメント 本件判決は，興味深い点がいくつかあります。

第1に，借家法1条の2についての最高裁の解釈の変遷を述べている点です。「自ら使用することを必要とする場合その他正当の事由」という規定ぶりから，当初は家主が自己使用する必要がある場合であればそれだけで正当事由があると解釈されていたところ，住宅難の影響から借家人の利害を重視することになり，借地借家法28条の家主と借家人双方の使用を必要とする事情との定めになったと思います。

第2に，家主の自己使用の必要性が強い場合には，借家人に「格段の利害関係」がない限り正当事由を認めるとした点です。ともすれば，実際に使用している借家人の権利の方がいわば既得権として強い権利だと思いがちですが，最高裁は必ずしもそのようにみておらず，借家人に傾きがちな下級審の判断を押し戻したといえます。なお，最高裁昭和26年9月14日判決・民集5巻10号565頁は，「特に賃借人側の利害のみを重視して判定すべきものではない」と述べているのも，同じ考え方の延長線上にあると思われます。

第3に，Yが本件家屋の所有権を主張したことについて，原審は信頼関係を裏切るものではないとしたのに対して，最高裁は「首肯することができない」と一刀両断しており，当然の判示と思います。

第2編　借家をめぐる100の重要裁判例　　**191**

【25】　借金等の支払い。

（最高裁昭和 27 年 3 月 18 日判決・民集 6 巻 3 号 342 頁）

事案の概要　　　Xの先代が，Y_1，Y_2（以下，総称して「Yら」という）に対して，本件各建物を賃貸していましたが，先代の死亡により本件各建物を家督相続した未成年者のXが，学業半ばの身で多額の税金の納付のためにした借金を返済するなどの目的で，Yらに対する本件各建物の借家契約について解約申入れをし，明渡し請求訴訟を提起しました。一審はXの請求を棄却しましたが，原審がXの請求を認めたためYらが上告したところ，最高裁は上告を棄却しました。論点はいくつかありますが，ここでは正当事由の判断に限定します。

判決の要旨　　　Xのように，賃貸人が，戦災者でかつ学業中の未成年者であり，その家族は祖母だけで消費一方の存在である場合，多額の諸税金の納付，学資家計費の調達等のため，現在賃貸している家屋の明渡しを求めて処分する以外に方法がないと認められるときは，他方賃借人の家族の数ならびに職業と家屋との関係，賃借人の家屋買取りについての態度条件および賃借人の家屋明渡の調停についての態度条件，転住の困難の程度等を精査し，これを賃貸人の事情と比較考量した上，なおかつ賃貸人が直面している経済的危難を免れるためには，その家屋の明渡しを求め，これを処分することが，唯一つの方策であることが認められる場合は，借家法 1 条の 2 にいわゆる正当の事由ある場合に該当すると認めなければならない。

コメント　　　本件のXは，納税資金で当時としては多額の 37 万円の借金で毎月 4,000 円の金利の支払いと学業資金等の捻出のため，本件各建物の売却に迫られたものです。無論，借家人付きの売却も考えられないことはなく，Yらもその旨の主張をしていますが，本件判決が，「賃借人の居る家屋は，売却するのに，空家よりも遥かに困難であることは，わが国の現状においては，一般的に公知の事実である。」と述べ

ている通り，借家人付きのままでの借家の売却代金が大幅に下がることを，最高裁もきちんと把握しているのです。

　問題は，本件のように，家主自身が当該借家を使用せずに，借金等の支払いのために売却するような場合であっても，旧借家法でいう「自ら使用することを必要とする場合その他正当の事由ある場合」にあたると，最高裁が昭和27年という住宅難の時点で認めていたことです。

　最高裁昭和27年10月7日判決・民集6巻9号772頁も，もともと公設の小売市場として賃貸していたところ，戦争末期の市場閉鎖により機械製造工場として貸しましたが，再び公設市場として賃貸するために明渡しを求めた事案で，「必ずしも賃貸人において賃貸建物を自ら使用することを必要とする場合に限らないことはもちろん」と，自己使用でなくても正当事由が具備されることをより明確に述べています。

【26】 借家の所有権を取得した者も借家契約について解約申入れができるか。

（最高裁昭和 30 年 6 月 7 日判決・民集 9 巻 7 号 865 頁）

事案の概要　　Xは，兄所有の物置に妻子 5 人で居住していましたが，兄から薬煙草の貯蔵場として使うために明渡しを求められて，引越先を探していたところ，Yの息子が所有し，Yに賃貸している本件建物を見つけて，Yに対し本件建物を買うのかを確認したところ，買わないとの回答があったので，本件建物を買うことにしました。Xは，本件建物を取得後，Yに対し，解約申入れをして本件建物の明渡しを求め提訴しました。一審，原審ともにXの請求を認めたため，Yが上告しましたが，最高裁はYの上告を棄却しました。

判決の要旨　　借家法 1 条の 2 は，正当の事由ある場合に限り建物の賃貸人が解約権を有することを規定しているのであるから，同条により解約権を行使するには，建物の賃貸人たることと，正当事由の存することとの二つの要件が備われば足りるのである。そして，賃貸中の建物を自己使用の目的で買い受けて所有権を取得した者であっても，借家法 1 条によって賃貸人となることには変わりはないのであるから，同法 1 条の 2 の「賃貸人」中には，かかる者をも含むものと解すべきである。ただ問題となるのは，右のような賃貸人には，如何なる場合に解約申入れの正当事由が存するかであるが，かかる場合における正当事由の存否は，旧賃貸人の下において従前に発生した事由に限局するとか，あるいは新賃貸人の下において新たに発生した自己使用の必要事情のみとかに，形式的に制限すべきではなく，賃貸借承継の前後を問わず，あらゆる事情を参酌して，結局において賃借人側の居住の安定と，賃貸人となった者の側の自己使用の必要との双方の利害を実質的に比較考量した上，解約を正当と認むべき事由が存するかどうかを判断しなければならないのである。そして，原審認定の事実関係の下においては，本件解約申入れに正当事由があるとした原判決は十分首肯するに足りるから，論旨は理由がない。

コメント ここでは，二つの問題が検討されています。第 1 は，借家の所有権を取得した者も借家契約について解約申入れができるかですが，借家法 1 条の 2 は，新所有者を特に排除しておらず，家主に正当事由が具備されているかどうかを判断することについて変わりはなく，判示は正しいと思われます。

　次に第 2 の問題点として，正当事由の存否を判断する事情の範囲はどこまでかということですが，借家法 1 条の 2 をみる限り，旧家主の下における事情だけとか，逆に新家主の下における事情とかに限定していませんから，いずれの事情も含めてよく，最高裁判決に異論ありません。

　なお，最高裁昭和 27 年 5 月 9 日判決・民集 6 巻 5 号 538 頁は，賃借して現に居住中の家屋の買受人が明渡し請求を求めた事案ですが，本件判決と同様に正当事由を認めています。

第 2 編　借家をめぐる100の重要裁判例　**195**

【27】　医業者の地位は特別扱いできるか。

（最高裁昭和 28 年 1 月 30 日判決・民集 7 巻 1 号 99 頁）

事案の概要　　Xは，夫の勤務先の学校の校宅に次女Zとともに居住していましたが，復員するZの夫まで同居させることが校則違反としてZ夫婦だけでなくX夫婦も退去を請求される危険がありました。そこで，Xが隣の医院のYに対し病室目的で賃貸していた本件家屋について，解約申入れをして明渡し請求訴訟を提起したところ，一審はXの請求を棄却しましたが，原審はXの請求を認めました。そこで，Yが上告しましたが，最高裁は上告を棄却しました。

判決の要旨　　Xが本件において賃貸借解約申入れの正当事由として主張した事実は，Xが借家居住しているV女学校の校宅については，校則上扶養家族以外の者の同居が禁止されており，当時すでにその一子とともに同居させているZの夫が復員し，同人もまた右家屋に同居するに至るときは，右校則違反としてZ夫婦およびX夫婦もまた退去を求められる虞あるにより，Z夫婦等を居住せしめるため昭和 20 年 8 月下旬Yに対し本件賃貸借の解約申入れをしたというのであり，X側にかかる事由の存在することは原審の確定するところである。Xはなお右の事由を敷衍し，その後昭和 20 年 10 月Zの夫が帰還し，右校宅に同居するとともに他に借家を求めたが得られなかったこと，および昭和 22 年 3 月ころV女学校より右校宅の明渡しを求められ，次いで昭和 24 年 7 月ころX夫婦およびZ夫婦等は所有者より該家屋明渡しの調停の申立てを受けたことを主張し，原審もまたその事実を確定して，これを賃貸借解約申入れの正当事由の有無を判断する資料としていることは明らかであるけれども，以上の事実はいずれも，解約申入れ当時の事由たる，Zの夫が復員して右校宅に同居することにより，V女学校の校則違反として家屋明渡しを求められる虞があるという事実が具体化したものであって，畢竟解約申入れ当時の事由が虚偽でなかったことを裏書きするだけのものにすぎず，これをもって独立の新たなる解約申入れ事由をなすものとはいえないから，本件解約申入れの正

当性を判断するについて右の事実を斟酌することは何ら妨げあるものではなく，論旨は採用することができない。

　Yはその営む医業の性質上他の同業者と等しく医師法によって規制される範囲において，他の職業を営みもしくは営まない者と対等に借家法の保護を受けるけれども，その職業の性質から借家法上当然他の職業を営む者に優位したり，もとよりそれよりも不利益な地位におかれるものではない。けれども，借家法1条の2の正当性を判断するのに，各当事者がその職業を営んでいる実状は各自の実情として参酌されるであろうが，それは当事者双方の居住の安全が比較考慮される各般の事情の一資料としてであって，借家法上職業の性質に基づく価値判断が参酌されるのではない。然らば原判決がXの医業を営む実状について判断したのは正当であって論旨は採ることをえない。

コメント　　本件では二つのことが問題とされました。一つは，解約申入後の事情を正当事由の判断をする際に含めてよいのか，もう一つは，医業を営むことについて他の職業を営むことと比べて特別扱いできるかです。

　正当事由の存在は解約申入れの要件ですから，本来は，解約申入れ後の事情を入れて正当事由を判断することはできないように思えます。しかし，本件判決は，解約申入れ当時にZの夫の復員が予想されていたこと，それが現実化すれば校則違反で女学校から退去を迫られることも予想できたからこそ，解約申入れをしたわけで，その後の事情は「おそれ」が現実化しただけであるとして，正当事由の判断資料になるとしました。もっとも，これらの現実化した事実は，いずれも訴訟係属中に生じたものなので，【20】の昭和41年最高裁判決の趣旨からすれば，解約申入れが継続しているとみなされるので，いずれにせよ解約申入れの効力は認められることになります。

　もう一つの点は，正当事由の中身を判断する上で興味深い争点です。いわば職業の優劣を正面から問題視したともいえるからです。Yは，「医業

第２編　借家をめぐる100の重要裁判例　　197

を経済的利益のみを目的とする一般商業と同視し，その社会的公共福祉的性質を全然無視した不法があり」と主張して，人の生命・身体にかかわる医業の公共性などを強調しました。しかし，本件判決は，医業を営むことで他の職業に優位することはないと明言しました。職業に貴賤なし，と言われるように，当然の結論かと思われます。

　ところで，最高裁昭和27年12月25日判決・民集6巻12号1263頁は，借家人である製薬会社社長の社会上の地位，およびその息子が自宅で米会話の教授をしていることなどを重視して正当事由を否定した原判決について，「当事者双方の利害関係を比較して判断の根拠としたのは何ら違法でない。」として，その判断を支持しています。一見すると，借家人の職業を重視しているようにも見えますが，借家人側の荷物が多く収容するのに難渋することも理由として挙げており，家主と借家人の双方の利害得失の一環として，借家人らの職業に言及しているにすぎないと思われます。

【28】 憲法違反などを理由に上告したが，家主と借家人の同居を命じた事例。

（最高裁昭和 26 年 3 月 23 日判決・民集 5 巻 4 号 163 頁）

事案の概要　　Xの兄がYに対し本件建物を賃貸していたところ，Xは，自らの家族が居住するために兄より本件建物を買い受けた後に，解約申入れをして本件建物の明渡しを求め提訴しました。一審はXの請求の相当部分を認め，原審も一審判決よりは明渡し部分を狭めて，Xの世帯とYの世帯の同居を命じる結果となりました。そこで，Yが憲法違反などを理由に上告しましたが，最高裁は上告を棄却しました。

判決の要旨　　憲法 25 条の法意は，国家は国民に対して健康で文化的な最低限度の生活を営ましめる責務を負担し，これを国政上の任務とするという趣旨であって，この規定によって直接に各個人の現実的な生活権が保障されるものでないことは当裁判所の判例とするところである。したがって，他世帯との同居を命じた原判決を以て直ちに右憲法の条項に違反するとする論旨の採るを得ないことはおのずから明らかである。

コメント　　賃貸した建物の全部ではなく一部の明渡しを認めることは，結果的に家主と借家人の両世帯の同居を命じることになります。この点について，原判決も，「他世帯との同居生活は不快適であるばかりでなく，更にすすんではお互いの家庭生活の和楽を損なうものであり，その健康で文化的な最低限度の生活を妨げるものであろうけれど，住生活の窮屈がいささかも緩和されていない現時においてはその同居を否定するわけにはいかないであろう。」とやむを得ない措置であることは認めているのです。

原判決も，「健康で文化的な最低限度の生活を妨げるもの」と，言わないでいいことまで言ってしまったのが間違いともいえます。そこをまさにY側に突っ込まれたのですから。

第2編　借家をめぐる100の重要裁判例　　199

　とはいえ，最高裁は，憲法 25 条については，昭和 42 年 5 月 24 日
判決・民集 21 巻 5 号 1043 頁の朝日訴訟事件，および昭和 57 年 7
月 7 日判決・民集 36 巻 7 号 1235 頁の堀木訴訟事件などで，国家の
責務を宣言したものであり，その具体化は立法府の裁量権に任されている
と一貫しています。

　ところで，同居といえば，最高裁昭和 25 年 11 月 16 日判決・民集
4 巻 11 号 582 頁は，借家人の主な営業を同居人にさせているときには，
借家人の家屋使用利益を衡量するについてその同居者の利益を含めて正当
事由を否定したことを肯定しているので，紹介します。

【29】 無断転貸解除は解約申入れを含む。

（最高裁昭和 48 年 7 月 19 日判決・民集 27 巻 7 号 845 頁）

事案の概要　　Xは，本件建物をVに賃貸していましたが，Vの内縁の妻Yがそのまま居住を続けたため，Vの相続人であるWらに対し，無断転貸を理由に借家契約を解除して，Yを相手に建物明渡し訴訟を提起しました。一審，原審ともにXの請求が棄却されたため，Xが上告したところ，最高裁は原判決を破棄し，大阪高裁に差し戻しました。

判決の要旨　　Xは，昭和 46 年 5 月，Wらに対して無断転貸を理由として賃貸借契約解除の意思表示をしたが，本訴においては，解除理由として無断転貸を主張するとともに，右解除の意思表示をした当時，借家法 1 条の 2 の正当事由が存在したから，右解除の意思表示には同時に，同法同条の解約申入れとしての効力もある旨主張しているのである。思うに，賃貸借の解除・解約申入れは，以後賃貸借をやめるというだけの意思表示であり，その意思表示にあたりいかなる理由によってやめるかを明らかにする必要はないのであるから，賃貸人がたまたまある理由を掲げて右意思表示をしても，特にそれ以外の理由によっては解除や解約申入れをしない旨明らかにしているなど特段の事情のない限り，その意思表示は，掲げられている理由のみによって賃貸借をやめる旨の意思表示ではなく，およそ賃貸借は以後一切やめるという意思表示であると解するを相当とする。そうすると，その意思表示の当時，そこに掲げられた理由が存在しなくても他の理由が存在している限り，右意思表示は存在している理由によって解除・解約の効力を生ずるものと解すべきである。それゆえ，たとえ，無断転貸により解除する旨の意思表示がなされても，その当時，借家法 1 条の 2 の正当事由が存在しているときには，右意思表示は同時に同法同条による解約申入れとしての効力をも生じているというべきである。

コメント　　内縁の夫または妻が借家人の場合に，借家人が死亡し相続人がいたとしても，そのパートナーは相続人の賃借権を援

用できるので，相続人による無断転貸には当たらず，無断転貸を理由に解除することはできません（**【75】** 参照）。しかし，そのような場合でも，解約申入れとしての効力を有するかどうかは別問題だということです。借家人に対し，契約を終了させる意思を明らかにすれば，契約違反を理由の解除だけでなく，解約申入れの効力も有するとしたもので，本件判決は一般人の感覚に合致していると思います。

　ところで，最高裁昭和 52 年 5 月 27 日判決・金商 548 号 42 頁は，用法義務違反を理由に契約を解除して明渡し請求訴訟を提起したのに，解約申入れによる正当事由を認めた原判決を弁論主義違反として破棄しましたが，本件判決と異なるのは，家主自身が裁判においても解約申入れの主張をしなかったためです。

【30】 現に居住している借家人への配慮の有無。

（最高裁昭和 27 年 12 月 26 日判決・民集 6 巻 12 号 1338 頁）

事案の概要　　本件建物は元 V の所有で，東 1 戸を Y に，西 1 戸を Z に賃貸していましたが，X が本件建物を買い受けた直後に，Y と Z に対し解約申入れをして，調停の申立てをしたところ，Z は明渡しをしました。しかし，Y はこれに応じなかったため，X は明渡し訴訟を提起したところ，一審は X の請求を認めましたが，原審は一審判決を取り消して，X の請求を棄却しました。そこで，X が上告しましたが，最高裁はこれを棄却しました。

判決の要旨　　賃貸人が自己使用の必要上賃貸借の解約申入れをする場合でもそれだけでは借家法 1 条の 2 にいう正当の事由とはならないのであって，賃貸人側に存する家屋使用の必要性と明渡しによって害される賃借人の住居の安全とが当事者双方に存する諸般の事情から比較考慮されて初めて決せられるのである。そして，他人が賃借居住中の家屋を自ら居住する目的で買い受けた者のなす賃貸借の解約申入れは賃貸人の変動さえなければ害されることのなかった賃借人の居住の安全を害す結果となるのであるから，かかる解約申入れの正当事由の有無を判断するに当たっては固より当事者双方に存する諸般の事情が比較考慮されるのであるが，賃借人の居住の安全が保障されるかどうかの点が特に充分に考慮されなければならないことはいうまでもないところである。原判決は，X は，本件家屋の買受けに際し Y が右家屋に賃借居住中であることを知りながら，Y_1 について家屋明渡しの意思があるか否かを全然確かめないのみならず，その後現在に至るまで Y に対し移転先の提供等本件家屋明渡し後における Y の住居の安定の保障について考慮を払った事跡は全然存しない事実を確定し，右事実を本件解約申入れにつき正当事由の有無を判断する一事情としてその他の事実と共に考慮した上正当の事由がないと判断したものであって，所論のように X に対して Y の住居の安全を保障する責任を負荷させた趣旨でないことは原判文上明らかである。そして，右認定の事実は本件解約申入れにつき正当の事由の有無を判断するにつき X 側に存する事情とし

て考慮することを妨げるものではないから，原判決は正当であり論旨は理由が
ない。

コメント　　本件判決のポイントは，借家人の居付きの建物を買って解約申入れをしようとする者は，借家人に対しそれなりの配慮を示す必要があるということです。建物の売買さえなければ従前と同様に住居が保障されていた借家人が，自分と関係ないところでの売買によって突然明渡しを求められるのですから，その驚きと不安は相当なものといえます。そこで，借家を買い受けた者としては，解約申入れの正当事由を満たすために，借家人に対し，移転先の斡旋などの努力をする必要があるということになります。これは，借地借家法28条の正当事由の中の「建物の賃貸借に関する従前の経過」あるいは「財産上の給付の申出」ともいえます。

【31】 借家の解体と正当事由。

（最高裁昭和 29 年 7 月 9 日判決・民集 8 巻 7 号 1338 頁）

事案の概要

Xは，昭和 2 年ころに建てた 3 戸一の建物の一部をYに賃貸していましたが，昭和 20 年 9 月ころ西端部分が隣家からの火災による類焼にあった後空家のままで放置されており，本件借家部分も応急処置で何とか使用に耐えているものの，傾斜により倒壊のおそれもあることや繁華街にあって交通も頻繁で治安上の問題もあること，下水道よりも敷地土台が低いために下水が溢れれば湿気を呼びやすく衛生上の見地から問題があることなどから，これを取壊しの上新築するために，解約申入れをしても，Yがこれに応じませんでした。Xは，本件借家の明渡しを求めて提訴したところ，一審はXの請求を棄却しましたが，原審はこれを取り消してXの請求を認めました。そこで，Yが上告しましたが，最高裁はこれを棄却しました。

判決の要旨

本件建物が右のごとき状況にあるとする以上，所有者たるXにおいて，右建物を解体する必要上，賃借人に対し右建物の貸借関係の廃罷を要求することは，借家法 1 条の 2 にいわゆる賃貸借の解約申入れをなすに正当の事由ある場合に該当するものといわざるを得ないのである（なお，原判決は，Xは昭和 21 年中から度々Yに対し本件建物もひどくなったからこれを取り壊してその跡をX企画の建物建築の敷地としたい旨を話し，Yも昭和 24 年当初までは格別異存のあるような態度を示さなかった事実を認定しているのであって，原判決も所論のようにY側の事情を全然考慮に入れなかったという非難には値しないのである）。論旨は採用することができない。

コメント

本件は借家の解体事案です。借家を解体するということは，家主は当該借家を利用する必要性がないということです。家主が必要なのは，解体した後の敷地です。本件判決は，そのように借家自体の使用がありえない場合であっても，何事もないかのように正当事由を認めたのです。

また，最高裁昭和33年7月17日判決・集民32号857頁は，「その屋根，たる木，外壁，庇等の損傷の程度が著しく，これらの部分はそのままでは殆ど使用に耐えなくなっていること，そしてその建築以来約60年の歳月を経過し建物全体としての耐用命数もここ数年を出でないというのである。してみれば，本件建物の所有者たるXとしては保安ないしは衛生の必要から本件建物をもはや現状のままに放置し得ず，これに根本的な大修理を加うるか，或いはこれを取りこわすためYらに対し本件解約申入れをなすのに已むなき事態にあったものというべきであり，このような事態こそ，家屋賃貸借の解約申入れについて，いわゆる正当の事由ある場合に該当するものと解するを相当とする。」として本件判決と同様の立場をとっており，最高裁が建物の解体目的での正当事由を一般的に認めていることが分かります。

【32】 朽廃迫り大修繕・改築のための解約申入れに正当事由を認めた事例。

（最高裁昭和 35 年 4 月 26 日判決・民集 14 巻 6 号 1091 頁）

事案の概要　　VがYに対し昭和 21 年に本件建物を賃貸していましたが，Vから本件建物を昭和 27 年 9 月に買い受けたXが，同年 12 月に解約の申入れをしました。本件建物は，約 30 年前に建築され，地盤が低下して傾斜があり，壁に亀裂が生じ，雨漏りの箇所もあり，危険な状態にあることから，XがYに対し建物明渡しを求めて提訴したところ，一審はXの請求を棄却しましたが，原審がXの請求を認めました。そこで，Yが上告しましたが，最高裁は上告を棄却しました。

判決の要旨　　賃貸家屋の破損腐朽の程度が甚だしく朽廃の時期の迫れる場合，賃貸人たる家屋の所有者は，その家屋の効用が全く尽き果てるに先立ち，大修繕，改築等により，できる限りその効用期間の延長をはかることも亦，もとより所有者としてなし得る所であり，そのため家屋の自然朽廃による賃貸借の終了以前に，意思表示によりこれを終了せしめる必要があり，その必要が賃借人の有する利益に比較衡量してもこれにまさる場合には，その必要を以て家屋賃貸借解約申入れの正当事由となし得るものと解すべきを相当とするのであって，かかる場合にまで常に無制限に賃貸借の存続を前提とする賃貸人の修繕義務を肯定して賃借人の利益のみを一方的に保護しなければならないものではない。

　本件についてみるに，原審認定の事実関係によれば，本件家屋は，原判示の如く腐朽破損が甚だしいため姑息な部分的修繕のみで放置するときは，天災地変の際倒壊の危険すら予想され，改築にも等しい原判示程度の大修繕を施さない限り早晩朽廃を免れないものとせざるを得ない。而して本件家屋賃貸借の実状殊にその賃料の額に徴し，また前記の如き大修繕の必要とXが解約を申し入れるに至った原判示経過とをも併せて考慮するときは，Yが本件家屋賃貸借により有する利益と比較衡量しても，XがYに対し本件家屋賃貸借の解約を申し

第2編　借家をめぐる⑩の重要裁判例　207

入れるにつき正当事由のあることを肯定すべきものとするのが相当である。

コメント　借家の老朽化が進み，雨漏りなどあちこちに不具合が生じるようになると，借家人は家主に対し家主としての修繕義務を果たせと主張し，家主は安い家賃で多額の修繕費用をかけるわけにはいかないとこれを拒絶することで借家関係が険悪化することがよくあります。確かに，現家賃が5万円としてその5年分の300万円の修繕費がかかるようでは，家賃を倍額にすることもできず，家主が修繕をためらうのも分からないではありません。

本件判決は，そのような場合に，【31】の二つの最高裁判決を引用して，大修繕もしくは改築のための解約申入れについて正当事由を認めたもので，妥当な判断と思われます。

【33】 代替建物の提供を条件に解約申入れの正当事由を認めた事例。

（最高裁昭和 32 年 3 月 28 日判決・民集 11 巻 3 号 551 頁）

事案の概要　　Xは，Yに対し本件家屋を賃貸していましたが，自己使用のために本件借家契約について解約の申入れをし，第一次請求として無条件の明渡しを，第二次請求として近隣の代替家屋の提供を条件に明渡しを，それぞれ請求する旨の裁判を提起しました。一審はXの請求を棄却しましたが，原審はXの第二次請求を認め，「YはXに対し，Xが代替家屋を，家賃1か月921円として毎月末日かぎりその月分をX方へ持参支払うこと，賃貸借期間は定めずとの約定でYに賃貸の提供をなし，かつ代替家屋を引き渡すことを条件として，本件家屋を引き渡せ。但し本件家屋の便所の使用を許容し，井戸を共用することを許容せよ。」などとする判決を出しました。そこで，Yが上告しましたが，最高裁は上告を棄却しました。

判決の要旨　　原判決は，「Xが昭和24年11月11日Yに対してなした本件家屋に関する本件賃貸借契約を解約する旨の申入れにつき，無条件で明渡しを求めるのは正当でないが，その申入れが代替家屋をYに居住のために提供しかつ判示便所を使用すること等を許すものと認めうるから，正当な事由を具え，本件賃貸借契約は前記解約の申入れ後6月を経過した昭和25年5月中旬終了したものというべく，従って，右の提供をなお維持してこれを条件とするXの請求は認容しなければならない」旨判示して，論旨摘示のごとき主文の判決を言い渡したことは，所論のとおりである。そして，原判決は，Xの第二次の請求に基づき，その申立ての範囲内でなされたものであって，その理由が第一次請求を排斥した前段の理由と異なることはもとより当然であるから，判決の理由に所論のような食い違いは存しない。また，原判決は，Xが代替家屋についての賃貸借の提供をなし且つ代替家屋を引き渡すことをもって本件家屋に対する明渡しの執行の条件と定めたにすぎないことが判文上明らかである。されば，Yが右賃貸の提供を承諾し且つその引渡しを受けるか否か

は全く自由であって，毫も強制されることはないものといわなければならぬ。次に，Ｘが原判決を執行するには，Ｙに対して代替家屋の賃貸の提供およびその引渡しの提供をした上，裁判所に対してその事実を証明して執行文の付与を受ければ足り，Ｙにおいてこれが承諾をすると否とを問わないものである。

コメント　　最高裁が，代替建物の提供を条件に解約申入れの正当事由を認めた唯一の判決ですが，この後に立退料の提供を条件とした判決が続きます。

　ちなみに，【20】で紹介した最高裁昭和 25 年 2 月 14 日判決・判タ 2 号 46 頁は，家主が借家人のために家主所有の別の住宅をあけているという事実は，家主の誠意を示している事実であり，正当事由を判断する一つの間接の事情となり得ると判示しています。

【34】 移転料の提供と引き換えに借家の明渡しを認めた事例。

（最高裁昭和 38 年 3 月 1 日判決・民集 17 巻 2 号 290 頁）

事案の概要　　V が Y に対し，本件建物を賃貸していたところ，昭和 22 年に本件建物を買い受けた X が，借財返済による売却のために，昭和 33 年 8 月に本件借家契約について解約の申入れをしましたが，理髪業を営んでいた Y はこれを拒絶しました。X は，建物明渡し請求を提訴して，一次的には無条件の明渡しを，二次的には 40 万円の移転料の提供と引き換えに明渡しを求めました。一審は，いずれの請求も棄却しましたが，原審は X の二次的請求を認めました。Y が上告しましたが，最高裁は上告を棄却しました。

判決の要旨　　原判決が，その認定した当事者双方の事情に，X が Y に金 40 万円の移転料を支払うという補強条件を加えることにより，判示解約の申入れが正当の事由を具備したと判断したことは相当であって，借家法 1 条の 2 の解釈を誤った違法や理由不備の違法は認められない。

コメント　　本件判決では「移転料」という表現を使用していますが，いわゆる立退料の支払いと引き換えに借家の明渡しを認めた初めての最高裁判決です。

　Y の上告理由では，まず借財のための売却は自己使用ではないから正当事由に当たらない旨主張していますが，最高裁は，「所論は独自の見解に立脚するものであって，採用し得ない。」と一刀両断し，自己使用にこだわらないことを明言しています。また，Y が，40 万円という金額について，居住権の価値をなさず，理髪業を営む場所的地位などを考えておらず，その理由がまったく不備であると主張したことに対し，最高裁は，正当の事由を具備したと判断したことは相当で，理由不備の違法は認められない，と述べるに止まっています。

　その後，最高裁昭和 46 年 6 月 17 日判決・判時 645 号 75 頁は，「右

第2編　借家をめぐる100の重要裁判例　**211**

金員の提供は，それのみで正当事由の根拠となるものではなく，他の諸般の事情と総合考慮され，相互に補完し合って正当事由の判断の基礎となるものであるから，解約の申入れが金員の提供を伴うことによりはじめて正当事由を有することになるものと判断されるときでも，右金員が，明渡しによって借家人の被るべき損失の全部を補償するに足りるものでなければならない理由はないし，また，右金員がいかなる使途に供され，いかにして損失を補償しうるかを具体的に説示しえなければならないものでもない。」と判示しました。

　要するに，立退料は，他の正当事由との関係もあるので，借家人の損害を全て補償するに足りるまでもないし，その内訳も明示する必要はないと述べているのです。確かに，双方の必要性の程度等もあり，立退きによる借家人の損失の全てを補償する必要はないと思いますが，説明責任が問われる現在では，その金額に決まった理由とかある程度の内訳を示すことが求められていると思われ，後述する下級審判決ではその試みがなされている事例が見受けられます。

【35】 提示額を上回る立退料の支払いと引き換えに借家の明渡しを認めた事例。

（最高裁昭和 46 年 11 月 25 日判決・民集 25 巻 8 号 1343 頁）

事案の概要　Xは，京都市内の繁華街に仮設の 1 棟の建物を所有し，3 区分して，北端部分はVに，南端部分はWに，中央部分はYに賃貸していました。耐用年数も過ぎ，Xの親会社であるZ商会のために高層ビルを建築する目的で，それぞれの借家人に対し解約申入れをしました。Xは，Wとの間では合意解約しましたが，VとYについては交渉がまとまらず明渡訴訟を提起しました。Yに対する関係では，一審では，Xが予備的に請求した 300 万円の立退料と引き換えの明渡しを認めましたが，原審は，500 万円の立退料と引き換えの明渡しを認めました。Yが上告しましたが，最高裁は上告を棄却しました。

判決の要旨　XがYに対して立退料として 300 万円もしくはこれと格段の相違のない一定の範囲内で裁判所の決定する金員を支払う旨の意思を表明し，かつその支払いと引き換えに本件係争店舗の明渡しを求めていることをもって，Xの右解約申入れにつき正当事由を具備したとする原審の判断は相当である。所論は右金額が過少であるというが，右金員の提供は，それのみで正当事由の根拠となるものではなく，他の諸般の事情と総合考慮され，相互に補充しあって正当事由の判断の基礎となるものであるから，解約の申入れが金員の提供を伴うことによりはじめて正当事由を有することになるものと判断される場合であっても，右金員が，明渡しによって借家人の被るべき損失のすべてを補償するに足りるものでなければならない理由はないし，また，それがいかにして損失を補償しうるかを具体的に説示しなければならないものでもない。原審が，右の趣旨において 500 万円と引き換えに本件店舗の明渡し請求を認容していることは，原判示に照らして明らかであるから，この点に関する原審の判断は相当であって，原判決に所論の違法は存しない。

第2編　借家をめぐる[100]の重要裁判例　213

コメント　本件判決は，Xが明示した金額を超える立退料の支払いと引き換えに借家の明渡しを認めた初めての最高裁判決です。ちなみに，この判決の直後に，最高裁昭和46年12月7日判決・判時657号51頁は，事案の概要で述べた同じXの北端部分のVに対する明渡請求訴訟の最高裁判決で，500万円の提示に対し，その倍額の1,000万円の支払いと引き換えに明渡しを認めました。

　原告が申し出た金額以上の立退料と引換えの明渡しを命ずる判決は，民事訴訟法246条の「裁判所は，当事者が申し立てていない事項について，判決をすることができない。」という処分権主義に反しないかという議論もありましたが，むしろ，1,000万円の立退料を提示したのに500万円の立退料と引き換えの判決を出す方が同条に反するという意見が強く，少なくとも，申出金額をある程度超える判決については，現在では特に問題視されていません。

【36】 解約申入れ後の立退料の提供または増額と正当事由。

（最高裁平成 3 年 3 月 22 日判決・民集 45 巻 3 号 293 頁）

事案の概要 Xは，Yに対し本件建物を賃貸していましたが，建物が朽廃したことを理由に契約が終了した，もしくは信頼関係が破壊されたことで契約を解除したとして，第一次的に無条件の明渡しを，第二次的に解約の申入れをして 100 万円の立退料の支払いと引き換えの明渡しを求めました。一審はXの請求を棄却しましたが，原審は，原審段階でXが第三次的に 300 万円の立退料の支払いと引き換えの明渡しを求めたこともあり，この第三次請求を認めました。そこで，Yが上告しましたが，最高裁は上告を棄却しました。

判決の要旨 建物の賃貸人が解約の申入れをした場合において，その申入れ時に借家法 1 条の 2 に規定する正当事由が存するときは，申入れ後 6 か月を経過することにより当該建物の賃貸借契約は終了するところ，賃貸人が解約申入れ後に立退料等の金員の提供を申し出た場合，または解約申入れ時に申し出ていた右金員の増額を申し出た場合においても，右の提供または増額に係る金員を参酌して当初の解約申入れの正当事由を判断することができると解するのが相当である。けだし，立退料等の金員は，解約申入れ時における賃貸人および賃借人双方の事情を比較衡量した結果，建物の明渡しに伴う利害得失を調整するために支払われるものである上，賃貸人は，解約の申入れをするに当たって，無条件に明渡しを求め得るものと考えている場合も少なくないこと，右金員の提供を申し出る場合にも，その額を具体的に判断して申し出ることも困難であること，裁判所が相当とする額の金員の支払いにより正当事由が具備されるならばこれを提供する用意がある旨の申し出も認められていること，立退料等の金員として相当な額が具体的に判明するのは建物明渡し請求訴訟の審理を通じてであること，さらに，右金員によって建物の明渡しに伴う賃貸人および賃借人双方の利害得失が実際に調整されるのは，賃貸人が右金員の提供を申し出た時ではなく，建物の明渡しと引き換えに賃借人が右金

第2編　借家をめぐる100の重要裁判例　215

員の支払いを受ける時であることなどにかんがみれば，解約申入れ後にされた立退料等の金員の提供または増額の申し出であっても，これを当初の解約の申入れの正当事由を判断するに当たって参酌するのが合理的であるからである。

　Xは，昭和62年5月，第一審の第7回口頭弁論期日において，Yとの間の本件賃貸借契約の解約を申し入れ，同時に立退料100万円の支払いを申し出ていたところ，原審の第1回口頭弁論期日において，裁判所が相当と認める範囲内で立退料を増額する用意があることを明らかにした上，平成元年7月，原審の最終口頭弁論期日において，立退料を300万円に増額する旨を申し出ていることが明らかである。そして，原審の適法に確定した事実関係によれば，Xが昭和62年5月にした解約の申入れは，立退料300万円によって正当事由を具備するものと認めるのが相当であるから，本件賃貸借契約は，右解約申入れから6か月後の昭和62年11月の経過によって終了したものといわなければならない。したがって，これと異なり，Xが平成元年7月に立退料の増額を申し出た時から6か月後の平成2年1月の経過をもって本件賃貸借契約が終了するとした原判決には，借家法1条の2にいう解約申入れの効力の解釈を誤った違法があるが，昭和62年11月以後の建物明渡しおよび賃料相当損害金の支払い等を命ずることは，いわゆる不利益変更禁止の原則により許されない。論旨は，結局，原判決の結論に影響しない部分の違法をいうに帰し，採用することができない。

コメント　【22】などで述べていますが，正当事由は解約申入れの要件です。したがって，家主の使用の必要性とか建物の老朽化等により正当事由が具備されていることについては，解約申入れの時に必要となります。

　ところが，その中で立退料だけは本判決によって例外的な位置づけがなされたのです。確かに，解約申入れの時点では，建物の老朽化が激しく借家人がほとんど使用していないようにみえて立退料が不要と考えられても，後日週に1回寝泊まりすることが分かって多少の立退料の提供を申

し出たり，店舗目的で貸していたところ儲かっているようには思えないので営業損害は不要と当初は考えていたところ，借家人からの確定申告書の提出により相当程度の営業損失の発生が不可避として立退料の増額が必要となることがあります。

　そのような場合に，立退料の申し出あるいは増額の申し出をした時点で正当事由を具備したというよりも，解約申入れの時点で正当事由の要件を満たしているとしたものです。家主としても，解約申入れによる契約の終了の場合には，契約違反による解除と異なり，ある程度の立退料の覚悟をして訴訟を提起するはずです。家主は，一応の立退料の金額提示をするものの，その立退料と格段の相違のない一定の範囲内で裁判所の決定する金員を支払う旨の意思を表明することが裁判実務になっている現状からも，本件判決は妥当なものと考えます。

　ところで，本件判決は，そのような観点から，正当事由が具備された解約申入れの時点について，300万円を提示したときと判断した原審の誤りを指摘し，それより前の100万円の提示をした時点であると判示しています。もっとも，Xからの上告がなかったので，解約申入れ時点を早めることは，上告をしたYにとっては不利益になるので，そのような変更は許されないとしたものです。Xが上告していたら，解約申入れの時期，ひいては契約終了時と遅延損害金の起算点が早まったと思われます。

第 2 編　借家をめぐる100の重要裁判例　**217**

【37】　公団による建替え事業において立退料なしでの明渡しを認めた事例。

（浦和地裁平成 11 年 12 月 15 日判決・判時 1721 号 108 頁）

事案の概要　旧住宅・都市整備公団 X は，都市地域における住宅事情の改善を目的に住宅・都市整備公団法に基づき設立されており，その一環として既存賃貸住宅の建替え事業を行っていますが，埼玉県草加団地において Y ら 8 名に対し本件各建物を賃貸していました。X は，草加団地内の建物の老朽化等を理由に建替えを計画し，平成 5 年には居住者説明会を開催して，2 年間の話合い期間を設け，建替えに協力する居住者には建替え後住宅への優先入居や 100 万円前後の移転費用等の不利益軽減措置を講ずることとしましたが，Y らがこれに応じなかったため，平成 7 年に順次本件各建物について借家契約の更新を拒絶するとともに，Y らに対し明渡し訴訟を提起しました。主位的には無条件の，予備的には各人に対し百数十万円の立退料との支払いを受けるのと引き換えに明渡しを求めましたが，浦和地裁は無条件の明渡しを認めました。

判決の要旨　本件建替え事業は，5 期計画および 6 期計画による国の住宅政策に沿って，居住水準の向上と土地の高度利用を目的として行われる公共性の強い事業であるところ，草加団地は，建築後既に 40 年近くが経過しており，かつ，建物の設備性能水準が今日の居住水準に適合していない点において社会的に陳腐化していること，住宅需要の高い地域にありながら，建替え前の草加団地の容積率が行政により定められた基準よりも大幅に低い水準にあること，本件建替え事業の実現によりこれらの建物の設備性能水準および容積率は格段に改善され，居住水準の向上と土地の高度利用が図られることからすれば，前記のような設立目的を有する X が本件建替事業を進めることには客観的に十分な合理性が存するものと認められ，本件各建物を含む草加団地を建て替える必要性を十分肯定することができる。

　Y らに対しては，移転に応じるまでに 2 年間の準備期間が設定されていたこ

と，不利益軽減措置の内容も，各賃借人の多様な事情や希望にできる限り対応したものであり，移転に伴う不利益が軽減されるよう配慮されていたこと，本件各賃貸借契約期間満了時に至る約２年間にわたり本件建替え事業の内容や不利益軽減措置等に関するＹらに対する説明の機会は十分に設けられており，Ｙらがこれらの措置について検討する機会も十分に与えられていたといえることに照らせば，Ｙらの年齢，収入，家族構成等の個別の事情を考慮したとしても，Ｘの本件建替え事業遂行の必要性を上回る程度にまでＹらが本件各建物に居住し続けなければならない必要があるとは認められない。

なお，借家法１条の２の正当事由は，更新拒絶の時点で備わっていれば足りると解されるから，Ｘが更新拒絶の後の明渡しに伴う不利益軽減措置（立退料を含む）を口頭弁論終結時まで維持しなければならない理由はない。

コメント　本件のポイントとして第１にあげられるのは，居住水準の向上と土地の高度利用を図るという国の住宅政策に沿った建替えの必要性も正当事由の重要な要素として斟酌することができるとしたことです。

　第２のポイントは，更新拒絶に至るまでのＸのＹらを含む各借家人に対するきめ細かな対応です。公的な事業であると否とにかかわらず，家主が更新拒絶や解約申入れをする際の参考になると思われます。

　第３のポイントは，実はここで取り上げたメインテーマでもあるのですが，立退料なしでの明渡しを認めたことです。Ｘは，当初は建替え事業への協力を条件に一定の立退料を提示していました。そして，本訴においても，予備的請求として，立退料の支払いと引き換えに明渡しを求めています。その意味で，Ｘとしてもある程度の立退料の支払いは覚悟していたはずです。ところが，本件判決は，主位的請求である立退料の支払いを不要として無条件の明渡しを認めたのです。これには，正直いってＸも驚いたのではないでしょうか。

　本件判決は，明渡しに伴う不利益軽減措置を口頭弁論終結時まで維持し

なければならない理由はないとして，それ以上に積極的な理由をあげていません。推察するに，交渉によって早期に円満解決するために一定額の立退料の支払いを提示したものの，裁判になれば弁護士費用等の諸費用や裁判終結までに相当の期間を要することなどから，公共性の強い事業ということもあり，そこまでの労力を費やしたＸに立退料の支払いを不要としたものと思われます。

東京地裁立川支部平成 25 年 3 月 28 日判決・判時 2201 号 80 頁も，公団の事案ですが，同様の判決を出しています。

また，東京地裁平成 18 年 8 月 30 日判決・判例秘書は，姉が家主で弟が借家人のケースですが，高齢で病弱の姉が弟に病気の際には面倒を見てもらう約束で，姉が 2 階で暮らす建物の 1 階部分を相場の半分以下の家賃で弟に賃貸したものの，弟の不誠実な態度から老人ホームに入ることとし，その資金のために明渡しを求めたもので，無条件の明渡しを認めました。

本件判決などから見えてくることは，目的の公益性や契約締結に至る経緯あるいは交渉段階における家主側と借家人の具体的な対応いかんによっては，家主の正当事由が非常に大きいものと評価され（たとえ交渉時に立退料の支払いの提案をしたとしても），立退料の支払いを不要とする判決が出される場合があるということです。したがって，立退きの裁判を提起する家主の立場としては，主位的請求としては，無条件の明渡し請求をするとともに，立退料の支払いと引き換えの明渡しを求めるのは，予備的請求にとどめるのが賢明かと思います。

【38】 立退料の算出に借家権割合方式を採用した事例。

（東京地裁平成 2 年 9 月 10 日判決・判時 1387 号 91 頁）

事案の概要

全体建物は東京都六本木の高層街にある 3 階建ての木造建物で，Y_1 はその 1 階の一部の本件建物を日本料理店として借りて，Y_1 が代表をする Y_2（以下，総称して「Y ら」という）に使用させていました。本件ビルは転々譲渡され，昭和 62 年 3 月に所有権を取得した X が，Y_1 に対し，全体建物の老朽化と自社ビルの建築などを理由に同年 4 月に解約の申入れをして，Y らに対し本件建物の明渡しを求め提訴しました。主位的請求としては無条件の明渡しを，予備的請求としては，1 億 5,000 万円または裁判所の相当とする金額の支払いを引き換えの明渡しを求めました。東京地裁は，主位的請求は棄却したものの，予備的請求は認めました。

判決の要旨

X が Y らに本件建物の明渡しを請求する意図は，全体建物の敷地の高度利用・再開発の一環として，本件建物を含む全体建物を取り壊して，右敷地に隣地を加え，その併せた土地上に X の本社ビルを建築し自ら使用したいということにある。会社の規模に応じた事務スペースを 1 か所にまとめて持ち，効率的な事務運営を行い，銀行の信用をも得て，六本木地区に本社があるということで多くの優秀な人材を獲得したいという X の右意図は，企業の判断としては合理的であるというべきである。また，本件建物は少なくとも築後 30 年以上はたっており，X が主張するような構造上危険な建物であり，かつ，朽廃建物であるとまで認めるに足りる証拠はないものの，本件建物の周辺では，商業化・土地の高度利用が進んでおり，本件建物を含む全体建物だけが，その近代化から取り残された老朽建物であること，全体建物のうちの本件建物部分のみが使用されているだけで，その残部は全て空き家となっている状態であること，全体建物の敷地の坪当たりの時価が 8,000 万円以上であるのに比して本件建物の賃料が月 17 万円と格段に安いこと等を考えると，現在の建物のままでは，敷地価格に見合う賃料収入を全体建物から獲得することは不可能であり，本件建物の建替えおよび右敷地の高度利用・再開発の

社会的な必要性も十分に認められる。これに対し、Yらの事情について考えると、たしかに、本件建物の明渡しによって、Y_1および Y_2 が18年間の営業により固定客がつき経営も安定している現在の場所での飲食店業を止めねばならないことはYらにとって不利益であり、Y_2 の従業員およびその家族の生活基盤に重大な影響を与えることも否定できないことを考えると、Yらの本件建物の使用の必要性も十分に認められる。しかし、右 Y_2 の営業の内容等を考えれば、適当な代替建物を見つけ、そこで営業をすることも決して不可能とは言えず、相当の資金的な裏付けがあれば、本件建物以外の場所に店舗を確保し同所で営業を続けてゆく余地は十分にあるものと推認される。

以上のX、Yら双方の必要性に関する事情に照らすと、Xの自己使用の必要性がYらのそれを上回るとまでは認められないものの、Xの本件建物明渡し請求を不当とするほどの確固たる差があるわけでもなく、また、本件建物明渡しによってYらに生ずる不利益は経済的に補填ができるものということができる。そうであるとすると、当事者双方の必要性、本件建物の存在する地域の環境および敷地の価格等その他前記認定事実を総合的に考慮すれば、相当額の立退料の申し出（賃借人たる Y_1 への支払い）により、Xの解約申入れは正当事由が補完され具備されるものというべきである。

XがYらに対し、平成元年5月の第3回口頭弁論期日において、5,000万円または相当な額の立退料を提供することを条件に解約申入れをしたこと、その後、右立退料の金額を1億5,000万円または裁判所が相当と認める額に増額する旨申し出ていることは本件記録上明らかであり、弁論の全趣旨に照らせば、右各申し出は、先の解約申入れの立退料を後に増額した関係にあるというべきである。

ところで、前掲甲14号証は、A：借家権割合方式および地域の特性等を総合的に勘案する方法、B：対象不動産の正常実質賃料と現行実質賃料との差額を年金還元した価格に営業補償を加算する方法およびC：借家人が実損なく現在の借家と同程度のところへ移転していくための費用に着目する方法で、それぞれ算出した金額（A：1億5,000万円、B：1億500万円、C：1億2,800万円）

のうち，立退きによって生ずる開発利益の一部を借家人に還元するという今日の情勢，特に本件建物の存在する六本木地区ではその立退きによって高い不動産収益が期待されるという事情を総合的に考慮し，最も高いＡの価額を採用して，1億5,000万円を立退料相当額としていることが認められる。そして，右甲14号証による評価は一応相当と認めることができる。

右金額は，現在の賃料の年額204万円の73.5倍に相当すること，Y_2の営業損益は，平成元年度利益1,589万円，昭和63年度損失246万円，同62年度利益1,187万円であり，少なくとも，その営業利益10年分位には相当すること，甲14号証によれば，右Ａの手法による算出額は最有効利用を想定した本件建物部分に帰属する土地価額の4割に相当すること，理論的には賃借人の損失はＣの手法によって算出した金額によって補填されるというべきところ，その金額は右1億5,000万円より低額であることが認められ，これらの事実に，なお前記認定事実をも考慮して，当裁判所は，正当事由を補完するものとしての前記立退料の額は，これを1億5,000万円とすることを相当と判断する。そうすると，1億5,000万円の立退料の提供により正当事由は補完されると解されるから，相当の立退料の支払いを条件とする解約申入れをした平成元年5月から6か月を経過した同年11月をもって本件賃貸借契約は解約されたというべきである。

コメント 本件判決が出た平成2年といえばバブルの頂点の年です。私も記憶に残っていますが，世は地上げブームで地上げ業者が我が物顔で闊歩していました。

本件判決は，そのような時代の空気に影響されたのかもしれませんが，第1のポイントとして挙げられるのは，本件建物の周辺の商業化・土地の高度利用を強調しており，借地借家法の改正時に明文化されなかったにもかかわらず，「建物の存する地域の状況」を正当事由の要素として考慮している点です。

そして，第2のポイントは，立退料の算定方法として，借家権割合方式，

つまりは借家権価格を基礎としたという点です。借家権割合でいくと，他の方式と比べて地価に引きずられ，バブルの時代など地価が上がっているときには特に他の方式と比べて金額が高くなります。本件判決がそれでもこの方式を採用したのは，「立退きによって生ずる開発利益の一部を借家人に還元するという今日の情勢」と表現しているように，開発利益の一部を借家人に渡すべきであるという価値判断があり，これも当時の時代を反映したものといえます。しかし，他の裁判例をみても，このような表現があまり使われていないことからすると，この考え方が必ずしも一般的とはいえないのかもしれません。

　第3のポイントとして，Cのいわば営業損失をAに合算しなかったことです。借家権割合方式で算出された価格に営業損失を合算する裁判例もありますが，場合によっては土地の地価を上回ることもあり得るので，さすがにそれは行き過ぎと思われます。

　いずれにせよ，その後も繰り返されるバブルとともに，現在でも都市部において多額の立退料を支払う事例が数多くあります。

【39】 移転実費と差額家賃による立退料を認めたが，借家権価格は否定した事例。

（東京高裁平成 12 年 3 月 23 日判決・判タ 1037 号 226 頁）

事案の概要　　　Ｘは，東京都赤坂にある 8 戸一の木造の共同住宅を所有していましたが，その 1 室の本件建物をＹ₁に賃貸し，Ｙ₂（以下，総称して「Ｙら」という）が同居していたところ，マンションへの改築を図り，Ｙらに対し，明渡しを求めて提訴しました。原審は，Ｙ₁に 200 万円の支払いと引き換えにＹらに対する明渡しを認めました。Ｙらは，立退料の金額が少ないとして控訴したところ，東京高裁は控訴を棄却しました。

判決の要旨　　　本件共同住宅が建築されてから 40 年を経過していること，および本件共同住宅が存する土地の地理的条件からすると，Ｘが本件共同住宅および隣接する建物の改築計画を持つことには十分な合理性がある。そして，Ｙらの本件建物の使用の必要性は，住居とすることに尽きている。そのような場合の立退料としては，引越料その他の移転実費と転居後の賃料と現賃料の差額の 1，2 年分程度の範囲内の金額が移転のための資金の一部を補填するものとして認められるべきものである。それ以上に，高額な敷地権価格と僅かな建物価格の合計額を基に，これに一定割合を乗じて算出されるいわゆる借家権価格によって立退料を算出するのは，正当事由があり賃貸借が終了するのに，あたかも賃借権が存在するかのような前提に立って立退料を算定するもので，思考として一貫性を欠き相当ではない。Ｘは，昭和 63 年 10 月以降賃料を据え置くなどの措置を採り，また，Ｙらが本件建物より高額な賃料の住居に移転するために当面必要な資金として十分と思われる立退料 200 万円を提供する意思を示している。これらの賃料の据え置きと立退料の提供は，正当事由の補完足りうるのであって，Ｘの解約申入れには正当の事由があり，解約の申入れは，その効力を生じたものというべきである。

第２編　借家をめぐる100の重要裁判例　**225**

コメント　少なくとも，居住用の借家の立退料について，借家権価格という考え方を否定し，移転実費と差額家賃１，２年分で足りるとしたもので，借家権価格を認めた【38】の事例とは対照的といえます。

　一定額の立退料の提供により借家契約が終了するのに，借家権があるかのように借家権価格により立退料を算定するのは一貫性を欠くという論法は，見方によっては目から鱗かもしれません。もっとも，移転実費や一定期間の差額家賃に借家権価格を加えることで，はじめて正当事由を充足し，借家契約が終了するという考え方もあり得るのでしょう。

　これらの考え方の違いについては，最高裁ではまだ決着がついていないので，今後の課題といえます。

【40】 家賃の約 3 年分を立退料と認めた事例。

（東京地裁平成 8 年 5 月 20 日判決・判時 1593 号 82 頁）

事案の概要　　Xは，東京都武蔵野市の JR 吉祥寺駅近くにある本件ビルを所有し，そのうちの本件建物をYに対し食堂経営目的で賃貸していましたが，本件ビルを建て替えるために解約申入れをして，本件建物の明渡しを求め提訴しました。主位的請求としては無条件の明渡しを，予備的請求としては 2,640 万円の立退料の支払いと引き換えの明渡しを求めましたが，東京地裁は 4,000 万円の支払いと引き換えに本件建物の明渡しを認めました。

判決の要旨　　本件建物は未だ朽廃とまではいえないとしても既に築後 35年近くが経過しており，雨漏りもし，耐震性も含めた防災関係においても少なからぬ問題が存していること，Xは本件建物において比較的若い年齢層を対象とした服飾関係の専門学校を営んでいるところ，生徒数の減少傾向の中，年々激化していく各種専門学校間の競争に耐え抜くために，右のような状態の本件ビルの建替えを計画するに至ったことを考慮すると，Xの本件解約申入れには相応の合理性を認めることができる。

　他方，Yにおいても，本件店舗での営業実績，立地条件ないし賃借条件を具備する代替店舗の確保は簡単ではないことを考慮すると，本件店舗での営業継続の必要性はYの経営上も甚だ大きいものと認められる。

　右の双方の事情を比較すると，Yにとって本件店舗の明渡しはYの経営に深刻な事態をもたらすことが予測されるものであり，Yの本件店舗の確保の必要性は他にビルを所有するXの右明渡しを求める利益を凌駕するかのごとくである。

　しかし，前記認定の本件賃貸借契約締結において 10 年の賃貸期間が合意された経緯，XはYに対し 10 数年前前訴を提起してまで本件建物の明渡しを求めたものの，Yの投下資本を回収していないことを理由とする営業継続の要望を尊重し，右時点での明渡しを断念した経緯，Xの本件ビル建替えの必要性はそれ自体極めて合理的な根拠が認められるものであること，本件賃貸借契約に

おいてYの営業利益が尊重されなければならないことはいうまでもないが，それはYの営業保証をXに強いるものではないこと，Yは本件店舗の営業実績が大きいことを強調するが，本件店舗の賃料が平成6年度の右店舗の売上げに占める割合は約5.6％であり，経費に占める割合は約8.2％にすぎず，また，本件賃料はXが明渡しを求めていたことから昭和58年以来平成3年まで据置きとなっているなど，Yの営業利益は右の低廉な賃料負担の下に形成された経緯があり，右の低廉な賃料負担は長期間明渡しを断念してきたXの被った不利益と比較するとき均衡を失するのではないかと判断されること，そして，右の事情に本件賃貸借が20年以上にわたっていることを併せ考慮すると，Yが明渡しを拒絶する理由として主張してきた投下資本回収の問題は解消されており，もはや考慮に値しないものと解されること，また，本件建物の立地条件や賃料等の事情を考えると，Yが本件建物を明け渡した場合に他の場所で直ちに従前どおりの営業利益を得ることは困難であることが容易に予測されるが，右明渡しに伴う減収分をある程度補填することにより，Yにおいてもその経験と営業努力で対応することが公平に叶うものというべきであること，以上の事情の下ではXが他にビルを所有していることは本件解約申入れの正当事由を否定する事由とはなり得ないこと等の諸事情を総合して考察すると，結局，XからYに対し，Yの移転先での営業が軌道に乗るまでの間の減収の一部を補填する立退料を負担させることにより，本件解約申入れは正当事由を具備するものと解するのが相当というべきである。

　そこで，立退料の額につき検討する。前記認定の本件賃貸借契約の締結から今日までの経緯，賃料額の変遷に基づき，Yが本件建物における営業によって得ていた利益および本件賃貸借契約の賃料等を基礎に，移転のために余儀なく負担しなければならないであろう費用，移転に必要な期間，移転先での営業が軌道に乗るまでに要するであろう期間等の事情，Xが本件の保証金3,000万円をそのまま返還する意図を表示していること，その他本件に顕れた諸般の事情を総合して検討すると，Xが本件建物の明渡しを求めるのと引き換えに支払うべき立退料は賃料の3年分を目処に4,000万円と定めるのが相当である。

右認定の立退料の金額は，Xの提供申出額を上回るものであるが，前記認定の諸事情の下では，合理性を失しない範囲内のものであり，かつ，Xが立退料の提供を申し出た日以降右認定の金額程度の立退料を提供する意思を有するものと認められるから，前記のとおり，Xが平成6年1月にした本件解約申入れは，その後6か月を経過した平成6年7月の経過をもってその効果を生じ，同日限り本件賃貸借契約は終了したものというべきであり，YはXに対し，同日以降Xが4,000万円を支払うのと引き換えに本件建物を明け渡す義務があるというべきである。

コメント　家賃の約3年分を立退料と認めた事例です。家賃の何か月分とか何年分とかの立退料を認めた裁判例は結構あります。月数や年数の多いのでは東京地裁平成23年8月10日判決・判例秘書が家賃の60か月分を認めています。逆に少ないのでは，東京地裁平成23年9月13日判決・ウェストロー・ジャパンが家主の自己使用の必要性が相当高いとして家賃の3か月分に留めたものがあります。

　しかし，借家権価格や移転費用と家賃差額の合計額あるいは営業補償額と比べると，何故に家賃の倍数額になるかが判然としません。もっとも，不動産業者と話をしていると，家賃の何か月分で立退きができるのかという相談をしばしば受けるので，家主側の立場としては，計算が簡単で納得しやすいのかもしれません。

第 2 編　借家をめぐる⑩の重要裁判例　　**229**

【41】　用対連基準に即して営業補償を算定した事例。

（東京地裁平成 25 年 1 月 25 日判決・判時 2184 号 57 頁）

事案の概要　　V はその所有する，東京都調布市と狛江市にまたがる約 3,000 坪の本件土地上に昭和 49 年に鉄筋コンクリート造 3 階建ての本件建物を新築して所有し，歯科医の Y に対し，昭和 58 年 2 月に本件建物の 1 階部分の一部（以下「本件建物部分」という）を，平成 8 年 9 月に本件土地の一部（以下，「本件駐車場」という）を駐車場として，それぞれ賃貸しました。本件土地と本件建物については，その後 V から W に売却され，平成 21 年 12 月に W から X へ譲渡されました。本件土地と本件建物を使用しているのは Y だけです。X は，平成 22 年 5 月に本件借家契約について解約申入れをして，同年 11 月に契約が終了するとして，同年に本件建物部分および本件駐車場の明渡しを求めて提訴しました。主位的請求としては無条件の明渡しを，予備的請求としては 2,100 万円の支払いと引き換えとした明渡しを求めましたが，X は，裁判中に Z に対し本件土地と本件建物を譲渡し，Z が承継参加人として加わり，X は本訴から脱退しました。Z は，予備的請求として 6,000 万円の支払いと引き換えに明渡しを求めたところ，東京地裁は Z の予備的請求を認めました。

判決の要旨　　本件建物を設計施工した T 建設が本件建物の耐震診断を行ったところ，本件建物については，「地震の振動及び衝撃に対して倒壊し，又は崩壊する危険性がある。」との結論であったから，Z が，このような耐震性に問題のある本件建物を取り壊し，新たに本件土地の上に建物を建築しようとするのは不合理な行動とはいえない。

　そして，Z は，訴訟承継する時点において本件土地上において本件建物を取り壊した上で分譲用マンションを建築するという具体的計画（本件開発計画）を有しており，この計画は，本件土地の立地条件，周辺環境，用途規制等に照らして合理的であるといえるから，Z としては，耐震性に問題のある本件建物を取り壊し，本件開発計画を実現するために，本件建物部分の明渡しを求める

必要性があるというべきである。

　Yは，昭和58年ころから，本件建物部分で本件歯科診療所を開設し，歯科医として生計を立てているところ，昭和28年11月生まれで既に60歳近くになって妻子を養っているから，本件歯科診療所を経営するために本件建物部分を使用し続ける必要性が高い。Yの本件歯科診療所の開設期間は30年近くになっており，本件歯科診療所の徒歩8分圏内の1日当たりの患者数が54名と推計されるなど立地条件が悪くないことも踏まえると，本件歯科診療所で継続的に診療を受けている患者が少なからず存在して毎日一定数の患者が来所し，従業員の給与，本件建物部分の賃料等を支払った上で妻子を養うのに十分な売上げがあることは認められる。

　以上のYの本件建物部分についての使用の必要性やその程度を踏まえると，Zに本件建物部分の明渡しを求める必要性があることは否定できないものの，立退料なしに正当の事由が具備されるということはできない。

　他方，Yは，立退料の支払いによっても正当の事由が具備されない旨主張するが，Yが本件建物部分を利用する必要性が高いとはいえ，Zが本件建物部分および本件駐車場の明渡しを受けられないとすると，Zは，所有者であるにもかかわらず，本件駐車場および本件建物部分よりも格段に広い本件土地全体の自由な利用を妨げられ，合理性のある本件開発計画を実現できなくなる。

　そして，歯科診療所の競争が激しくなっているとしても，一般に歯科診療所を開設し得る場所は多数存在しており，Yが本件建物部分以外の場所で歯科診療所を開設することも可能である。また，本件歯科診療所の近隣においても歯科診療所を開設することが可能な賃貸物件が存在しており，Yは，本件土地の近隣の建物を賃借して歯科診療所を続けることもできなくはないから，本件歯科診療所で診療を受けていた患者を喪失することを回避することもある程度可能である。Yの主張する不信行為も立退料によって正当の事由が補完されることを妨げるものとまではいえない。したがって，Yが本件建物部分を立ち退いて本件歯科診療所が閉鎖されることによる損失を立退料によって一定程度補うことができる。

第2編 借家をめぐる100の重要裁判例 231

　そして，Ｚは，平成23年11月付訴え変更申立書で，主位的に6,000万円の提供を申し出，さらに，平成24年8月付訴え変更申立書により，裁判所が相当と認める金額をもって立退料とする意思を明確にしているところ，解約申入れの正当の事由の判断に際しては，解約申入れ後の立退料の増額を斟酌できるから，本件においては，Ｚに立退料を支払わせることにより，口頭弁論終結の6か月前までに正当の事由が具備されるというべきである。

　そこで，以下，ＺがＹに支払うべき立退料の額について検討することにする。ＸがＫに依頼して作成された調査報告書は，Ｙの立退きに伴う移転補償費を，大要以下の理由により，2,037万9,000円と算定している。

　㋐　算定の基準日を平成22年8月とし，「公共用地の取得に伴う損失補償基準」および「公共用地の取得に伴う損失補償基準細則」に準拠し，平面図等の資料，本件賃貸借契約の契約条件，外観目視，同等の診療所における標準的内装単価，ＴＫＣ経営指標を基本に推定した同種同業種の財務内容等を踏まえて，Ｙが本件建物部分と同程度の代替建物に入居する場合に要する費用を，工作物補償，動産移転補償，借家人補償，営業休止補償および移転雑費補償の合計額として算定した。

　㋑　工作物補償　　　　　899万3,000円

　㋒　動産移転補償　　　　　46万円

　㋓　借家人補償　　　　　595万1,000円

　　　a　家賃差額補償　　　435万8,000円

　　　b　敷金に対する補償　　85万円

　　　c　権利金に対する補償　74万3,000円

　㋔　営業休止補償　　　　392万3,000円

　　　a　収益減補償　　　　　43万4,000円

　　　b　得意先喪失補償　　150万2,000円

　　　c　固定的経費補償　　　32万3,000円

　　　d　従業員休業補償　　166万4,000円

　㋕　移転雑費補償　　　　105万2,000円

     a　移転先選定費　　　　38万7,000円

     b　法令手続費用　　　　16万5,000円

     c　移転通知費用　　　　　50万円

上記調査報告書の算定を踏まえて立退料を検討する。

(ア)　動産移転補償，借家人補償，移転雑費補償　計746万3,000円

　　動産移転補償46万円，借家人補償595万1,000円，移転雑費補償105万2,000円については，合理性がある。

(イ)　工作物補償　3,299万3,000円

　　工作物補償899万3,000円については，歯科診療所特有の機材に要する費用が含まれていない。この点，Yは，歯科診療所の機材および内装工事費用として9,524万9,620円の見積書および6,587万3,980円の見積書を提出する（ただし，内装工事費用2,500万円を控除すると，歯科診療所の機材の額はそれぞれ7,024万9,620円，4,087万3,980円となる）。これに対し，Zは，歯科診療所の機材は2,400万円が相当であるとの報告書を提出しており，Y提出の見積書が適正かどうか疑問を入れる余地がある。また，Y提出の見積書は，新品の機材を購入して設置することを前提とするところ，Yが本件歯科診療所を開設したのは昭和58年2月頃であり，その後設置された機材が更新されたことを認めるに足りる証拠はないから，上記見積額はYの損失を補償するのに必要な額を超えるといわざるを得ない。そこで，補償を要する歯科診療所の機材の費用はZ提出の報告書記載の2,400万円を上回らないと認めるのが相当である。次に，Y提出の内装工事費用の見積書は，本件建物部分と同等の建物における内装を前提としたものか明らかでなく採用できない。そこで，前記工作物補償の額899万3,000円に歯科診療所の機材の額2,400万円を加えた3,299万3,000円をもって適正な工作物補償とする。

(ウ)　営業休止補償　1,682万5,200円

　　a　前提

　　　営業休止補償392万3,000円は，年間売上高が1,793万7,000円であ

ること，営業補償の相当期間が2か月であること等を前提としている。しかし，この年間売上高等について十分な根拠があるわけではないし，営業補償の相当期間も短期間にすぎるというべきである。他方，Yは，1日40ないし50名の患者が来院し，年間売上高が5,000万円前後あり，年間純利益が2,000万円前後ある旨供述している。しかし，Yは，本件歯科診療所についての経営実態を明らかにする資料を提出しないから，この供述には何ら客観的裏付けがない上，Z提出の報告書によれば，1日当たりの患者の数は平均17.4名であるという記載があるから，Yの上記供述は，本件歯科診療所の経営実態を過大に供述しているのではないかという疑問がある。そうすると，本件においては，Yの経営規模に照らし，TKC経営指標の売上高0.5億円未満の歯科診療所の平均値を参考として，年間売上高3,600万円（月平均300万円）を限度として，Yの上記供述を採用し，これを基に営業休止補償額を算定するのが相当である。また，Yが本件建物部分を立ち退いて新たな賃貸物件で歯科診療所を開業するのに6か月を要すると認めるのが相当であるから，営業補償期間を6か月とすべきである。また，従業員の給与は，TKC経営指標の売上高0.5憶円未満の歯科診療所の付加価値計算書欄の人件費を参酌して，月額125万円（年1,500万円）と認める。これらを前提として計算する。

b　年間3,600万円の売上があることを前提とすると，調査報告書によれば，営業利益率は14.5％，役員報酬率は18.1％（合計32.6％）とされているので，Yがこの32.6％を得られなくなることによる逸失利益は年間1,173万6,000円となる。

c　そうすると営業休止補償額は，次のとおりとなり，合計1,682万5,200円となる。

(a)　収益逓減補償　　　586万8,000円

　　　3,600万円×0.326÷12月×6か月

(b)　得意先喪失補償　　301万3,200円

$$3,600 万円 \div 12 月 \times 1.2 \times 0.837$$

(c) 固定的経費補償　　194 万 4,000 円

$$3,600 万円 \times 0.108 \div 12 月 \times 6 か月$$

(d) 従業員休業補償　　　　600 万円

$$125 万円 \times 0.8 \times 6 か月$$

(エ)　小括

以上の額を積算すると，5,728 万 1,200 円となるが，Z が自ら算定した立退料の積算額 5,645 万 6,000 円に近似する額として 6,000 万円の立退料の支払いを申し出たことを考慮すると，本件において相当な立退料の金額は，6,000 万円とするのが相当である。

コメント　本件の事案では，借家人が防犯カメラを設置する一方で，家主はフェンスを設置するなどしたため（Y の主張する不信行為はこのことを指していると思われます），双方で訴訟合戦になり混迷しましたが，ここでは正当事由としての耐震性と立退料に絞って述べたいと思います。

まず，耐震性については，本件建物を設計施工した T 建設の耐震診断報告書によれば，長辺方向および短辺方向の構造耐震指標（Is 値）がいずれも小さくなっており（長辺方向 0.45，短辺方向 0.35），「地震の振動及び衝撃に対して倒壊し，又は崩壊する危険性がある。」との結果が得られたと記載されています。

これを前提として補強工事をするには Y 提出の書証でも 1,000 万円を要する以上，Y からの年間賃料が 300 万円余に対し本件土地および本件建物の固定資産税および都市計画税の合計額が年額約 840 万円であることも考慮して X による建替えの合理性を認めたのはやむを得ないと思われます。

次に，ここでの中心論点の営業補償を主とした立退料の問題です。X は，不動産鑑定士に依頼して，用対連基準に基づき作成された調査報告書にお

第2編　借家をめぐる100の重要裁判例　235

ける①工作物補償，②動産移転補償，③借家人補償，④営業休止補償，⑤
移転雑費補償の5つの補償の合計額である2,037万9,000円を基に，
2,100万円の支払いと引き換えの明渡しを求めました。

　①の工作物補償とは，営業を移転する際に移転先で新たに必要な内装費
用や設備費用で，②の動産移転補償とは，什器備品等の移転費用で，③の
借家人補償とは，家賃差額分が主で，④の営業休止補償とは，休止による
収益源等のさまざまな補償で，⑤の移転雑費補償とは，仲介手数料や通知
費用等です。

　本件判決は，これらのうち，②，③，⑤については調査報告書の内容を
認めましたが，①と④については，大幅に増額しました。特に，①の工作
物補償については，歯科診療所の機材費用が2,400万円を下らないとし
て，その分を上乗せしましたが，これについてはやむを得ないと思います。

　しかし，④の営業休止補償については，営業補償期間に関し，調査報告
書が2か月としているのに対して，本件判決が6か月としたのはさすが
に長すぎると思われます。現借家での診療と並行して内装等の移転手続き
は可能であり，調査報告書の2か月で十分と思われるからです。もっとも，
本件判決は，営業補償について用対連基準に則してきめ細やかに算定して
おり，家主側，借家人側を問わず，立退きの際に大変参考になると思われ
ます。

【42】 一定の条件で借家契約が終了する特約を有効とした事例。

（最高裁昭和 44 年 10 月 7 日判決・判時 575 号 33 頁）

事案の概要 　XがYに対し本件店舗を賃貸するに際し，Yが 2 年間甲町内でパチンコ店を開業しないことを約し，その補償として 75 万円をXに交付し，Yもしくは第三者が 2 年以内に甲町内でパチンコ店を開業した場合には，その後 1 週間以内にYがXに対して本件店舗を返還する特約がなされました。XはYに対し，本件店舗の明渡しを求めて提訴したところ，原審は，この特約が有効であるとして，本件店舗の明渡しを認めましたが，同時にXに対し上記補償金 75 万円の返還義務も認め，双方の義務は同時履行の関係に立つとして，Xが補償金の返還をするのと引き換えにYに明渡しを命じました。そこで，Xがこの引換給付の点を不服として上告しましたが，最高裁は上告を棄却しました。

判決の要旨 　論旨は，本件店舗賃貸借契約における，第三者が 2 年以内に甲町内でパチンコ店を開業したときは，その後 1 週間以内にYがXに対して本件店舗を返還すべき旨の原判決認定の特約は，賃借人に不利な特約であって無効とすべきものと主張する。

　しかし，原判決の適法に確定したところによれば，XはYと競合するパチンコ店営業を 2 年間甲町内で行わないことを約し，その補償としてYはXに 75 万円を交付し，Xがこれに違反したときは右金額を返還することとし，さらに，第三者が右期間内に甲町内で同一営業をした場合にも，X自身が営業した場合と同一に取り扱うことを約したというのであり，また，本件店舗賃貸借契約は，右競業禁止契約と同時に，これと一体不可分のものとして締結され，店舗返還に関する前示特約が付されたものであるというのであって，これらの事実によれば，X自身に右競業禁止契約違反がなくとも，第三者が同一営業を開始し，したがって，競業禁止契約によってYの意図したところが事実上達成され得なくなった場合には，右 75 万円の出捐もその理由がなくなるのでこれを返還さ

第2編　借家をめぐる⬜100⬜の重要裁判例　　**237**

せることとし，他方，Yにおいて本件店舗を賃借し占有しておくことに格別の
利益もなくなるため，賃貸借契約を終了させることとしたものと解される。

　このような事実関係のもとにおいては，店舗の返還に関する前記特約は，所
論のように，一定事実の発生を条件として当然に賃貸借契約を終了させる趣旨
のものではあるが，借家法の規定に違反する賃借人に不利な特約とはいえず，
同法6条によって無効とされるものではないと解するのが相当である。

　けだし，特約が賃借人に不利なものかどうかの判断にあたっては，特約自体
を形式的に観察するにとどまらず，特約をした当事者の実質的な目的を考察す
ることが，まったく許されないものと解すべきではなく，本件のように競業禁
止契約と結合された特殊な賃貸借契約において，上述の趣旨によって結ばれた
特約は，その効力を認めても，賃借人の利用の保護を目的とする同法の趣旨に
反するものではないということができるからである。

　したがって，右特約が有効なことを前提として，本件店舗賃貸借契約が終了
したものと判断した原判決に所論の違法はなく，論旨は採用することができな
い。

コメント　　旧借家法6条や借地借家法30条1項では，借家法や借
地借家法の規定に反する特約で借家人に不利なものは無効
とする旨の定めがあります。たとえば，家主に正当事由がなくても無条件
で明け渡す，というような特約は，借地借家法28条に違反して無効であ
ることは明らかです。

　本件のような，一定の条件が成就すると当然に借家契約が終了するとい
う解除条件付の特約については，借家人の保護のためにできるだけ借家契
約を維持する方向で定められた借地借家法の趣旨からすると，借家人に不
利な特約として無効とすることも十分考えられたはずです。

　にもかかわらず，本件判決は，競業禁止契約と結合された特殊な借家契
約であるとして，この特約を有効としました。

　もっとも，本件の特殊性を見過ごすことができません。第1に，本件

においてこの特約の無効を主張しているのが借家人ではなく，家主であるという点です。つまり，借家人保護のための借家法の趣旨を，家主が逆手に取って主張した特約の無効を認めるのはどうかということです。第2に，一方において，特約による契約終了という家主に有利な場面ではその有効性を前提としながら，他方において，特約による補償金返還という家主に不利な場面ではその無効を主張するのは，いかにも手前勝手といえます。そのような家主の主張を認めることは，民法1条2項の信義誠実の原則に反すると思われます。

　本件判決が，「特約が賃借人に不利なものかどうかの判断にあたっては，特約自体を形式的に観察するにとどまらず特約をした当事者の実質的な目的を考察することが，まったく許されないものと解すべきではなく」と述べているのは，まさにそのような観点からの最高裁の思いが込められている気がします。

第２編　借家をめぐる100の重要裁判例　　239

【43】　譲渡後登記前に引き渡された借家の権利を認めた事例。
（最高裁昭和 42 年 5 月 2 日判決・判時 491 号 53 頁）

事案の概要　　Yは，本件建物をXから賃借して，引渡を受けましたが，その前にXがZに対し本件建物について売渡担保設定契約をしていたとして，ZがYを相手に本件建物の明渡しを請求しました。Yは，契約は引渡し前でもZが所有権移転登記を取得したのは引渡し後であるから借家の権利が優先するとして争いましたが，一審，原審ともにZの請求が認められました。そこで，Yが上告したところ，最高裁は原判決を破棄し，東京高裁に差し戻しました。

判決の要旨　　原判決は，Yは昭和 30 年 1 月，Xから本件建物を賃借したと抗弁するけれども，Xはその以前に本件建物を売渡担保としてZに所有権を移転していたものであるので，所有者でない以上，Xからの賃借をもってZに対抗し得ない筋合いである旨判旨するものであるところ，本件記録によれば，Yは，昭和 30 年 1 月，Xから本件建物を賃借して引渡しを受けた旨，および当時Zは本件建物の右所有権取得登記をしていなかった旨を主張するものであることが認められるし，Zが本件建物の右所有権取得登記をしたのが，昭和 30 年 2 月であることは原判決の適法に確定するところであるから，もし，Yの主張する本件建物の賃借，引渡しの事実が認められるとすれば，Yは，右賃借引渡しの後に右所有権取得登記をしたZに対し，右賃借権をもって対抗することができるものと解するのが相当である。

コメント　　本件判決は，借地借家法 31 条 1 項（旧借家法 1 条 1 項）の「建物の賃貸借は，その登記がなくても，建物の引渡しがあったときは，その後その建物について物権を取得した者に対し，その効力を生ずる。」の解釈の問題です。本件については，XからZへの売渡担保契約が昭和 29 年 12 月，YがXから本件建物を賃借し，引渡しを受けたのが昭和 30 年 1 月ですので，Xの物権取得がYへの引渡しより前

ですから，Yは借家の権利を主張できないようにも思えます。

　ところが，XからZへの所有権移転登記が昭和30年2月でYへの引渡しより後ですから，Yの借家の権利はZに優先することになります。なぜなら，民法177条で，「不動産に関する物権の得喪及び変更は……登記をしなければ，第三者に対抗することができない。」として，契約をしても登記という対抗要件を具備していない以上，その前に借家の引渡しを受けた借家人が，その後で登記をした建物所有者に対し，借家の権利を主張できることになるからです。

第2編　借家をめぐる100の重要裁判例　　241

【44】　法人が代表者との借家契約を合意解除してその妻に明渡しを求めるのは権利の濫用であるとした事例。

（最高裁平成7年3月28日判決・判時1526号92頁）

事案の概要　Yが設立した会社のXは，本件建物を建築し，借家人Yとの間で借家契約を締結し，Yとその妻のZおよび長女Wが本件建物で暮らしていました。ところが，Yは，Zとの夫婦関係が悪化したことから，本件建物を出て，直ぐにXとの間で本件借家契約を合意解除しました。そこで，XはZに対し，本件建物の所有権に基づき明渡しを求めて提訴しましたが，一審，原審ともにXの請求が認められたため，Zが権利濫用を主張して上告したところ，最高裁は原判決を破棄し，東京高裁に差し戻しました。

判決の要旨　Xの本訴明渡し請求が権利の濫用に当たるか否かは，Xの法人格が形骸にすぎないか否かによって直ちに決せられるものではなく，本件建物の明渡しが実現されることによってXの受ける利益とZの被る不利益等の客観的事情のほか，本件建物の明渡しを求めるXの意図とこれを拒むZの意図等の主観的事情をも考慮して決すべきものである。

そして，Zの主張するYとZとの婚姻生活に関する事実は，大要，(1)Yは，Zと共に本件建物に居住して婚姻生活を営んでいたのに，夫婦関係が険悪になってZとWを残したまま本件建物から出た後は，Zに対して生活費を交付せず，そのためZとWは生活に窮し，やむを得ず他からの援助を受けながら本件建物において生活している。

しかも，(2)Zの申立てにより，東京家庭裁判所は，平成2年7月，Yに対して，「Zに対し，婚姻費用分担金として審判確定後直ちに495万6,000円を，平成2年8月以降離婚又は別居解消に至るまで毎月末日限り23万6,000円を，いずれも送金して支払え。」との審判をし，Yの抗告に対して，東京高等裁判所は，同年10月，抗告を棄却し，右審判は確定したのであるが，その後もYはこれに従っていない，というものである。

そうすると，YがXの代表者としてその経営および管理の全てを行っている

という本件においては，これらのZ主張の事実は，本件建物の明渡しが実現されることによってZの被る不利益の具体的事実の一部として意味がある上，Yが本件建物から出た8日後に賃貸人であるXの代表者と賃借人の立場を兼ねて賃貸借契約を合意解除した事実と相まって，本件建物の明渡しを求めるXの意図ないし動機を推認させる事情の一部として意味がある。

　結局，Zの主張するYとZとの婚姻生活に関する事実は，Xの本訴明渡し請求が権利の濫用に当たるかどうかを判断するについて考慮すべき重要な事実というべきである。

　右の事実をもって本訴明渡し請求が権利の濫用に当たる事由とすることはできないとして，これを審理判断の対象とすることなく，本訴明渡し請求が権利の濫用にあたらないとした原審の判断には，法令の解釈適用を誤った違法があり，ひいては，審理不尽，理由不備の違法をおかしたものというべきであり，右違法は原判決の結論に影響を及ぼすことが明らかである。

> **コメント**　中小企業の会社の代表者家族が，会社からその所有建物を相場より低額の家賃で賃借して居住することはしばしば見受けられます。問題は，本件のように代表者の夫と妻との間の婚姻関係が破綻して，夫が会社所有建物から出た場合です。
>
> 　会社にしても代表者の夫にしても，借家契約を解消したいと思うのも分からないではありません。そこで，本件のように家主である会社と借家人である代表者個人間で合意解除をするか，あるいは代表者個人があえて家賃を滞納し会社が債務不履行による解除をすることで，借家契約が終了したとして，会社が妻らに対し，建物の明渡しを請求することになります。
>
> 　これに対して，妻にすると，生活の基盤を失われるわけですから，明渡しを拒むのは当然といえます。特に年少の子供が同居している場合には，学校区の関係もあり，そう簡単に転居できないでしょう。そこで，妻は，会社の明渡請求に対し，会社の法人格が形骸化しているとして法人格否認の法理を使い，会社の請求は実質的に代表者である夫の妻に対する請求に

他ならないから，権利の濫用あるいは信義則違反であるという主張をすることになります。

これに対して，会社は，会社の法人格は形骸化しておらず，建物明渡し請求は会社と建物占有者との紛争であり，夫婦間の個人的関係は判断の対象外であると反論することになり，一審および原審は，この反論を認めて会社の明渡し請求を認めたのです。

確かに，法人格否認の法理というのは，会社の形骸化の具体的事実の主張立証が必要で，そう簡単に認められるものではありません。その意味で，権利の濫用ないし信義則違反の前提として，法人格否認の法理を持ち出したことが戦略的には間違っていたのかもしれません。

これに対して，本件判決は，法人格否認の法理をいわば横において，権利の濫用ないし信義則違反を考えるに当たって，明渡しが実現されることによる会社の利益と占有者である妻の不利益という客観的事情だけでなく，両者の主観的事情をも考慮すべきとして，その中で，夫婦間の婚姻生活に関する事実も考慮対象とすることができる，と原審とは全く逆の判示をしたのです。

次元は異なりますが，2018年に改正された民法の相続法において配偶者居住権が制度化されました。最高裁の本件判決は，配偶者の借家における居住の権利を強化したという意味で，配偶者居住権と同じ流れにあるともいえます。

【45】 家賃増減請求は形成権で，相手方の承諾は不要であるとした事例。

（最高裁昭和 36 年 2 月 24 日判決・民集 15 巻 2 号 304 頁）

事案の概要　　VがYに対し，本件建物を賃貸していましたが，VがXに本件建物を譲渡したため，Xが家主となりました。Xは，Yに対し，昭和 29 年 4 月に，同年 5 月分以降の月額家賃について，それまでの 250 円から統制額 1,016 円を超える 1,500 円に増額請求しました。一審，原審ともに統制額の 1,016 円での増額を認めたため，Yは増額を承諾していないとして上告しましたが，最高裁は上告を棄却しました。

判決の要旨　　借家法 7 条に基づく家賃増減の請求は形成的効力を有し，請求者の一方的意思表示が相手方に到達したときに同条所定の理由が存するときは，賃料は以後相当額に増減せられたものと解すべきものであるから，この場合の相手方の承諾等を云々する所論は採用できない。

コメント　　「形成的効力」というより「形成権」というのが一般的です。最高裁昭和 32 年 9 月 3 日判決・民集 11 巻 9 号 1467 頁は，「賃料増減請求権は，いわゆる形成権たるの性質を有する。」と述べています。契約当事者の双方の合意を待たずに，一方の意思表示だけで法律的効力が生じることを形成権といい，債務不履行による解除や詐欺による取消しも形成権の一つといわれています。

　家主と借家人の関係は，借家契約というお互いの合意の下に成り立っているものですから，その合意の内容を変更するには，原則としてお互いの意思の合致，つまり改めての合意が必要です。たとえば，住居用の借家として借りたのに，事業用で借り続けたいと借家人が思っても，家主の承諾が必要で，借家人の一存で契約内容を変えられないのです。

　家賃についても，借家契約のもっとも本質的内容ですから，本来であれば双方の合意で決められるべきところを，借地借家法 32 条（旧借家法 7 条）

は，例外的に，家主による増額請求あるいは借家人による減額請求について，その意思表示をすれば，相手方がそれを承諾すると否とにかかわらず，その意思表示が相手方に到達したときから，将来に向かって，客観的に相当な額に改定されたことになります。

このように，借地借家法の規定により，家主または借家人の一方の意思表示だけで法律的効力が生じるようにしたのは，双方の合意を待っていては，時間がかかりすぎていつまでも適正な家賃にならないことを，立法者が危惧したのかもしれません。

もっとも，相手方の承諾が不要としても，増額または減額の意思表示の通りの額になるわけではなく，あくまでも「客観的に相当な額」に留まります。本件判決でも1,500円の増額請求に対し当時の法令である地代家賃統制令（1986年に失効しました）の定めに基づく統制額の1,016円での増額を認めました。

【46】 家賃増減請求に一定期間の経過が必要か。

（最高裁平成3年11月29日判決・判時1443号52頁）

事案の概要　VがYに対し，本件建物を賃貸していましたが，昭和61年10月に月額家賃を約41万円に改定したところ，昭和63年5月以降の家賃を60万円へ増額する意思表示をし，確認を求めるために提訴しました。一審は，死亡したVを承継したXの請求を棄却しましたが，原審は，家賃増額請求をするには2年の相当期間が必要で，増額請求の時点ではこの要件が備わっていないが，2年を経過した昭和63年10月の時点で一審の鑑定額53万4,700円に増額される限度で認容しました。そこで，Yが2年では相当期間として足りず5年は必要であるとして上告しましたが，最高裁は上告を棄却しました。

判決の要旨　建物の賃貸人が借家法7条1項の規定に基づいてした賃料の増額請求が認められるには，建物の賃料が土地または建物に対する公租公課その他の負担の増減，土地または建物の価格の高低，比隣の建物の賃料に比較して不相当となれば足りるものであって，現行の賃料が定められた時から一定の期間を経過しているか否かは，賃料が不相当となったか否かを判断する一つの事情にすぎない。したがって，現行の賃料が定められたときから一定の期間を経過していないことを理由として，その間に賃料が不相当となっているにもかかわらず，賃料の増額請求を否定することは，同条の趣旨に反するものといわなければならない。これを本件についてみると，原審は，本件増額請求に係る昭和63年5月の時点における賃料は53万4,700円が相当であると認めながら，現行の賃料が定められた昭和61年10月から右の時点まで2年を経過していないことのみを理由に，Xの右の時点における賃料の増額請求を否定しているものであって，右の判断には借家法7条1項の解釈適用を誤った違法があるといわなければならない。

コメント 前回の家賃改定時から次の家賃の増額もしくは減額を請求するのに，相当期間の経過が必要であるか否かという問題です。

本件の原審は相当期間の経過が必要であるとして2年の経過を求めていたところ，Yは2年では足りず5年の経過が必要だとして上告したのですが，本件判決は一定の期間の経過は，家賃が不相当となったか否かを判断する一つの事情にすぎず，一定の期間の経過は家賃増額請求の要件ではないと明言しました。

最高裁昭和36年11月7日判決・判時280号38頁も，前回の増額からわずか8か月後の増額請求を認めており，最高裁が家賃増減請求について，一定期間の経過を要件としてないことでは一貫しているといえます。本件ではXが上告していなかったことから，結果的に原判決の結論が維持されたにすぎません。

もっとも，実務に関与している弁護士の立場からすると，最高裁がいう「家賃が不相当となったか否かを判断する一つの事情」はそれなりに重い事情であり，それなりの「一定の期間の経過」として1年以上の経過がないと家賃の増減額請求をすることはためらわれます。

【47】 家賃増額訴訟の係属中にさらに増額を相当とする事由が生じた場合に，家主の請求がないままの増額の効力を否定した事例。

（最高裁昭和 52 年 2 月 22 日判決・金商 520 号 26 頁）

事案の概要　本件の人間関係と事実経過は若干複雑です。本件建物はもともとＸが所有し，その長男であるＹに賃貸していましたが，ＸがＸの長女の夫のＺに本件建物を譲渡しました。昭和 40 年 7 月に成立した和解により，ＺはＹに対し家賃 1 か月 1 万 2,000 円で賃貸し，Ｙはもはや家主ではないＸにその家賃を支払う旨の合意が成立しました。その後，ＸとＹとの間の親子の仲が不和になり，ＸはＹに対し，昭和 43 年 8 月に諏訪簡易裁判所の調停事件において，1 か月 3 万 5,000 円に家賃を増額する請求をしました。その後，家賃増額訴訟が長野地裁諏訪支部に係属しましたが，Ｘの請求は棄却されました。Ｘが控訴したところ，原審は，昭和 43 年 9 月以降の家賃を 1 万5,500 円，訴訟係属中の昭和 47 年 2 月以降の家賃を 2 万円とそれぞれ認定して，Ｘの請求の一部を認容しました。そこで，Ｙが上告したところ，最高裁は昭和47 年 2 月以降の増額を認定した部分を破棄し，東京高裁に差し戻しました。

判決の要旨　原審は，右賃料は昭和 47 年 2 月以降さらに月額 2 万円に増額された旨認定判断する。しかしながら，賃料増額請求による賃料増額の効果は，賃貸人の増額請求があって初めて，その請求額の範囲内で，かつ，客観的に相当とされた額について生ずるのであり，たとえ増額を相当とする事由が生じていたとしても，賃貸人の請求をまたずに賃料が当然に増額されるものではない。このことは，賃貸人がある時点において増額請求をし，賃貸人または賃料債権者が右増額請求による増額賃料の確定または支払いを求める訴えを提起し，その訴訟を追行している間にさらに増額を相当とする事由が生じた場合であっても同様であると解するのが相当である。しかるに，原審が，昭和 47 年 2 月以降の賃料について賃貸人から増額請求があったことを確定しないまま，同日以降の賃料が月額 2 万円に増額されたと認定判断したのは，

借家法 7 条の解釈，適用を誤ったものであり，ひいて原判決には理由不備の違法があるものといわなければならない。

> **コメント**　本件は身内関係の争いで，その関係もあって家主と家賃債権者が分離しているという珍しい事案なので，ややこしそうに見えますが，論点はシンプルです。
>
> 　家賃増額訴訟の係属中に新たな増額を相当とする事由が生じても，家主側において増額の意思表示を改めてしていない限りは，増額の効力が当然に生ずることはなく，裁判所が勝手に増額を認定することはできないというものです。【45】で述べたように，家賃増額請求が形成権であるという法的性格からも当然の結論といえます。

【48】 公団にも旧借家法の家賃増減請求の規定を適用した事例。

（最高裁昭和 58 年 12 月 8 日判決・判時 1108 号 88 頁）

事案の概要
旧日本住宅公団を承継した住宅・都市整備公団 X は，Y₁，Y₂（以下，総称して「Y ら」という）に対し，昭和 53 年 9 月以降の家賃をいずれも 35 ％増の 2 万 7,200 円と増額の意思表示をしましたが，Y らがこれに応じないので，増額家賃の確認と未払いの差額家賃の支払いを求めて提訴しました。一審，原審ともに X の請求を認めたため，Y らが X には借家法の適用がないとして上告したところ，最高裁は上告を棄却しました。

判決の要旨
旧日本住宅公団 X は，Y らとの間の本件賃貸借関係に基づき，借家法 7 条 1 項の規定による家賃の改定を請求することができ，昭和 53 年 9 月以降の改定家賃月額 2 万 7,200 円がいずれも適正改定家賃額と認めることが相当であるとした原審の認定判断は，原判決挙示の証拠関係およびその説示に照らし，正当として是認することができ，その過程に所論の違法はない。

コメント
【37】で述べたとおり，公団にも借地借家法 28 条の正当事由の適用がありますが，ここでは，借地借家法 32 条 1 項（旧借家法 7 条 1 項）の家賃増減請求の適用があると判示したものです。

旧日本住宅公団法施行規則 9 条 1 項は，家賃を決めるに当たって，住宅の建設に要する費用を減価償却して，修繕費，管理費，公租公課等を加えたものの月割額を基準としており，通常の民間の家賃設定とは異なります。そこで，Y らは公団については借家法の適用がないと主張するわけです。しかしながら，同規則 10 条は，経済事情の変動に伴い必要があるときは家賃の変更を認めており，借家契約書においても，家賃の増額について，旧借家法 7 条 1 項の内容とそれほど変わることもない内容となっています。最高裁が，公団による家賃増額請求について，借家法の適用があるとしたのは当然の結論と思われます。

第2編　借家をめぐる100の重要裁判例　　251

【49】　借家使用開始前の家賃増減請求が認められなかった事例。

（最高裁平成15年10月21日判決・判時1844号50頁）

事案の概要　　本件は，次の【50】と同じくサブリース契約の事案です。

大手不動産会社であるＹからのサブリース事業の提案を受けて，Ｘは，Ｙとの間で平成3年7月にＸが所有する東京都港区内の土地の上にＹから受領する敷金234億円を建築資金として，本件ビルを建築し，そのうちの本件賃貸部分を，引渡日（平成7年3月予定）から20年間の約定でＹに転貸目的で一括貸し，この間に中途解約はできず，家賃は年額18億円で，2年経過ごとに8%相当額値上げするなどとする本件契約を締結しました。

ところが，Ｙは，Ｘに対し，引渡前の平成7年2月に本件賃貸部分の家賃を年額10億円に（以下，「第一次減額請求」という），平成8年7月には年額7億2,418万5,000円に（以下，「第二次減額請求」という），それぞれ減額する意思表示をし，それぞれの減額の確認を求める訴訟を提起しました。

一審は，本件契約には借地借家法32条が適用されないとして，Ｙの請求を棄却しましたが，原審は，本件契約に借地借家法32条の適用を認め，第一次減額請求については，年額16億769万6,000円に，第二次減額請求については，年額15億5,981万2,000円になると判示しました。

そこで，Ｘが上告したところ，最高裁は，原判決中Ｘ敗訴部分のうち，第一次減額請求に係る部分について破棄した上でＹの控訴を棄却し，第二次減額請求に係る部分について破棄し東京高裁に差し戻しました。ここでは，使用開始前の減額請求に限定して紹介します。

判決の要旨　　借地借家法32条1項の規定に基づく賃料増減額請求権は，賃貸借契約に基づく建物の使用収益が開始された後において，賃料の額が，同項所定の経済事情の変動等により，または近傍同種の建物の賃料の額に比較して不相当となったときに，将来に向かって賃料額の増減を求めるものと解されるから，賃貸借契約の当事者は，契約に基づく使用収益の

開始前に，上記規定に基づいて当初賃料の額の増減を求めることはできないものと解すべきである。

コメント　本件のように，サブリースを前提として賃貸ビルや賃貸マンションを建築することはよくある事業形態です。問題は，大規模ビルの場合には，建築期間に相当の年月を要するために，当初予定していた家賃では採算に合わなくなることがあり，そこで，本件のように，借家人が，家主に対し，サブリース開始前から家賃の減額を請求することがありました。

　しかし，借地借家法32条の規定は，借家人が実際に建物の引渡しを受けて家賃の支払いを開始した後当該家賃が不相当になった場合に増減請求を認めるものですから，当初の家賃を支払う前にその増減を求めることはできないとした本件判決は，理屈に適ったものと思われます。

第2編　借家をめぐる100の重要裁判例　**253**

【50】　サブリースにも借地借家法 32 条 1 項が適用されると した事例。

（最高裁平成 15 年 10 月 21 日判決・民集 57 巻 9 号 1213 頁）

事案の概要　　Xは，大手不動産会社であるYからのサブリース事業の提案 を受けて，Yとの間で昭和 63 年 12 月に，X所有の東京都文 京区本郷の土地の上にXが建築する賃貸用高層ビルについて，その大部分の本 件賃貸部分を一括貸する予約をしました。本件建物は平成 3 年 4 月に完成して， 直ぐにXからYに引き渡され，以下の内容の借家契約が締結されました。

借家期間は建物竣工時から 15 年間で中途解約はできない，家賃は年額 19 億 7,740 万円，共益費は年額 3 億 1,640 万円，家賃は 3 年経過ごとに 10% 相当額 を値上げする，インフレその他経済事情に著しい変動があった結果，値上げ率 や敷金が不相当になったときは値上げ率を変更することができる（以下，「本件 調整条項」という），敷金 49 億 4,350 万円を預託する，というものでした。

Yは，Xに対し，本件家賃について，平成 6 年 2 月に同年 4 月から年額 13 億 8,194 万 4,000 円に，同年 10 月に同年 11 月から年額 8 億 6,863 万 2,000 円に， 平成 9 年 2 月に同年 3 月から年額 7 億 8,967 万 2,000 円に，平成 11 年 2 月に同 年 3 月から年額 5 億 3,393 万 9,035 円に，それぞれ減額すべき旨の意思表示を 行いました。そこで，XはYに対し，平成 6 年 4 月分から平成 9 年 12 月分ま での約定家賃等と支払家賃等との差額分および遅延損害金を敷金に充当した 後，その不足分 3 億 3,275 万 5,118 円の敷金補充請求とこれに対する年 6 分の 遅延損害金の支払いを求め，予備的に家賃減額の可能性についての説明義務違 反による同額の損害賠償を求めました（原審では平成 10 年 1 月から平成 11 年 10 月分までの未払家賃などを追加し，合計 52 億 6,899 万 5,795 円の請求）。これに対し て，Yは，Xに対し，それぞれの減額の意思表示をした家賃額の確認を求める 反訴請求をしました。

第一審は，Xの請求を認め，Yの反訴請求を棄却しましたが，原審は，Xの 請求について，本件調整条項に基づき値上げ率が 0% に変更されたものとして，

35億2,323万2,445円とこれに対する遅延損害金の支払いを求める限度で認め，Yの反訴請求は棄却しました。そこで，X，Yともに上告しましたが，最高裁は原判決を破棄し，東京高裁に差し戻しました。

判決の要旨　本件契約における合意の内容は，XがYに対して本件賃貸部分を使用収益させ，YがXに対してその対価として賃料を支払うというものであり，本件契約は，建物の賃貸借契約であることが明らかであるから，本件契約には，借地借家法が適用され，同法32条の規定も適用されるものというべきである。

　本件契約には本件賃料自動増額特約が存するが，借地借家法32条1項の規定は強行法規であって，本件賃料自動増額特約によってもその適用を排除することができないものであるから（最高裁昭和31年5月15日判決・民集10巻5号496頁，最高裁昭和56年4月20日判決・民集35巻3号656頁），本件契約の当事者は，本件賃料自動増額特約が存するとしても，そのことにより直ちに上記規定に基づく賃料増減請求権の行使が妨げられるものではない。

　なお，前記の事実関係によれば，本件契約は，不動産賃貸等を目的とする会社であるYが，Xの建築した建物で転貸事業を行うために締結したものであり，あらかじめ，YとXとの間において賃貸期間，当初賃料および賃料の改定等についての協議を調え，Xがその協議の結果を前提とした収支予測の下に，建築資金としてYから約50億円の敷金の預託を受けるとともに，金融機関から約180億円の融資を受けて，Xの所有する土地上に本件建物を建築することを内容とするものであり，いわゆるサブリース契約と称されるものの一つであると認められる。

　そして，本件契約は，Yの転貸事業の一部を構成するものであり，本件契約における賃料額および本件賃料自動増額特約等に係る約定は，XがYの転貸事業のために多額の資本を投下する前提となったものであって，本件契約における重要な要素であったということができる。

　これらの事情は，本件契約の当事者が，前記の当初賃料額を決定する際の重要な要素となった事情であるから，衡平の見地に照らし，借地借家法32条1

第2編　借家をめぐる100の重要裁判例　255

項の規定に基づく賃料減額請求の当否（同項所定の賃料増減請求権行使の要件充足の有無）および相当賃料額を判断する場合に，重要な事情として十分に考慮されるべきである。

　以上により，Ｙは，借地借家法32条1項の規定により，本件賃貸部分の賃料の減額を求めることができる。

　そして，上記のとおり，この減額請求の当否および相当賃料額を判断するに当たっては，賃貸借契約の当事者が賃料額決定の要素とした事情その他諸般の事情を総合的に考慮すべきであり，本件契約において賃料額が決定されるに至った事情，とりわけ，当該約定賃料額と当時の近傍同種の建物の賃料相場との関係（賃料相場とのかい離の有無，程度等），Ｙの転貸事業における収支予測にかかわる事情（賃料の転貸収入に占める割合の推移の見通しについての当事者の認識等），Ｘの敷金および銀行借入金の返済の予定にかかわる事情等をも十分に考慮すべきである。

　以上によれば，本件契約への借地借家法32条1項の規定の適用を極めて制限的に解し，Ｘの主位的請求の一部を認容し，Ｙの反訴請求を棄却した原審の判断には，判決に影響を及ぼすことが明らかな法令の違反がある。論旨は理由があり，原判決中Ｙ敗訴部分は破棄を免れない。そして，Ｙの賃料減額請求の当否等についてさらに審理を尽くさせるため，上記部分につき，本件を原審に差し戻すこととする。Ｘの上告受理申立て理由について，本件契約に借地借家法32条1項の規定が適用されることは，前記において説示したとおりであるから，論旨は採用することができない。しかしながら，前記のとおり，上記規定に基づく減額請求の当否等について審理しないままＸの主位的請求の一部を棄却した原審の判断には，判決に影響を及ぼすことが明らかな法令の違反があるから，原判決中Ｘ敗訴部分は破棄を免れない。そして，Ｙの賃料減額請求の当否等についてさらに審理を尽くさせるため，上記部分についても，本件を原審に差し戻すこととする。

コメント 本件判決は，大きく分けて二つのことをいっています。第1に，サブリース契約に借地借家法32条1項を適用する，第2に，サブリース業者が同条項に基づき家賃減額請求をした場合に，その請求の当否および家賃額を判断するために考慮すべき事情とは何かです。

第1については，家賃減額請求をする借家人Yは同条項の適用があると主張し，家賃減額請求を受ける家主Yはその適用がないと反論しました。一審は否定説，二審は制限的適用説，そして最高裁は適用説と色分けできます。それだけに，各裁判所も悩んだ事案でした。要は，同条項の適用の是非をめぐって，形式と実質をどうみるかということで，一審は実質を重視し，最高裁は形式を重視し，原審はその中間に立っているといえます。もっとも，この点では，借家契約書という法形式を用いている以上，最高裁が適用説を採用するのはやむを得ないところと思われます。

第2については，本件判決は，契約当初の家賃額決定に至った経緯や当時の近傍同種建物の家賃相場との比較，収支予測，借入金返済予定額等の諸事情を総合的に考慮して，減額請求の当否および相当家賃額を判断すべきと述べています。同条項を適用するとはいいながら，契約当初の諸事情から，減額請求の「当否」，すなわち減額請求を認めないこともあると示唆しているのです。

結局，本件判決は，借家人からの家賃減額請求について，契約書の文言等から形式的には同条項の適用を認めることで借家人の主張を汲みつつ，実質的には同条項を厳格に解釈することで，家主の立場にも配慮しており，バランスを取った判決といえます。

なお，本件判決が引用している二つの判例のうち，昭和31年最高裁判決は，浴場用建物の借家契約と浴場経営による営業利益の分配契約との混合契約について，解約申入れについて借家法1条の2の適用を認めながら同法7条の家賃増額請求の適用を否定するのは違法とした判決です。

また，昭和56年最高裁判決は，借地の事案ですが，将来の賃料は当事者が協議して定める旨の合意があっても，賃料増減請求ができるとしたものです。

いずれも，借地や借家の賃料増減請求についての規定が強行法規であり，当事者の合意によってその行使を妨げられないとしたもので，本件判決もこれらの判例の延長線上にあることを示しています。

【51】 家賃の減額の是非を判断するのは直近合意時点の家賃とした事例。

（最高裁平成 20 年 2 月 29 日判決・判時 2003 号 51 頁）

事案の概要　　Xは，平成 3 年 12 月に大阪府下のX所有地にY他 3 名との間でYが指定した使用に基づく施設を建設して，15 年間の継続事業を展開する旨の協定を結びました。これに基づき，XはYとの間で，平成 4 年 12 月に総工事代金 4 億 5,880 万円で建物 1 ないし建物 3（総称して，「本件建物」という）についての借家契約を締結し，Yに本件建物を引き渡しました。

本件借家契約の内容は，期間が 15 年間で，月額家賃は，①約定純賃料および②償却賃料の合計額です。月額約定純賃料は，平成 4 年 12 月から平成 7 年 11 月まで 360 万円，同年 12 月から平成 9 年 11 月まで 369 万円，同年 12 月から平成 14 年 11 月まで 441 万 4,500 円，同年 12 月から平成 19 年 11 月まで 451 万 9,500 円です。償却賃料は，建物 2 および建物 3 に係る各該当年度の不動産取得税，固定資産税および都市計画税の合計額の 12 分の 1 の相当額と，YがXに対し無利息で預託する次の建設協力金相当額の合計額です。YはXに対し，本件建物の建設協力金として建物 1 の建設協力金 7,500 万円につき，3 年間据え置いた後 20% 相当額を控除した金額を平成 7 年 12 月から 144 回に分割して返還し，建物 2 及び 3 の建設協力金 3 億 2,760 万円については 6 か月間据え置いた後平成 5 年 6 月から 174 回に分割して返還する，というものです。本件借家契約後，大阪府下の不動産価格は下落し続けていました。Yは，約定純賃料について，平成 9 年 6 月に同年 7 月以降を 276 万 2,000 円に減額する第一減額請求を，平成 13 年 11 月に同年 12 月以降を 272 万 3,000 円に減額する第二減額請求をしました。

一審は，約定純賃料について，第一減額請求は 404 万円と，第二減額請求は 371 万円と確認し，Yの請求を一部認容しました。ところが，原審は，Yの請求を棄却したため，Yが上告したところ，最高裁は原判決を破棄し，大阪高裁に差し戻しました。

第２編　借家をめぐる100の重要裁判例　**259**

判決の要旨　本件各減額請求の当否および相当純賃料の額は，本件各減額請求の直近合意賃料である本件賃貸借契約締結時の純賃料を基にして，同純賃料が合意された日から本件各減額請求の日までの間の経済事情の変動等を考慮して判断されなければならず，その際，本件自動増額特約の存在およびこれが定められるに至った経緯等も重要な考慮事情になるとしても，本件自動増額特約によって増額された純賃料を基にして，増額前の経済事情の変動等を考慮の対象から除外し，増額された日から減額請求の日までの間に限定して，その間の経済事情の変動等を考慮して判断することは許されないものといわなければならない。

　本件自動増額特約によって増額された純賃料は，本件賃貸借契約締結時における将来の経済事情等の予測に基づくものであり，自動増額時の経済事情等の下での相当な純賃料として当事者が現実に合意したものではないから，本件各減額請求の当否および相当純賃料の額を判断する際の基準となる直近合意賃料と認めることはできない。

　しかるに，原審は，第一減額請求については，本件自動増額特約によって平成７年12月に増額された純賃料を基にして，同日以降の経済事情の変動等を考慮してその当否を判断し，第二減額請求については，本件自動増額特約によって平成９年12月に増額された純賃料を基にして，同日以降の経済事情の変動等を考慮してその当否を判断したものであるから，原審の判断には，法令の解釈を誤った違法があり，この違法が判決に影響を及ぼすことは明らかである。

コメント　本件の争点は，家賃自動増額特約のある借家契約において借家人からの借地借家法32条１項に基づく家賃減額請求があった場合に，その当否を判断するために比較する家賃は，家賃自動増額特約によって増額された時点の家賃なのか，それより前の現実に合意した時点の直近合意家賃なのかという点です。原審が，前者を採用したのに対して，最高裁は後者を選択しました。

　借地借家法32条１項は強行法規であり，家賃自動増額特約によって

その適用を排除できない上に，特約によって増額された家賃は，その間の経済事情の変動等の予測に基づくものにすぎず，現実の経済事情の変動等を反映したものではないことから，最高裁判決は妥当なものといえます。この結果，比較すべき家賃は，ずいぶん前に遡ることになるので，その間の経済事情の変動等が大きければ，家賃減額の幅も大きくなります。

　しかし，逆に，現実に合意した家賃の時点の家賃相場や土地の価格が家賃減額請求をする時点のそれとあまり変わらないのであれば，その間の期間が長い場合でも，家賃減額はそれほど認められないことがあるので要注意です。

第2編　借家をめぐる100の重要裁判例　　261

【52】　家賃増減請求に基づく家賃の額の確認を求める訴訟の確定判決の既判力が争われた事例。

（最高裁平成 26 年 9 月 25 日判決・民集 68 巻 7 号 661 頁）

事案の概要　　Ｙは，昭和 48 年 10 月に本件建物部分につき，当時の所有者である甲との間で，家賃を月額 60 万円とする旨の本件借家契約を締結しました。本件建物部分については家賃の改定が繰り返され，平成 6 年 1 月以降の本件家賃は月額 300 万円に増額されていました。

Ｙは，平成 16 年 3 月当時の家主である乙に対し，本件家賃を同年 4 月から月額 240 万円に減額する旨の意思表示をし（以下，同日の時点を「基準時 1」という），平成 17 年 6 月に同年 2 月に本件借家契約の家主の地位を承継したＸ$_1$を被告として，「本件家賃が平成 16 年 4 月 1 日から月額 240 万円であること」の確認等を求める訴訟（以下，「前件本訴」という）を提起しました。

Ｘ$_1$は，平成 17 年 7 月 27 日，Ｙに対し，本件家賃を同年 8 月 1 日から月額 320 万 2,200 円に増額する旨意思表示をし（以下，同日の時点を「基準時 2」という），同年 9 月，前件本訴に対し，「本件家賃が平成 17 年 8 月 1 日から月額 320 万 2,200 円であること」の確認等を求める反訴（以下，「前件反訴」といい，前件本訴と併せて「前件訴訟」という）を提起しました。

Ｘ$_1$は，前件訴訟が一審に係属中の平成 19 年 6 月，Ｙに対し，本件家賃を同年 7 月 1 日から月額 360 万円に増額する旨の意思表示をしました（以下，「本件家賃増額請求」といい，同日の時点を「基準時 3」という）。

これに対し，Ｙは，本件家賃増額請求により増額された本件家賃の額の確認請求を前件訴訟の審理判断の対象とすることは，その訴訟手続を著しく遅滞させることとなるとして，裁判所の訴訟指揮により，Ｘ$_1$が前件訴訟における反訴の提起ではなく，別訴の提起によって上記確認請求を行うよう促すことを求める旨記載した上申書を裁判所に提出したため，Ｘ$_1$は，前件訴訟において，本件家賃増額請求により増額された本件家賃の額の確認請求を追加することはしませんでした。

前件訴訟の一審は，平成20年6月に，前件本訴につき，「本件家賃が平成16年4月1日から月額254万5,400円であること」を確認するなどの限度でYの請求を認容し，前件反訴についてはその請求を全部棄却しました。

上記判決に対し，X₁が控訴し，控訴審は，平成20年10月9日に口頭弁論を終結（この口頭弁論の終結時点を「前件口頭弁論終結時」という）し，同年11月にX₁の控訴を棄却し，上記判決は同年12月に確定しました（以下，確定した上記判決を「前訴判決」という）。

本件は，X₁および平成23年4月にX₁から本件借家契約の家主の地位を承継したX₂が，Yに対し，本件家賃増額請求により増額された本件家賃の額の確認等を求める事案です。本件家賃増額請求が前件口頭弁論終結時以前にされていることから，本件訴訟において本件家賃増額請求による本件家賃の増額を主張することが，前訴判決の既判力に抵触し許されないか否かが争われました。原審は，Xらの請求を棄却しましたが，最高裁は原判決を破棄し，東京高裁に差し戻しました。

(判決の要旨) 原審は，次のとおり判断し，Xらの請求を棄却した。賃料増減請求により増減された賃料額の確認を求める訴訟の訴訟物は，当事者が請求の趣旨において特に期間を限定しない限り，形成権である賃料増減請求権の行使により賃料の増額または減額がされた日から事実審の口頭弁論終結時までの期間の賃料額であると解されるところ，前件訴訟において，Yは基準時1から前件口頭弁論終結時までの賃料額の確認を求め，X₁は，基準時2から前件口頭弁論終結時まで（ただし，終期については基準時3と解する余地がある）の賃料額の確認を求めたものと解されるから，本件訴訟において，Xらが本件家賃増額請求により本件賃料が前件口頭弁論終結時以前の基準時3において増額された旨主張することは，前訴判決の既判力に抵触し許されない。

しかし，原審の上記判断は是認することができない。その理由は次のとおりである。借地借家法32条1項所定の賃料増減請求権は形成権であり，その要件を満たす権利の行使がされると当然に効果が生ずるが，その効果は，将来に向かって増減請求の範囲内かつ客観的に相当な額について生ずるものである。

また，この効果は，賃料増減請求があって初めて生ずるものであるから，賃料増減請求により増減された賃料額の確認を求める訴訟（以下，「賃料増減額確認請求訴訟」という）の係属中に賃料増減を相当とする事由が生じたとしても，新たな賃料増減請求がされない限り，上記事由に基づく賃料の増減が生ずることはない。

さらに，賃料増減額確認請求訴訟においては，その前提である賃料増減請求の当否および相当賃料額について審理判断がされることとなり，これらを審理判断するに当たっては，賃貸借契約の当事者が現実に合意した賃料のうち直近のもの（直近の賃料の変動が賃料増減請求による場合にはそれによる賃料）を基にして，その合意等がされた日から当該賃料増減額確認請求訴訟に係る賃料増減請求の日までの間の経済事情の変動等を総合的に考慮すべきものである（最高裁平成20年2月29日判決）。

したがって，賃料増減額確認請求訴訟においては，その前提である賃料増減請求の効果が生ずる時点より後の事情は，新たな賃料増減請求がされるといった特段の事情のない限り，直接的には結論に影響する余地はないものといえる。

また，賃貸借契約は継続的な法律関係であり，賃料増減請求により増減された時点の賃料が法的に確定されれば，その後新たな賃料増減請求がされるなどの特段の事情がない限り，当該賃料の支払につき任意の履行が期待されるのが通常であるといえるから，上記の確定により，当事者間における賃料に係る紛争の直接かつ抜本的解決が図られるものといえる。

そうすると，賃料増減額確認請求訴訟の請求の趣旨において，通常特定の時点からの賃料額の確認を求めるものとされているのは，その前提である賃料増減請求の効果が生じたとする時点を特定する趣旨に止まると解され，終期が示されていないにもかかわらず，特定の期間の賃料額の確認を求める趣旨と解すべき必然性は認め難い。

以上の事情に照らせば，賃料増減額確認請求訴訟の確定判決の既判力は，原告が特定の期間の賃料額について確認を求めていると認められる特段の事情のない限り，前提である賃料増減請求の効果が生じた時点の賃料額に係る判断に

ついて生ずると解するのが相当である。

　本件についてこれをみると，前記事実関係によれば，前件本訴および前件反訴とも，請求の趣旨において賃料額の確認を求める期間の特定はなく，前訴判決の前件本訴の請求認容部分においても同様であり，前件訴訟の訴訟経過をも考慮すれば，前件訴訟につきＹおよびＸ₁が特定の期間の賃料額について確認を求めていたとみるべき特段の事情はないといえる。

　そうであれば，前訴判決の既判力は，基準時１および基準時２の各賃料額に係る判断について生じているにすぎないから，本件訴訟において本件賃料増額請求により基準時３において本件賃料が増額された旨を主張することは，前訴判決の既判力に抵触するものではない。

　以上と異なる原審の判断には，判決に影響を及ぼすことが明らかな法令の違反がある。論旨は理由があり，原判決は破棄を免れない。そして，以上の見地を踏まえて本件賃料増額請求の当否等を審理させるため，本件を原審に差し戻すこととする。

コメント　「既判力」という聞きなれない言葉が出てくるので，本件判決で述べていることが難しく感じられるかもしれませんが，争点そのものは単純です。

　借地借家法 32 条に基づくある時点（たとえば 2018 年 8 月 31 日）における家賃増減請求により増減された家賃額の確認を求める訴訟の判決がその訴訟の事実審（つまり控訴した場合には控訴審）の口頭弁論終結時点（たとえば 2019 年 8 月 31 日）を経過して確定した場合に，この間（2018 年 9 月 1 日から 2019 年 8 月 31 日まで）に家賃増減を相当とする事由が新たに生じたとして家賃増減請求をすることが許されるのか否かということです。これが許されないと主張する根拠として，前訴の確定判決の既判力が持ち出されたものです。前訴の確定判決の既判力とは，前訴において対象となった事項についての判断が当事者および後の訴訟の裁判所を拘束し，後の訴訟においてその判断と抵触する主張をすることが許されないと

いうものです。

　原審は，既判力に抵触して許されないと判断しましたが，最高裁はこれを否定しました。訴訟の途中でも急激な経済事情の変動が生じて現行家賃が周りと比べて不相当となった場合において，裁判の遅延等でその決着がつくまで新たな家賃の増減請求ができないというのは不合理であり，本件判決はもっともなものといえます。

【53】 敷金返還債務は新所有者に承継されるとした事例。

（大審院昭和2年12月22日判決・民集6巻716頁）

事案の概要　YはVらより本件建物について借家契約をして，敷金1万円を交付しましたが，その後，本件建物が競売となり，Xが取得しました。XとYは本件借家契約を合意解約して，Yは本件建物を引き渡しましたが，Xは本件敷金を返却しませんでした。そこで，YがXを相手に敷金返還請求訴訟を提起しましたが，一審，原審ともにYの請求が棄却されました。Yが上告したところ，大審院は原判決を破棄しました。

判決の要旨　敷金なるものは，賃借人において債務不履行あるとき当然これを賃料の弁済に充当すべく，もしその不履行なきときは賃貸借終了の際これを返還すべきものなるが故に，借家法1条の規定により旧所有者との賃貸借がその賃借家屋の所有権を取得したる新所有者に対しその効力を有し，賃貸借が依然存続する場合には旧所有者に差入れたる敷金は旧所有者に対する賃料の延滞なき限り当然所有権の移転と同時に新所有者に移転し該賃貸借の終了せざる以上，これが返還を求め得べきものにあらず。従って，かかる場合には右敷金に相当する金額を旧所有者より新所有者に引き継ぎ新所有者のために担保の効力を保有せしむべきものとす。然れども，敷金は賃貸借契約の要素にあらずして特約による担保関係たるに過ぎざるをもって賃貸家屋の所有権移転のとき新所有者に移転すべき敷金存する場合においても新所有者において敷金の差し入れを不要なりとするときは新所有者は敷金を承継することなきものなれば，その賃貸借終了の場合にこれが返還義務を負うべきにあらざること勿論なり。故に新所有者において敷金を承継することなしとし，従って賃貸借終了するも新所有者に敷金返還の義務なしとするには宜しく右の如きこれを不要と為したる事実あるかまたは前所有者において延滞賃料に充当し剰余なかりしことを明らかにせざるべからず。然るに，原審は，本件に於いて斯かる事実の有無に付き何ら確定するところなく，漫然敷金は賃貸借関係存続したりとするも，その賃貸借のためにYが旧所有者に差入れたる敷金に付きXが返還

第２編　借家をめぐる100の重要裁判例　　267

義務を負うことなしとし，Ｙの請求を棄却したるは審理不尽又は理由不備の不法あるものにして原判決はこれを破棄すべきものとす。

コメント　　借家契約では一般的に家賃などの債務の担保として，借家人から家主に対し敷金が交付されます。家主がその借家の所有権を譲渡したときに，敷金返還債務が新所有者に承継されるか否かについて，本件判決は原則として承継されるとしました。所有権を失った者よりも，所有権を取得し家主となった者に対して敷金の返還を請求する方が，経済的にも回収が見込まれ，改正民法605条の2第4項でも明文化されました。

　なお，大審院昭和10年3月16日判決・新聞3827号11頁は，競売にもあてはまると判示しました。

【54】 滞納家賃債務は敷金に充当されて，その残額が新家主に承継されるとした事例。

(最高裁昭和 44 年 7 月 17 日判決・民集 23 巻 8 号 1610 頁)

事案の概要　VがYに対し，本件建物を賃貸していましたが，Vの死亡後の相続人らから本件建物を買い受けたXが，買受け前の滞納家賃 45 万 6,000 円の債権も譲り受けたとして，譲渡後の滞納家賃 45 万 6,000 円との合計から借家契約時にYがVに交付した 45 万円を控除した 46 万 2,000 円のうちの 42 万円を請求しました。一審は，Xの請求を棄却しましたが，原審は 9 万 3,750 円を認めました。そこで，Yが上告しましたが，最高裁は上告を棄却しました。

判決の要旨　敷金は，賃貸借契約終了の際に賃借人の賃料債務不履行があるときは，その弁済として当然これに充当される性質のものであるから，建物賃貸借契約において該建物の所有権移転に伴い賃貸人たる地位に承継があった場合には，旧賃貸人に差し入れられた敷金は，賃借人の旧賃貸人に対する未払賃料債務があればその弁済としてこれに当然充当され，その限度において敷金返還請求権は消滅し，残額についてのみその権利義務関係が新賃貸人に承継されるものと解すべきである。

したがって，当初の本件建物賃貸人Vに差し入れられた敷金につき，その権利義務関係は，同人よりその相続人らに承継された後，その相続人らから本件建物を買い受けてその賃貸人の地位を承継した新賃貸人であるXに，右説示の限度において承継されたものと解すべきであり，これと同旨の原審の判断は正当である。

コメント　Xのもともとの主張は，譲渡前の滞納家賃債権について，旧家主の相続人らから債権譲渡を受けたとして請求をしていました。原審は，債権譲渡の対抗要件がないとして，この主張を否定する一方で，建物所有権の譲渡により家主の地位が承継される場合には，滞

第２編　借家をめぐる⑩の重要裁判例　　**269**

納家賃債務は当然に敷金に充当されて，その残額が新家主に承継されるとしたものです。家主側としては，債権譲渡の手続きをするまでもなく，また当事者の合理的意思にも合致するので，この判示は妥当であると思われます。

　なお，最高裁昭和48年２月２日判決・民集27巻１号80頁は，借家契約終了後に所有権移転がなされた場合には，明渡し前であっても敷金の承継はないと判示しました。

　また，最高裁昭和49年９月２日判決・民集28巻６号1152頁は，家屋の賃貸借終了に伴う家主の敷金返還債務と借家人の家屋明渡債務とは，一個の双務契約によって生じた対価的債務の関係にあるものとすることはできず，また両債務の間には著しい価値の差が存しうることからしても，両債務は同時履行の関係にないとしています。つまり，借家人が家屋の明渡しをまずしなさいということです。

【55】 建設協力金としての保証金は承継されないとした事例。

（最高裁昭和 51 年 3 月 4 日判決・民集 30 巻 2 号 25 頁）

事案の概要　Ｙは，Ｖから昭和 38 年 6 月に本件ビルの 1 室（以下，「本件貸室」という）を，敷金 138 万 300 円，保証金 664 万 4,700 円で借りましたが，保証金は，Ｖが本件ビル建築のために他から借り入れた金員の返済に充てることを主な目的とする建設協力金で，5 年間は据え置き，6 年目から毎年日歩 5 厘の利息を加えて 10 年間毎年年金等の割合で返還することとされています。本件ビルはその後競売になり，昭和 43 年 6 月にＸが競落し，その旨の登記を経由しました。Ｙは，Ｘに対し，昭和 44 年 7 月に本件借家契約を解除するとともに，本件保証金の返還を請求し，提訴しました。一審は，本件貸室の明渡しと引換えに保証金の返還を認めましたが，原審は，一審判決を取り消して，Ｙの請求を棄却しました。そこで，Ｙが上告しましたが，最高裁は上告を棄却しました。

判決の要旨　本件保証金は，その権利義務に関する約定が本件賃貸借契約書の中に記載されているとはいえ，いわゆる建設協力金として右賃貸借とは別個に消費貸借の目的とされたものというべきであり，かつ，その返還に関する約定に照らしても，賃借人の賃料債務その他賃貸借上の債務を担保する目的で賃借人から賃貸人に交付され，賃貸借の存続と特に密接な関係に立つ敷金ともその本質を異にするものといわなければならない。

そして，本件建物の所有権移転に伴って新所有者が本件保証金の返還債務を承継するか否かについては，右保証金の前記のような性格に徴すると未だ新所有者が当然に保証金返還債務を承継する慣習ないし慣習法があるとは認め難い状況のもとにおいて，新所有者が当然に保証金返還債務を承継するとされることにより不測の損害を被ることのある新所有者の利益保護の必要性と，新所有者が当然にはこれを承継しないとされることにより保証金を回収できなくなる恐れを生ずる賃借人の利益保護の必要性とを比較衡量しても，新所有者は，特

段の合意をしない限り，当然には保証金返還債務を承継しないものと解するのが相当である。

　そうすると，Xが本件保証金返還債務を承継しないとした原審の判断は正当として是認することができる。

> **コメント**　借家契約の締結時に支払われる一時金には，敷金，礼金のほかに「保証金」がありますが，この保証金には敷金的性質，いわゆる敷引部分のように礼金的性質等さまざまですが，本件のように敷金とは別に預り，かつ利息も付く消費貸借の性格を有する建設協力金の場合には，新所有者に承継されないとしたもので，判示はやむを得ないと思われます。

【56】 担保不動産収益執行と借家人の保証金による相殺の可否が争われた事例。

(最高裁平成 21 年 7 月 3 日判決・民集 63 巻 6 号 1047 頁)

事案の概要　本件建物の過半数の共有持分を有する V が，Y に対し，平成 9 年 1 月に本件建物の 1 区画を，期間 20 年，家賃月額 700 万円（ほかに消費税相当額 35 万円），保証金 3 億 1,500 万円（10 年経過後に均等分割返還），敷金 1 億 3,500 万円で賃貸しました。V は，平成 10 年 2 月に本件建物について，他の共有者とともに W のために債権額 5 億 5,000 万円とする抵当権を設定しました。V は，平成 11 年 6 月に Y との間で V が他の債権者から差押え等を受けたときは，本件保証金の返還について期限の利益を喪失する旨合意しましたが，平成 18 年 2 月に V の本件建物の共有持分について甲府市からの滞納処分による差押えにより期限の利益を喪失しました。同年 5 月には本件建物について，本件抵当権に基づく担保不動産収益執行の開始決定があり，X がその管理人に選任されました。

　Y は，平成 18 年 8 月分から平成 19 年 3 月分までの 8 か月分の家賃の一部弁済として合計 2,940 万円を弁済しましたが，平成 18 年 7 月に V に対し，本件保証金返還残債権 2 億 9,295 万円を自働債権，平成 18 年 7 月分の家賃債権 735 万円を受働債権として，さらに平成 19 年 4 月に，本件保証金返還残債権 2 億 8,560 万円を自働債権，平成 18 年 8 月分から平成 19 年 3 月分までの 8 か月分の家賃残債権各 367 万 5,000 円の合計 2,940 万円を受働債権として，対当額で相殺する旨の意思表示をしました。

　そこで，X が Y に対し，相殺は無効であるとして，本件家賃債権を請求したところ，一審は，X の請求を棄却しましたが，原審は消費税を含まない平成 18 年 7 月分の家賃 700 万円と同年 8 月分以降平成 19 年 3 月分までの 8 か月分の残額 2,800 万円の合計 3,500 万円の限度で X の請求を認めました。そこで，Y が上告したところ，最高裁は原判決を破棄し，X の控訴を棄却しました。

第2編　借家をめぐる⑩の重要裁判例　273

（判決の要旨） 担保不動産収益執行は，担保不動産から生ずる賃料等の収益を被担保債権の優先弁済に充てることを目的として設けられた不動産担保権の実行手続きの一つであり，執行裁判所が，担保不動産収益執行の開始決定により担保不動産を差し押さえて所有者から管理収益権を奪い，これを執行裁判所の選任した管理人にゆだねることをその内容としている。

　管理人が担保不動産の管理収益権を取得するため，担保不動産の収益に係る給付の目的物は，所有者ではなく管理人が受領権限を有することになり，本件のように担保不動産の所有者が賃貸借契約を締結していた場合は，賃借人は，所有者ではなく管理人に対して賃料を支払う義務を負うことになるが，このような規律がされたのは，担保不動産から生ずる収益を確実に被担保債権の優先弁済に充てるためであり，管理人に担保不動産の処分権限まで与えるものではない。

　このような担保不動産収益執行の趣旨および管理人の権限にかんがみると，管理人が取得するのは，賃料債権等の担保不動産の収益に係る給付を求める権利（以下，「賃料債権等」という）自体ではなく，その権利を行使する権限にとどまり，賃料債権等は，担保不動産収益執行の開始決定が効力を生じた後も，所有者に帰属しているものと解するのが相当であり，このことは，担保不動産収益執行の開始決定が効力を生じた後に弁済期の到来する賃料債権等についても変わるところはない。

　そうすると，担保不動産収益執行の開始決定の効力が生じた後も，担保不動産の所有者は賃料債権等を受働債権とする相殺の意思表示を受領する資格を失うものではないというべきであるから，本件において，本件建物の共有持分権者であり賃貸人であるＶは，本件開始決定の効力が生じた後も，本件賃料債権の債権者として本件相殺の意思表示を受領する資格を有していたというべきである。

　そこで，次に，抵当権に基づく担保不動産収益執行の開始決定の効力が生じた後において，担保不動産の賃借人が，抵当権設定登記の前に取得した賃貸人に対する債権を自働債権とし，賃料債権を受働債権とする相殺をもって管理人

に対抗することができるかという点について検討する。

　被担保債権について不履行があったときは抵当権の効力は担保不動産の収益に及ぶが，そのことは抵当権設定登記によって公示されていると解される。そうすると，賃借人が抵当権設定登記の前に取得した賃貸人に対する債権については，賃料債権と相殺することに対する賃借人の期待が抵当権の効力に優先して保護されるべきであるから，担保不動産の賃借人は，抵当権に基づく担保不動産収益執行の開始決定の効力が生じた後においても，抵当権設定登記の前に取得した賃貸人に対する債権を自働債権とし，賃料債権を受働債権とする相殺をもって管理人に対抗することができるというべきである。

　本件において，Ｙは，Ｖに対する本件保証金返還債権を本件抵当権設定登記の前に取得したものであり，本件相殺の意思表示がされた時点で自働債権であるＹのＶに対する本件保証金返還残債権と受働債権であるＶのＹに対する本件賃料債権は相殺適状にあったものであるから，Ｙは本件相殺をもって管理人であるＸに対抗することができるというべきである。

　以上によれば，Ｘの請求に係る平成18年7月分から平成19年3月分までの9か月分の賃料債権6,300万円は，本件弁済によりその一部が消滅し，その残額3,500万円は本件相殺により本件保証金返還残債権と対当額で消滅したことになる。

コメント　本件の主たる論点は，抵当権に基づく担保不動産収益執行による家賃差押えに対して，建設協力金の性格を有する保証金と家賃との相殺を主張することで，家賃の支払いを免れることができるかです。

　抵当権に基づく執行といえば任意競売が一般的ですが，2003年の民事執行法改正により「担保不動産収益執行」（同法188条，93条，95条）が導入されました。民法371条で，「抵当権は，その担保する債権について不履行があったときは，その後に生じた抵当不動産の果実に及ぶ。」と定められていることを根拠に新たに制度化されたもので，裁判所が選任

した管理人が家賃の回収等を行い，抵当権者に優先的に弁済されるものです。そこで，本件においても管理人に選任されたＸがＶの所有する不動産の借家人であるＹに対する家賃を回収しようとしたのです。

ところが，これに対して，ＹはＶに対する保証金返還請求権という債権と家賃債務を相殺することで対抗しようとしました。Ｙにしてみれば，不動産収益執行をされる状況のＶが将来において保証金返還請求権の弁済をするのか，不安に思うのは無理からぬところであり，民法505条の相殺を主張できれば，この不安をある程度解消できるわけです。ここで，Ｘの立場とＹの立場が衝突し，一審がＸを支持し，原審はＹを支持したのに対して，最高裁は再びＸを支持したわけで，裁判所も揺れ動いたことがよく分かります。

本件判決が，Ｘの相殺の主張を認めた決め手は，Ｘの借家権の設定およびこれに伴う保証金返還請求権という債権取得がＶの抵当権設定登記より前であったことです。しかし，これは言い換えると，借家権の設定およびＸの債権取得が抵当権の設定より後であれば，Ｘの相殺の主張は認められないことになります。

賃貸マンションやアパートを建築する際に当該建物を担保に借入れをすることはよくありますが，その場合に，建物竣工と同時に抵当権の設定登記をすれば，借家権の設定はそれより後になるわけですから，抵当権者としても今回のような相殺の主張が認められることはないはずですが，登記手続きを後回しにすると，痛い目にあいかねないので要注意です。

【57】 災害時の敷引特約の適用の可否が争われた事例。

（最高裁平成 10 年 9 月 3 日判決・民集 52 巻 6 号 1467 頁）

事案の概要　　Yは，家主Xとの間で昭和 51 年 8 月に本件建物について借家契約をするに際し，保証金（敷金）100 万円を交付しましたが，「天災地変，水火災等によって，家屋が損壊した場合は，家主の危険負担とし，借家人の帰責事由による火災焼失等については，敷金は返還しない。」旨の特約条項と，敷金のうち 2 割を差し引いて返還する旨の敷引条項の各定めがありました。本件建物は，平成 7 年 1 月に発生した阪神・淡路大震災によって倒壊し滅失したことから，Yは，Xに対し，特約条項前段の危険負担に基づき 100 万円の返還を求め提訴しました。

　一審は，Yの請求を全額認めたため，Xが控訴しました。Xが 80 万円を弁済したため，Yは請求を 20 万円に減縮しましたが，原審は 1 審判決を取り消してYの請求を棄却しました。そこで，Yが上告したところ，最高裁は原判決を破棄し，Xの控訴を棄却しました。

判決の要旨　　居住用の家屋の賃貸借における敷金につき，賃貸借契約終了時にそのうちの一定金額または一定割合の金員（以下，「敷引金」という）を返還しない旨のいわゆる敷引特約がされた場合において，災害により賃借家屋が滅失し，賃貸借契約が終了したときは，特段の事情がない限り，敷引特約を適用することはできず，賃貸人は賃借人に対し敷引金を返還すべきものと解するのが相当である。

　けだし，敷引金は，個々の契約ごとにさまざまな性質を有するものであるが，いわゆる礼金として合意された場合のように当事者間に明確な合意が存する場合は別として，一般に，賃貸借契約が火災，震災，風水害その他の災害により当事者が予期していない時期に終了した場合についてまで敷引金を返還しないとの合意が成立していたと解することはできないから，他に敷引金の不返還を相当とするに足りる特段の事情がない限り，これを賃借人に返還すべきものであるからである。

コメント 　敷引特約というのは，関西地域で広がった特約です。借家人が家主に交付した敷金のうち契約終了時に一定額を返還しない特約で，この返還しない分を敷引金といいます。たとえば，100万円の敷金を交付して30万円を敷引金とすれば，実質的な敷金は70万円で，30万円は返還しない部分なので，通常は関東地域でいう礼金ともいえます。しかし，礼金と異なり，いかなる場合にも明確に返還しないとまで記載されていないこと，災害で住む家を失った借家人に敷金として交付した金員のたとえ一部であったとしても返還しないのは酷であることから，本件判決は妥当であると思われます。

　敷引金という曖昧な方法よりも，敷金として返すべきものは返す，礼金として取りきりのものは返さないという明確な合意をすべきでしょう。

【58】 敷引金の消費者契約法違反の可否が争われた事例。

（最高裁平成23年3月24日判決・民集65巻2号903頁）

事案の概要　　Yは，平成18年8月にXとの間で，京都市内のマンションの1室（以下，「本件建物」という）を平成20年8月まで，家賃1か月9万6,000円の約定で賃借する旨の本件契約を締結しました。

本件契約書には，Yは，本件契約締結と同時に，本件保証金として40万円をXに支払い，Yが本件建物を明け渡した場合には，Xは以下のとおり，契約締結から明渡しまでの経過年数に応じた額を本件保証金から控除してこれを取得し，その残額をYに返還し（本件保証金のうち以下の額を控除してこれをXが取得する旨の特約を「本件特約」といい，本件特約によりXが取得する金員を「本件敷引金」という），Yに未納家賃，損害金等の債務がある場合には，上記残額から同債務相当額を控除した残額を返還する旨の約定がありました。

経過年数1年未満　控除額18万円

2年未満　　　　21万円

3年未満　　　　24万円

4年未満　　　　27万円

5年未満　　　　30万円

5年以上　　　　34万円

また，Yは，本件建物をXに明け渡す場合には，これを本件契約開始時の原状に回復しなければならないが，借家人が社会通念上通常の使用をした場合に生ずる損耗や経年により自然に生ずる通常損耗等については，本件敷引金により賄うので原状回復を要しないこと，Yは，本契約の更新時に，更新料として9万6,000円をXに支払う旨の定めもありました。

Yは，平成18年8月に本件保証金40万円をXに差し入れましたが，本件保証金のほかに一時金の支払いをしていません。本件契約は平成20年4月に終了し，Yは，Xに本件建物を明け渡しました。Xは，同年5月に，本件契約書に基づき，本件保証金から本件敷引金21万円を控除し，その残額である19万

第２編　借家をめぐる100の重要裁判例　**279**

円をＹに返還しましたが，Ｙは，本件特約が消費者契約法10条により無効であるとして本件敷引金21万円の返還を求めました。原審はＸの請求を棄却したため，Ｙが上告したところ，最高裁は上告を棄却しました。

判決の要旨　　　　所論は，建物の賃貸借においては，通常損耗等に係る投下資本の減価の回収は，通常，減価償却費や修繕費等の必要経費分を賃料の中に含ませてその支払いを受けることにより行われるものであるのに，賃料に加えて，賃借人に通常損耗等の補修費用を負担させる本件特約は，賃借人に二重の負担を負わせる不合理な特約であって，信義則に反して消費者の利益を一方的に害するものであるから，消費者契約法10条により無効であるというのである。

　そこで，本件特約が消費者契約法10条により無効であるか否かについて検討する。まず，消費者契約法10条は，消費者契約の条項が，民法等の法律の公の秩序に関しない規定，すなわち任意規定の適用による場合に比し，消費者の権利を制限し，または消費者の義務を加重するものであることを要件としている。

　本件特約は，敷金の性質を有する本件保証金のうち一定額を控除し，これを賃貸人が取得する旨のいわゆる敷引特約であるところ，居住用建物の賃貸借契約に付された敷引特約は，契約当事者間にその趣旨について別異に解すべき合意等のない限り，通常損耗等の補修費用を賃借人に負担させる趣旨を含むものというべきである。本件特約についても，本件契約書19条１項に照らせば，このような趣旨を含むことが明らかである。

　ところで，賃借物件の損耗の発生は，賃貸借という契約の本質上当然に予定されているものであるから，賃借人は，特約のない限り，通常損耗等についての原状回復義務を負わず，その補修費用を負担する義務も負わない。そうすると，賃借人に通常損耗等の補修費用を負担させる趣旨を含む本件特約は，任意規定の適用による場合に比し，消費者である賃借人の義務を加重するものというべきである。

　次に，消費者契約法10条は，消費者契約の条項が民法１条２項に規定する

基本原則，すなわち信義則に反して消費者の利益を一方的に害するものであることを要件としている。

　賃貸借契約に敷引特約が付され，賃貸人が取得することになる金員（いわゆる敷引金）の額について契約書に明示されている場合には，賃借人は，賃料の額に加え，敷引金の額についても明確に認識した上で契約を締結するものであって，賃借人の負担については明確に合意されている。

　そして，通常損耗等の補修費用は，賃料にこれを含ませてその回収が図られているのが通常だとしても，これに充てるべき金員を敷引金として授受する旨の合意が成立している場合には，その反面において，上記補修費用が含まれないものとして賃料の額が合意されているとみるのが相当であって，敷引特約によって賃借人が上記補修費用を二重に負担するということはできない。

　また，上記補修費用に充てるために賃貸人が取得する金員を具体的な一定の額とすることは，通常損耗等の補修の要否やその費用の額をめぐる紛争を防止するといった観点から，あながち不合理なものとはいえず，敷引特約が信義則に反して賃借人の利益を一方的に害するものであると直ちにいうことはできない。

　もっとも，消費者契約である賃貸借契約においては，賃借人は，通常，自らが賃借する物件に生ずる通常損耗等の補修費用の額については十分な情報を有していない上，賃貸人との交渉によって敷引特約を排除することも困難であることからすると，敷引金の額が敷引特約の趣旨からみて高額に過ぎる場合には，賃貸人と賃借人との間に存する情報の質および量ならびに交渉力の格差を背景に，賃借人が一方的に不利益な負担を余儀なくされたものとみるべき場合が多いといえる。

　そうすると，消費者契約である居住用建物の賃貸借契約に付された敷引特約は，当該建物に生ずる通常損耗等の補修費用として通常想定される額，賃料の額，礼金等他の一時金の授受の有無およびその額等に照らし，敷引金の額が高額に過ぎると評価すべきものである場合には，当該賃料が近傍同種の建物の賃料相場に比して大幅に低額であるなど特段の事情のない限り，信義則に反して

消費者である賃借人の利益を一方的に害するものであって，消費者契約法10条により無効となると解するのが相当である。

　これを本件についてみると，本件特約は，契約締結から明渡しまでの経過年数に応じて18万円ないし34万円を本件保証金から控除するというものであって，本件敷引金の額が，契約の経過年数や本件建物の場所，専有面積等に照らし，本件建物に生ずる通常損耗等の補修費用として通常想定される額を大きく超えるものとまではいえない。

　また，本件契約における賃料は月額9万6,000円であって，本件敷引金の額は，上記経過年数に応じて上記金額の2倍弱ないし3.5倍強にとどまっていることに加えて，Yは，本件契約が更新される場合に1か月分の賃料相当額の更新料の支払義務を負うほかには，礼金等他の一時金を支払う義務を負っていない。

　そうすると，本件敷引金の額が高額に過ぎると評価することはできず，本件特約が消費者契約法10条により無効であるということはできない。

コメント　本件のような保証金の敷引特約が，消費者契約法10条に違反するか否かの紛争が平成20年前後に相次ぎました。平成23年に，本件判決が出た後に，最高裁平成23年7月12日判決・判時2128号33頁が，本件と同様に，特段の事情がない限り消費者契約法に違反しないと判示しました。

　本件では，家賃の2倍ないし3.5倍で別途更新料1か月分の定めでしたが，7月12日判決では3.5倍の敷引特約について，「高額に過ぎる」とはいえず，消費者契約法10条により無効とはいえないとしています。

　つまり，家賃に比べて高額な敷引特約，たとえば，1か月5万円の家賃で100万円の敷引特約といったよほど高額でない限り消費者契約法10条により無効とはならないと思われます。

【59】 更新料は消費者契約法に違反しないとされた事例。

（最高裁平成 23 年 7 月 15 日判決・民集 65 巻 5 号 2269 頁）

事案の概要　Yが，平成 15 年 4 月，Xとの間で京都市内の共同住宅の 1 室（以下，「本件建物」という）につき，期間を同日から平成 16 年 3 月まで，家賃を月額 3 万 8,000 円，更新料を家賃の 2 か月分とする賃貸借契約（以下，「本件賃貸借契約」という）を締結し，本件建物の引渡しを受けました。この際に，YはXに対し，定額補修分担金 12 万円を支払っています。Yは，Xとの間で平成 16 年から平成 18 年までの毎年 2 月ころ，3 回にわたり本件賃貸借契約をそれぞれ 1 年間更新する旨の合意をし，その都度，Xに対し，更新料として 7 万 6,000 円を支払いました。Yが，平成 18 年に更新された本件賃貸借契約の期間満了後である平成 19 年 4 月以降も本件建物の使用を継続したことから，本件賃貸借契約は，同日さらに更新されたものとみなされました。その際，Yは，Xに対し，更新料 7 万 6,000 円の支払をしていません。

XはYに対し，更新料条項および定額補修分担金の約定が消費者契約法 10 条により無効であるとして，各支払い済みの 34 万 8,000 円の返還などを求め提訴したところ，Xは反訴として未払い分の更新料 7 万 6,000 円を請求しました。

一審は，Yの請求をほぼ認め，Xの反訴を棄却したため，Xが控訴しましたが，原審は控訴を棄却しました。そこで，Xが上告したところ，最高裁は，X敗訴部分を破棄し，Yの請求を棄却し，逆に，Xの請求を認めました。

判決の要旨　更新料は，期間が満了し，賃貸借契約を更新する際に，賃借人と賃貸人との間で授受される金員である。これがいかなる性質を有するかは，賃貸借契約成立前後の当事者双方の事情，更新料条項が成立するに至った経緯その他諸般の事情を総合考量し，具体的事実関係に即して判断されるべきであるが，更新料は，賃料とともに賃貸人の事業の収益の一部を構成するのが通常であり，その支払いにより賃借人は円満に物件の使用を継続することができることからすると，更新料は，一般に，賃料の補充ないし前

払い，賃貸借契約を継続するための対価等の趣旨を含む複合的な性質を有するものと解するのが相当である。そこで，更新料条項が，消費者契約法10条により無効とされるか否かについて検討する。

当該条項が信義則に反して消費者の利益を一方的に害するものであるか否かは，消費者契約法の趣旨，目的（同法1条参照）に照らし，当該条項の性質，契約が成立するに至った経緯，消費者と事業者との間に存する情報の質および量ならびに交渉力の格差その他諸般の事情を総合考量して判断されるべきである。更新料条項についてみると，更新料が一般に，賃料の補充ないし前払い，賃貸借契約を継続するための対価等の趣旨を含む複合的な性質を有することは，前記に説示したとおりであり，更新料の支払いにはおよそ経済的合理性がないなどということはできない。

また，一定の地域において，期間満了の際，賃借人が賃貸人に対し更新料の支払いをする例が少なからず存することは公知であることや，従前，裁判上の和解手続等においても，更新料条項は公序良俗に反するなどとして，これを当然に無効とする取扱いがされていなかったことは裁判所に顕著であることからすると，更新料条項が賃貸借契約書に一義的かつ具体的に記載され，賃借人と賃貸人との間に更新料の支払いに関する明確な合意が成立している場合に，賃借人と賃貸人との間に，更新料条項に関する情報の質および量ならびに交渉力について，看過し得ないほどの格差が存するとみることもできない。

そうすると，賃貸借契約書に一義的かつ具体的に記載された更新料条項は，更新料の額が賃料の額，賃貸借契約が更新される期間等に照らし高額に過ぎるなどの特段の事情のない限り，消費者契約法10条にいう「民法第1条第2項に規定する基本原則に反して消費者の利益を一方的に害するもの」には当たらないと解するのが相当である。

これを本件についてみると，前記認定事実によれば，本件条項は本件契約書に一義的かつ明確に記載されているところ，その内容は，更新料の額を賃料の2か月分とし，本件賃貸借契約が更新される期間を1年間とするものであって，上記特段の事情が存するとはいえず，これを消費者契約法10条により無効と

することはできない。またこれまで説示したところによれば、本件条項を、借地借家法30条にいう同法第3章第1節の規定に反する特約で建物の賃借人に不利なものということもできない。

コメント　本件判決は裁判官全員一致の意見で、同日に、最高裁は、1年契約で2.2か月分余の更新料条項について、また、2年契約で当初2か月分、後に1か月分の更新料条項について、いずれも消費者契約法に違反しないとしました。

　最高裁が、更新料条項について消費者契約法に違反せず有効とする要件として、①契約書に一義的かつ具体的に記載されていること、②家賃の額、更新期間等に照らし高額に過ぎないこと、の二つを挙げています。

　もっとも、更新期間1年で家賃2か月分余りの更新料でも高額ではないとしているので、更新料条項が無効となることはまずないでしょう。

　今後について、従来から更新料を取っている東京や京都等では良いですが、これまで取っていなかった他の地域では疑問があります。というのも、最高裁判決の中で、「一定の地域において更新料の支払いをする例が……」と言及していることから、地域限定とも考えられるからです。少なくとも契約書作成代等の数万円の事務手数料程度が無難ですが、その場合は、家主というよりも仲介業者が取得する費用といえます。

第2編　借家をめぐる100の重要裁判例　**285**

【60】　借家の保証人は更新後も責任を負うかが争われた事例。

（最高裁平成9年11月13日判決・判時1633号81頁）

事案の概要　　Xは，Yに対し，昭和60年5月に本件マンションを同年6月から昭和62年5月までの2年間，家賃月額26万円で賃貸しましたが，その際に，ZがYの本件借家契約に基づきXに対して負担する一切の債務について連帯保証しました。その後，XはYとの間でいずれも2年の期間で3回契約を更新しましたが，Zの署名押印はありませんでした。2回目の更新期間中にYの家賃不払いが始まり，3回目の更新後もYの家賃不払いが継続したため，Xは，平成4年7月に4回目の更新を拒絶し，平成5年6月に家賃不払いを通知したところ，Yは同月に本件マンションを明け渡しました。Xは，Zに対し，本件保証契約に基づきYの未払い家賃834万円等の請求をしたところ，ZがYを相手に債務不存在確認請求訴訟を提起しました。

　一審はZの請求を認めたため，Xが控訴したところ，原審は，一審判決を取り消して，Zの請求を棄却しました。そこで，Zが上告したところ，最高裁は上告を棄却しました。

判決の要旨　　期間の定めのある建物の賃貸借において，賃借人のために保証人が賃貸人との間で保証契約を締結した場合には，反対の趣旨をうかがわせるような特段の事情のない限り，保証人が更新後の賃貸借から生ずる賃借人の債務についても保証の責めを負う趣旨で合意がされたものと解するのが相当であり，保証人は，賃貸人において保証債務の履行を請求することが信義則に反すると認められる場合を除き，更新後の賃貸借から生ずる賃借人の債務についても保証の責めを免れないというべきである。

　これを本件についてみるに，前記事実関係によれば，前記特段の事情はうかがわれないから，本件保証契約の効力は，更新後の賃貸借にも及ぶと解すべきであり，Xにおいて保証債務の履行を請求することが信義則に反すると認めるべき事情もない本件においては，Zは，本件賃貸借契約につき合意により更新

された後の賃貸借から生じたYのXに対する賃料債務等についても，保証の責めを免れないものといわなければならない。これと同旨の原審の判断は，正当として是認することができ，その過程に所論の違法はない。

コメント　本件の問題は，当初の契約の際に署名捺印した保証人が，更新後の契約について改めて署名捺印することはないにもかかわらず，更新後の家賃不払い等の借家人の債務についてまで責任を負うかどうかです。一審は，更新前の契約と更新後の契約の法的同一性はないとしてその責任を否定しましたが，原審と最高裁は責任を認めました。

　借家契約は，当初の契約期間が経過しても，借地借家法28条の正当事由がない限り，家主は更新拒絶や解約申入れはできず，契約が続くことになり，これは一般的にも周知され，保証人も承知の上でしょうから，本件判決の結論はやむを得ないと思います。

第 2 編　借家をめぐる100の重要裁判例　　287

【61】　買取請求権の対象となる造作とは何かが争われた事例。

（最高裁昭和 33 年 10 月 14 日判決・民集 12 巻 14 号 3078 頁）

事案の概要　　Y は，X より昭和 27 年 10 月に東京都世田谷区所在の本件家屋を賃借しましたが，昭和 29 年 1 月に合意解除により借家契約は終了しました。Y は，本件家屋を使用するにつき瓦斯設備，洗面設備，電燈施設その他各種設備の改造整備をして 9 万 9,000 円の支出をしたところ，X がその 3 分の 1 の負担をしたので，その残額の 6 万 6,000 円についての造作買取請求を含む 11 万 3,356 円の請求をして提訴しました。

　一審は Y の請求を棄却しましたが，原審は一審判決を変更して，Y の請求のうち造作買取請求の金額を全額認め，X の反対債権と一部相殺の上 6 万 4,580円の支払いを命じました。そこで，X が上告したところ，最高裁は原判決を破棄し，東京高裁に差し戻しました。

判決の要旨　　借家法 5 条にいわゆる造作とは，建物に付加された物件で賃借人の所有に属し，かつ建物の使用に客観的便宜を与えるものをいい，賃借人がその建物を特殊の目的に使用するため，特に付加した設備の如きはこれに包含されないものと解すべきである（昭和 29 年 3 月 11 日判決・民集 8 巻 672 頁）。けだし，もっぱら賃借人個人の利益のため付加された造作であって，賃貸人のため何ら客観的便益を供しないものについてまでその買取を賃貸人に強制する法意とは解し得ないからである。

　ところで，原判決の確定したところによれば，Y が本件設備をなすに至ったのは，その設備をするのでなければ監督官から本件家屋賃借の許可を受けることができないためであるというのであって，その設備の目的はもっぱら賃借人個人のためになされたものである。のみならず，本件家屋に整備された各種造作は，必ずしも本件家屋の如き規模の日本式家屋に適当なものとはいえない。思うに，日本人と西洋人とではその生活の様式，規模を異にし，彼に必要なもの必ずしもこれに必要なものとはいえない。原判決の認定した設備のうち瓦斯

および電気のメートル器の如きは，西洋人たるＹの生活上必要な規模のものといえても，一般日本人の生活にとっては必要な程度を超えるものでないとは限らず，腰掛式便所設備その他についても程度の差こそあれ，同様のことがいえるものと認むべきである。それ故，本件設備を借家法５条の造作と認めるためには，単にその設備が一般的に造作と認められるものであるというだけでは足りず，それが本件家屋用の設備として客観的に利便をもたらすものであるかどうかをも判定しなければならない。

しかるに，原判決は，右の点について何らの配慮を示さず，本件物件が単に性質上造作に属することのみから，ただちにこれをもって借家法５条にいわゆる造作と認めたのは，同法を誤解しひいて審理不尽に陥ったものというほかなく破棄を免れない。

コメント　「腰掛式便所」という表現をみても時代を感じさせる判決です。当時の感覚では，日本人と西洋人とでは生活様式が全く異なるものであり，西洋人の付加した諸設備は日本式家屋に一般的ではないとして造作買取請求の対象と認められなかったのはやむを得なかったのかもしれません。

　もっとも，本件のポイントは，西洋式かどうかということではなく，本件判決が引用している昭和29年最高裁判決も指摘しているとおり，造作買取請求権の対象となる造作とは，建物の使用に客観的便益を与えるものであるかどうかということです。もっとも，客観的便益を与えるか否かの評価は，時代とともに変わり得るものですから，同一設備であっても，この基準に照らせば，現在では造作買取請求の対象物と認められる可能性があります。

第 2 編　借家をめぐる100の重要裁判例　　289

【62】　造作の時価が争われた事例。

（大審院大正 15 年 1 月 29 日判決・民集 5 巻 38 頁）

事案の概要　　Yは，Xから大正 9 年 3 月に本件家屋を借家した際に，附属の畳 20 畳半を 120 円で買い取りました。Yは，Xとの間で大正 10 年 7 月に本件借家契約を合意解約したところ，YがXに対し，上記造作について 1,500 円で造作買取請求をしましたが，Xは 100 円であると反論しました。一審はXが勝訴しましたが，原審は，造作の価値は 255 円と判定してYの主張を一部認めたため，Xが上告したところ，最高裁は原判決を破棄し原審に差し戻しました。

判決の要旨　　借家法第 5 条の畳建具その他の造作の時価は建物に付加したるままの状態において造作自体の本来有する価格をいうものにしてこれを建物より取り外したる状態における価格をいうにあらざるは勿論，建物所在地の状況その構造の如何等により生ずる特殊の価格を包含せざるものと解するを相当とす。

　蓋し，同条が賃借人のために賃貸人に対する造作買取の請求権を認むる所以は賃貸終了の場合において賃借人をして自己の付加したる造作を取り外して建物の明渡しをなさしむるときは著しく造作の価格を減ずるの虞あり，賃借人の不利益を免れざると同時に賃貸人をしてこれを買取らしむるは賃貸人が同一の物を新調してこれを補足するの不便を避くることを得べく双方の利益を保護せんが為に外ならず故に右造作の時価を定むるに当たりては如上の趣旨に準拠しこれを建物より取り外したる状態における価格をもってするを得ざるは論を俟たざる所にして建物に付加したる儘の状態において造作自体の本来有する価格即ち現に同一の物を他より買受け建物に付加したる儘のそのものの価格を以て時価を定むべくその他に建物所在地の状況その構造の如何等により建物に生ずる特別の価格を包有せしむべきものにあらず。

　然るに原院が「家屋はその所在地の状況その構造の如何により需要者多ければこれに付加せる造作もまたその家屋に付加せるの故を以て特別なる価格あり

ということを得べくその造作が家屋より分離し家屋に付加せざる独立の物件として価格と同一に論ずることを得ざるが故に造作が賃借家屋に付加せる状態における価格はその家屋についての前記の事情を斟酌してこれを判定するを正当とすべし」と説示し，鑑定人の鑑定等により本件造作たる畳20畳半の価格を金255円なりと判定したるは法則を不当に適用したる不法ある判決にして破棄すべく而してなお本件造作の価格を審究確定するの要あるを以て原院に差し戻すを相当とす。

コメント　本件判決が述べていることは二つです。第1に，造作の時価とは，建物から取り外した状態での価格ではなく，建物に付加したままの状態において造作が本来有する価格をいい，第2に，建物所在地の状況など建物に生ずる特別の価格を含まないとしており，妥当な結論と思われます。

特に，第2の点について，建物所在地の状況を排除した点は，借地における建物買取請求権（借地借家法13条，14条）について建物の存在する場所的環境を斟酌すべきとした最高裁昭和35年12月20日判決・民集14巻14号3130頁とは対照的な判断であり，造作の時価についてあまり高くならないようにする最高裁の意思を読みとれます。

第２編　借家をめぐる100の重要裁判例　　291

【63】　借家人の住所地を管轄する裁判所での裁判を認めた事例。

（大審院昭和2年12月27日判決・民集6巻743頁）

事案の概要　　Yは，Xから本件家屋を借家していましたが，Xに対し，解約の申込みをするとともに造作買取請求をした後に，その請求権をVに譲渡し，さらにVはZに譲渡しました。

　Zが Yを相手に，Zの住居地を管轄する小倉区裁判所に造作代金請求事件を提訴したところ，管轄違いとして却下されたため，控訴しましたが，原審は一審判決を是認しました。そこで，Yが上告したところ，大審院は，原判決を破棄し，原審に差し戻しました。

判決の要旨　　借家法5条により造作の買取りを請求するは即単独行為なりと雖もその請求をなすときはこれにより賃借人と賃貸人との間に右造作の売買契約成立したると同一の法律関係を生じその代金請求の訴えは，即民事訴訟法第18条に所謂契約履行の訴えに包含せらるるものと解するを相当とす。又，民法第574条は代金支払の場所に付別段の定めなき場合の規定にして目的物の引渡と同時に代金を支払うべき関係が猶現存する場合に限りその適用あり。既に目的物の引渡を了したる後においてはその適用なきものと解するを正当とす。而して原審口頭弁論調書原判決の事実摘示及びこれに引用せる第1審判決事実摘示によればZは原審において横浜市に存する本件家屋の賃借人たるYは賃貸人たるXに対し大正15年5月賃貸借を解除し明渡をなすとともに借家法第5条により金1,341円40銭にて造作を買い取るべきことを請求し即日これをXに引渡し同月右代金債権をVに譲渡し且つその旨Xに通知し，Vは同年7月に該債権をZに譲渡し且つその旨Xに通知したり。而してZの住所は福岡県若松市なるが故にZが右債権のうち千円の弁済を求むる本訴は小倉区裁判所の管轄に属する旨主張し，Xは右造作の引渡しを受け足る事実を否認し足るものなること明らかなるが故にもしZ主張の如く右造作が既に引渡済みなりとせば民法第574条の適用なくその代金債務を履行すべき場所は別段

の意思表示なき限り民法第484条によりZの住所にして本訴は民事訴訟法第18条により右住所を管轄する区裁判所に提起し得るものといわざるべからざれば，原審が本訴債権は単独行為に基づくものにして契約上の債務というを得ざるが故に本訴については民事訴訟法第18条の適用なきものとなし本件造作が既に引渡済みなりや否やを審査することなく本訴を小倉区裁判所の管轄に属せざるものとなしたるは違法にして論旨理由あり。原判決は破棄を免れず。

コメント　本件は，どこの裁判所に訴えを提起できるかという裁判管轄の問題で，実務的には大変重要な問題です。近くの裁判所に提訴できないということで費用などの関係から裁判を諦めることがあるからです。一審と原審は，借家人側の住所地を管轄する裁判所での裁判を否定したのに対して，最高裁はこれを認めたもので，造作買取請求権の行使をしやすくしたという点ではわからないでもありません。

　ただ，本件の場合，造作買取請求権が転々譲渡されて，最後の譲受人が借家所在地から遠方の住所地にあるときまで，その管轄する裁判所での裁判を認めてよかったのか，若干の疑問が残ります。

第2編　借家をめぐる100の重要裁判例　293

【64】　造作買取請求権による留置権，同時履行の抗弁権を否定した事例。

（最高裁昭和29年7月22日判決・民集8巻7号1425頁）

事案の概要　Xは，Yに対し，昭和20年12月に2年間の契約期間として本件家屋を賃貸し，昭和22年4月に自己使用の必要があるとの理由で契約更新拒絶の通知をして，本件家屋の明渡しを求めて提訴したところ，Yは正当事由を争うとともに，台所増設等による造作買取請求権の抗弁を主張しました。

一審は，Xの明渡し請求を棄却しましたが，原審は，一審判決を変更してXの請求を認めました。そこで，Yが上告したところ，最高裁は上告を棄却しました。

判決の要旨　造作買取代金債権は，造作に関して生じた債権で，建物に関して生じた債権でないと解するを相当とし（昭和29年1月14日判決・民集8巻1号16頁），所論は理由がない。

コメント　原審は，Y主張の造作買取請求権を前提とする留置権ならびに同時履行の抗弁権について，「造作代金の不払いを理由として家屋そのものを留置し，或いは同時履行の抗弁を援用して家屋そのものの引渡を拒むことを得ないことは論を俟たないところであるから，その主張自体失当である。」と一蹴しました。

これに対して，Yは上告理由の中で，「何が故に引渡を拒み得ないかという理由根拠を示さずして排斥していることは明らかに理由を付せずしてYの請求を否定した違法がある。」と反論しましたが，最高裁も昭和29年最高裁判決を引用し，「造作に関して生じた債権であって，建物に関して生じた債権ではない。」と述べて排斥しました。建物の一部の造作に関する債権を以て，建物全体の留置検討を主張するのはやはり行きすぎで，判決の結論はやむを得ないと思われます。

【65】 家賃不払いなどの債務不履行による解除によって借家契約が終了した場合は，造作買取請求権の適用がないとされた事例。

（大審院昭和 13 年 3 月 1 日判決・民集 17 巻 318 頁）

事案の概要　VがYに対し，神戸市所在の本件建物を家賃 1 か月 270 円で賃貸していましたが，Vから本件建物を買い受けたXが，Yに対する家主の地位を承継しました。Yが昭和 10 年 11 月以降の家賃を支払わないとして，Xは借家契約を解除し，建物明渡しと延滞家賃等の支払いを求め提訴しました。Yは，これに対して，造作買取請求権等の債権による相殺の主張等をしました。

一審は，Xの請求をすべて認めましたが，原審は，一審の判決を一部変更しました。明渡しは維持したのですが，造作買取請求権等による相殺の主張を認めたのです。そこで，Xが上告したところ，大審院は，原判決を一部破棄し，造作買取請求権による相殺を否定しました。

判決の要旨　家屋の賃借人は賃貸人の同意を得て建物に付加したる畳建具その他の造作あるときは賃貸借終了の場合においてその際における賃貸人に対し時価を以てその造作を買い取るべきことを請求し得べく，賃貸人より買い受けたる造作についても亦同様買取の請求をなし得べきことは借家法 5 条の規定するところなるも，右法条に所謂「賃貸借終了」とは賃貸借が期間満了又は解約等賃借人の債務不履行によらずして終了したる場合を指称するものにして賃借人がその賃料支払義務に違反し特約に基づきその不履行を条件として当然解除せられ，又は民法の規定に基づきその債務不履行を理由として契約を解除せられたるが如き場合には，賃借人は仮に賃貸人の同意を得て建物に付加したる造作ある場合と雖もその買取の請求権を有せざるものと解するを相当とす。蓋し同条は賃貸借終了につき何らの過失なき善良なる借家人を保護することを目的とする規定なればなり。右の如き解釈は我学説判例の一致せるところなるに拘わらず，原判決は全然反対の解釈を下し以てYの請求を容

第2編　借家をめぐる100の重要裁判例　295

認せしは違法の判決と言わざるべからず。

コメント　家賃不払いなどの債務不履行による解除によって借家契約が終了した場合には，借家法5条の造作買取請求権の適用がないとしたものです。借家人の経済的保護のために規定されているのに，債務不履行をするような借家人は法の保護に値しないという最高裁の厳格な考え方が明確に認められますが，法秩序の維持のためにはやむを得ないところでしょう。

　最高裁昭和31年4月6日判決・民集10巻4号356頁も，「賃借人の債務不履行乃至その背信行為のため賃貸借が解除されたごとき場合には，その適用を見ないものと解すべきである。」として，本件判決を引用しており，債務不履行による解除の場合に造作買取請求権が認められないことはほぼ固まったといえます。

【66】 必要費・有益費の事前放棄の特約を有効とした事例。

（最高裁昭和 49 年 3 月 14 日判決・集民 111 号 303 頁）

事案の概要　Yは，Xの先代から昭和 40 年 4 月に本件建物を借家し，その際に本件建物の改築，増築，造作等の一切に付き，Yにおいてこれをなすことを承諾し，かつその費用は一切Yが負担する旨の合意をしました。その後，本件建物の雨漏りの修繕をしたYが，先代を承継したXに対し，その費用を請求しても支払われないので，家賃の支払いをしませんでした。

そこで，Xが家賃不払いを理由に本件建物の明渡しを求めて提訴したところ，一審，原審ともにXの請求を認めたため，Yが上告しましたが，最高裁は上告を棄却しました。

判決の要旨　民法 608 条はいわゆる任意規定であって，賃貸人と賃借人との間で，賃借人が賃借建物に関して支出する必要費，有益費の償還請求権を予め放棄する旨の特約がされたとしても，右特約が借家法 6 条により無効であると解することはできない。

コメント　旧借家法 5 条の造作買取請求権は強行規定としてその事前放棄の特約は無効とされていたのに対して，民法 608 条の必要費，有益費の償還請求権は任意規定であることを理由に，本件判決は，事前放棄の特約を有効としました。もっとも，必要費，有益費の償還請求権と造作買取請求権とは，いずれも借家の利便を増すために借家人が費用を支出した点では共通なものであり，また造作と必要費，有益費との違いは，実際上区別がつきにくいところもあるので，この二つの取扱いの違いはバランスの悪いものと考えられていました。

ところが，現借地借家法 33 条の造作買取請求権は，同法 37 条の強行規定の対象から外れて任意規定となったため，その事前放棄の特約が有効となりました。その意味で，バランスは良くなったのですが，借家人の不利益な方向での法改正については，異論がないわけではありません。

なお，最高裁昭和 46 年 2 月 19 日判決・民集 25 巻 1 号 135 頁は，借家人が有益費を支出した後に，建物の所有権が譲渡されて家主が交代した場合には，特段の事情がない限り，有益費の償還義務を負うのは新家主であって，旧家主はその義務を負わないと判示しました。有益費はその建物自体に有益なものですから，新家主への承継を認める一方で旧家主の義務を否定したのは妥当であると思われます。

また，最高裁昭和 46 年 7 月 16 日判決・民集 25 巻 5 号 749 頁は，債務不履行により解除された後に支出した有益費の償還請求について，民法 295 条の類推適用により，本件建物について右請求権に基づく留置権の主張はできないとしました。

【67】 間貸しの無断転貸を理由に借家契約の解除を認めた事例。

（最高裁昭和 28 年 1 月 30 日判決・民集 7 巻 1 号 116 頁）

事案の概要　XはYに対し，昭和 20 年 5 月ころ東京都品川区所在の本件家屋を賃貸していましたが，YがZに対し，昭和 24 年 12 月頃よりXに無断で本件家屋の 2 階 6 畳間を転貸したため，Xは，Yに対し，昭和 25 年 1 月に無断転貸を理由に本件家屋の借家契約を解除しました。Xは，YとZを相手に明渡訴訟を提起したところ，一審，原審ともにXの請求を認めたため，YとZが上告しましたが，最高裁は上告を棄却しました。

判決の要旨　賃借家屋の間貸しについて特別の事情があるため，間借り人の使用関係は事実上のものにすぎず，法律上の権利関係が設定されたものとは認め得られない場合がないわけではないが，それだからといって現下の住宅事情の下においても，すべての間貸しが民法 612 条の転貸に当たらないということはできない。原判決認定の事実によれば，本件間貸しが単なる事実上のものとは認められないとする趣旨の原判示は相当であるから，原判決が右間貸しをもって民法 612 条にいわゆる転貸借に外ならないものとしたのは正当である。そして，家屋の一部の無断転貸を理由として家屋全部の賃貸借を解除しても，右解除権の行使を目して権利濫用とはいえないから，右転貸借につき賃貸人たるXの承諾のない事実を確定した上，無断転貸を理由とするXの本件家屋賃貸借解除を容認した原判決には何ら違法はない。

コメント　当時の厳しい住宅事情の下では，借家人が親戚筋に対しその温情から 2 階建て建物の 6 畳一間を転貸した程度で，元の借家契約全部を解除されて，家主から借家人および転借人ともに明渡しを求められるとは，借家人らも思わなかったのでしょう。

　しかし，民法 612 条が賃貸借の無断転貸を理由に契約を解除できることを明文化していることから，最高裁は，借家契約に関しても家主の承諾

第２編　借家をめぐる100の重要裁判例　　**299**

のない転貸について厳しい態度を示しています。

　有名なのは，本件判決の約５年後に判示された最高裁昭和33年１月14日判決・民集12巻１号41頁で，高級住宅街で借家の一部を駐留軍を相手とする売春婦に対し１か月未満の転貸をした事案について，最高裁は借家契約全部の解除を認めました。

　なお，本件判決が，「間借り人の使用関係は事実上のものにすぎず，法律上の権利関係が設定されたものとは認め得られない場合がないわけではない。」と述べている場合とは，急に家主から立退きを迫られて行き場のなくなった兄弟等に対し，次の住宅が見つかるまでのごく短期間，無償で貸したことが明らかなど例外的な場合に限られると思われます。

【68】 2棟の借家のうちで1棟の無断転貸があれば全部の契約解除ができるとした事例。

（最高裁昭和32年11月12日判決・民集11巻12号1928頁）

事案の概要　　X₁，X₂（以下，総称して「Xら」という）は，Yに対し大阪市西成区所在の共同住宅2棟を賃貸していましたが，Yがそのうち1棟をZに対し転貸していることを知ったXらが，Yに対し，昭和24年3月に無断転貸を理由に2棟の共同住宅の借家契約を解除し，Yを相手に明渡し等を求めて提訴しました。一審，原審ともにXらの請求が認められたため，Yが上告したところ，最高裁は上告を棄却しました。

判決の要旨　　1個の賃貸借契約によって2棟の建物を賃貸した場合には，その賃貸借により賃貸人，賃借人間に生ずる信頼関係は，単一不可分であるこというまでもないから，賃借人が1棟の建物を賃貸人の承諾を得ないで転貸する等民法612条1項に違反した場合には，その賃貸借関係全体の信任は裏切られたものとみるべきである。従って，賃貸人は契約の全部を解除して賃借人との間の賃貸借関係を終了させその関係を絶つことができるものと解すべきである。されば原判決が，賃貸借関係は賃貸人と賃借人との相互の信頼関係に基づいて成立するものであるから，賃借人が1個の賃貸借契約で各独立の2棟の建物を賃借し，そのうち1棟についてのみ無断転貸をした場合でも，他に特段の事情のない限り，賃貸人に対して著しい背信行為があるものとして，賃貸人は民法612条によって右賃貸借契約全部の解除権を取得するものと解すべきであると判示したことは正当であって，原判決には所論の違法はない。

コメント　　【67】と同様に，最高裁はここでも無断転貸に対し厳格な姿勢を示しました。一つの契約で二つの建物の借家契約を締結していて，そのうちの一つの建物について無断転貸がなされた場合に，契約を解除できるのは無断転貸をしていた建物だけか，二つとも契約の解

除ができるのかという問題です。

　借地借家法や旧借家法の条文解釈であれば，借家人保護の観点からできるだけ借家人を救済する方向で考えることができますが，無断転貸自体は民法612条の適用の場面ですから，無断転貸による信頼関係破壊の推定が働く以上，一つの契約で二つの建物の借家契約が結ばれているときには，無断転貸していない方の建物の借家契約についても，解除が認められてもやむを得ないと思われます。

　それでは，二つの別々の契約を結んでいた場合にはどうかといえば，同じ家主・借家人間の信頼関係が破壊されるという点では共通の状況ともいえるので，いずれの解除も認められる可能性を否定できません。

　ところで，本件判決と同じ年の判決の最高裁昭和32年12月10日判決・民集11巻13号2103頁は，無断転貸終了後であっても，転借人の退去が家主の苦情に由来したものであることや，転貸が終了しても信頼関係が回復され家主の不安が去ったものと認め難いことを理由に，契約解除を認めており，これもやむを得ないと思われます。

【69】 借家契約の合意解除によって転借人の権利は消滅しないとした事例。

（最高裁昭和 37 年 2 月 1 日判決・集民 58 巻 441 号）

事案の概要　　Xは，本件家屋を昭和 17 年 11 月にYに社員寮として賃貸しましたが，Yは，その後，本件家屋を管理していたZに転貸し，Xも暗黙のうちにこれを認めていました。Xは，昭和 30 年 11 月にYとの間の借家契約を合意解除したとして，Zに対しその明渡しを求めて提訴したところ，一審はXの請求を認めましたが，原審はXの請求を棄却しました。そこで，Xが上告したところ，最高裁は上告を棄却しました。

判決の要旨　　賃借人が賃借家屋を第三者に転貸し，賃貸人がこれを承諾した場合には，転借人に不信な行為があるなどして賃貸人と賃借人との間で賃貸借を合意解除することが信義，誠実の原則に反しないような特段の事由がある場合のほか賃貸人と賃借人とが賃貸借解除の合意をしても，そのため転借人の権利は消滅しない旨の原判決の見解は，これを正当として是認する。

コメント　　転貸借は，本来借家契約が存在することを前提に成立します。親亀の上に子亀が乗るという「親亀子亀論」です。それは，無断転貸に限らず，次の【70】の裁判例のように債務不履行一般にいえることですし，借地借家法 34 条が，期間満了または解約申入れにより借家契約が終了する際に転借人の一定期間の保護を認めているのも転貸借が終了することを当然の前提としているからです。

　しかし，借家契約が終了するすべての場合に転貸借も当然に終了すると決めつけると，私たちの常識に反することがあるのです。特に，無断転貸でないのであれば，家主は転借人の存在を承諾しているわけですから，借家人に債務不履行がなく，また転借人にも特段の不信行為がないのに，契約期間の途中であるにもかかわらず家主と借家人の合意だけで転借人の権

利を奪うことは信義則に反し，本件判決は妥当なものといえます。

　また，最高裁昭和62年3月24日判決・判時1258号61頁は，借地の件ですが，無断転貸にもかかわらず，地主に対する背信行為と認めるに足りない特段の事情があるため地主が借地契約を解除できない場合に両者間で合意解除しても，地代不払い等の債務不履行があるため地主が法定解除権の行使ができるときにされたものである等の事情のない限り，地主は転借人に対し合意解除の効果を対抗することができないと判示しています。

　なお，2017年改正の民法613条3項は，「賃貸人は，賃借人との間の賃貸借を合意により解除したことをもって転借人に対抗することができない。」と規定を追加して，転借人を保護しています。本件判決等の最高裁判例を踏まえたものといえます。

【70】 借家人の債務不履行により契約が解除された場合の借家人に対する転借人の地位が争われた事例。

（最高裁平成9年2月25日判決・民集51巻2号398頁）

事案の概要

Xはその所有する広島市西区所在の本件建物をYに賃貸し，YはXの承諾のもとにZ₁に転貸し，Z₁はZ₂と共同して本件建物でスイミングスクールを営業していましたが，その後，Z₁とZ₂は実質的に一体化して本件建物の転借人となりました（Z₁とZ₂を総称して以下，「Zら」という）。

Yが昭和61年5月分以降の家賃の支払いを怠ったため，XはYに対し，昭和62年1月末までに支払うよう催告し，それまでに支払わないときは借家契約を解除する旨の意思表示をしましたが，Yが支払わなかったため，借家契約は解除となりました。Xは，YとZらを相手に本件建物明渡を求める訴訟を提起し，Xの請求を認容する判決に基づく強制執行により，平成3年10月にZらからの明渡しを受けました。Yは，Zらに対して，昭和63年12月以降平成3年10月までの家賃および家賃相当損害金として1か月当たり380万円の支払いを請求したところ，一審はそのうち約9,076万円の支払いを認めたため，Zらが控訴しました。原審は，一審判決を変更して約5,360万円の支払いを認めたため，Zらが上告したところ，最高裁はZら敗訴部分を破棄し，同部分の一審判決を取り消しました。

判決の要旨

賃貸人の承諾のある転貸借においては，転借人が目的物の使用収益につき賃貸人に対抗し得る権原（転借権）を有することが重要であり，転借人が，自らの債務不履行により賃貸借契約を解除され，転借人が転借権を賃貸人に対抗し得ない事態を招くことは，転借人に対して目的物を使用収益させる債務の履行を怠るものにほかならない。

そして，賃貸借契約が転貸人の債務不履行を理由とする解除により終了した場合において，賃貸人が転借人に対して直接目的物の返還を請求したときは，転借人は賃貸人に対し，目的物の返還義務を負うとともに，遅くとも右返還請

求を受けた時点から返還義務を履行するまでの間の目的物の使用収益について，不法行為による損害賠償義務または不当利得返還義務を免れないこととなる。

　他方，賃貸人が転借人に直接目的物の返還を請求するに至った以上，転貸人が賃貸人との間で再び賃貸借契約を締結するなどして，転借人が賃貸人に転借権を対抗し得る状態を回復することは，もはや期待し得ないものというほかはなく，転貸人の転借人に対する債務は，社会通念および取引観念に照らして履行不能というべきである。

　したがって，賃貸借契約が転貸人の債務不履行を理由とする解除により終了した場合，賃貸人の承諾のある転貸借は，原則として，賃貸人が転借人に対して目的物の返還を請求した時に，転貸人の転借人に対する債務の履行不能により終了すると解するのが相当である。

　これを本件についてみると，前記事実関係によれば，XとYとの間の賃貸借契約は昭和62年1月，Yの債務不履行を理由とする解除により終了し，Xは同年2月訴訟を提起してZらに対して本件建物の明渡しを請求したというのであるから，YとZらとの間の転貸借は，昭和63年12月の時点では，既にYの債務の履行不能により終了していたことが明らかであり，同日以降の転借料の支払を求めるYの主位的請求は，Zらの相殺の抗弁につき判断するまでもなく，失当というべきである。

　右と異なる原審の判断には，賃貸借契約が転貸人の債務不履行を理由とする解除により終了した場合の転貸借の帰趨につき法律の解釈適用を誤った違法があり，右違法は原判決の結論に影響を及ぼすことが明らかである。

　この点をいう論旨は理由があり，原判決中，Zら敗訴の部分は破棄を免れず，右部分につき第一審判決を取り消して，Yの主位的請求を棄却すべきである。また，前記事実関係の下においては，不当利得を原因とするYの予備的請求も理由のないことが明らかであるから，失当として棄却すべきである。

コメント 　　　元の借家人が家主に対して家賃不払い等の債務不履行を理由として借家契約を解除された場合には，転借人が転借権を主張できないことは，大審院昭和 8 年 7 月 12 日判決・民集 12 巻 1860 頁，および最高裁昭和 39 年 3 月 31 日判決・判タ 164 号 70 頁等で繰り返し判示されています。特に，昭和 8 年判決では，旧借家法 4 条の期間満了時もしくは解約申入れ時の家主による通知後 6 か月の期間保護の適用もないと述べており，転借人の権利がいかに借家人によりかかっているかが分かります。

　それだけに，本件の事案の借家人のように，自らの債務不履行により家主から借家契約を解除されたことを棚に上げて，転借人に対して家賃を請求することが許されるはずもないことは常識にかなうことといえます。

　その点を，最高裁は，家主による借家人に対する借家契約解除と転借人に対する目的物返還請求により，借家人つまりは転貸人の転借人に対する使用収益させるという履行不能で契約が終了したという理屈をつけて，借家人の請求を否定したわけです。

　なお，最高裁昭和 31 年 4 月 5 日判決・民集 10 巻 4 号 330 頁は，借家人の退去までの間の転貸借に限って家主が承諾した場合に，転借人もそのことを知っていた場合には，右転借権は借家人の家屋退去と同時に消滅すると解されると判示していることも参考になります。

第2編　借家をめぐる100の重要裁判例　307

【71】　借家人の更新拒絶による借家契約の終了と転借人の地位が争われた事例。

（最高裁平成14年3月28日判決・民集56巻3号662頁）

事案の概要　Xは，ビルの賃貸，管理をするYの勧めにより，当時のX代表者個人が所有していた小田急線下北沢駅前の土地の上にビルを建築してYに一括賃貸し，Yから第三者に対し店舗または事務所として転貸させ，これにより安定的に収入を得ることを計画し，昭和51年11月までに本件ビルを建築しました。本件ビルの建築に当たっては，YがXに預託した建設協力金を建築資金に充当し，その設計にはYの要望を最大限に採り入れ，Yまたはその指定した者が設計，監理，施工を行うこととされていました。本件ビルの敷地の一部の土地は元Vの所有地でしたが，YがVと交渉して本件ビル建築後にその1階のV所有地にほぼ該当する部分を転貸することを約束したので，Vは其の所有する土地をXに売却しました。

Xは，昭和51年11月にYとの間で，本件ビルにつき同年12月から平成8年11月末までとする本件借家契約を締結し，Yが本件ビルを一括または分割して転貸することを承諾しました。Yは，同日，Vとの間で，本件ビルの一部（以下，「本件転貸部分」という）について，上記と同期間の本件転貸借契約を締結しました。Vは，同日，Wとの間で，本件転貸部分の一部（以下「本件転貸部分2」という）につき，期間を5年間とする本件再転貸借を締結しましたが，Wは平成9年3月に会社更生手続開始決定がされ，Zらが管財人に選任されました。

Yは，転貸方式による本件ビルの経営が採算に合わないとして撤退することとし，平成6年2月にXに対して本件借家契約を更新しない旨の通知をし，VおよびWに対し，本件借家契約が平成8年11月をもって終了する旨の通知をしました。

Xは，自ら本件ビルを使用する予定はなく，V以外の相当数の転借人との間では，直接借家契約を締結しましたが，Vとの間では，Vに対し，Wとの間の

再転貸借の解消を求めたため協議が調わず借家契約の締結に至りませんでした。本件ビルが立地条件の良い場所にあるため、Wにとってはその経営上重要な位置を占めています。

Xの本訴請求は、Zらに対し所有権に基づいて本件転貸部分2の明渡し等を求めるものですが、Zらは、信義則上、本件借家契約の終了をもって承諾を得た再転借人であるWに対抗できないと主張しています。

一審はXの請求を棄却しましたが、原審はXの請求を認めたため、Zらが上告したところ、最高裁は、Zらに関する部分を破棄し、Xの控訴を棄却しました。

判決の要旨 Xは、建物の建築、賃貸、管理に必要な知識、経験、資力を有するYと共同して事業用ビルの賃貸による収益を得る目的の下に、Yから建設協力金の拠出を得て本件ビルを建築し、その全体を一括してYに貸し渡したものであって、本件賃貸借は、YがXの承諾を得て本件ビルの各室を第三者に店舗または事務所として転貸することを当初から予定して締結されたものであり、Xによる転貸の承諾は、賃借人においてすることを予定された賃貸物件の使用を転借人が賃借人に代わってすることを容認するというものではなく、自らは使用することを予定していないYにその知識、経験等を活用して本件ビルを第三者に転貸し収益を上げさせるとともに、Xも、各室を個別に賃貸することに伴う煩わしさを免れ、かつ、Yから安定的に賃料収入を得るためにされたものというべきである。

他方、Wも、Yの業種、本件ビルの種類や構造などから、上記のような趣旨、目的の下に本件賃貸借が締結され、Xによる転貸の承諾ならびにXおよびYによる再転貸の承諾がされることを前提として本件再転貸借を締結したものと解される。そして、Wは現に本件転貸部分2を占有している。

このような事実関係の下においては、本件再転貸借は、本件賃貸借の存在を前提とするものであるが、本件賃貸借に際し予定され、前記のような趣旨、目的を達成するために行われたものであって、Xは、本件再転貸借を承諾したにとどまらず、本件再転貸借の締結に加功し、Wによる本件転貸部分2の占有の

第2編　借家をめぐる100の重要裁判例　309

原因を作出したものというべきであるから，Yが更新拒絶の通知をして本件賃貸借が期間満了により終了しても，Xは，信義則上，本件賃貸借の終了をもってWに対抗することはできず，Wは，本件再転貸借に基づく本件転貸部分2の使用収益を継続することができると解すべきである。

コメント　本件は，ビル建築の時点から家主と借家人が転貸ありきで共同事業を行ってきたものであり，転借人，さらには再転借人による利用を承知で事業を開始したものです。したがって，途中で事業の採算性から借家人が抜けたことで元の借家契約が終了したとしても，それを理由に転借人の権利を奪うことは信義則に反するとしたもので，常識にかなう判断といえます。

　このように，法律の従来の考え方からすると難しく思えるときにも，それをそのまま放置しておくことは許されるべきではないと思える場面で，裁判所は，「信義則」とか，「特段の事情」を用いることで救済することがありますので，どうも変だなと思うときに，諦めないで，信義則などの主張をすることも検討する必要があります。

　最高裁昭和36年4月28日判決・民集15巻4号1211頁は，家屋の所有権は家主にあるものの，その建築費用等の大部分を借家人が負担しており，借家人が多額の権利金を支払っていることや，転貸部分がごく小さな部分であることなどから，この転貸には背信行為と認めるに足らない特段の事情があり，家主のした契約解除は無効である，と判示しています。

【72】 無断転貸を理由に解除された後に所有権を取得した転借人の借家人に対する明渡し請求を否定した事例。

（最高裁昭和 47 年 6 月 15 日判決・民集 26 巻 5 号 1015 頁）

事案の概要　Ｖから本件家屋を借家していたＹが，昭和 36 年 2 月，本件家屋の一部をＺに転貸したところ，Ｖから本件家屋を買い受けたＸが，昭和 39 年 1 月，Ｙに対し，Ｚへの無断転貸を理由に借家契約を解除しました。その後，Ｘから本件家屋を買い受けたＺがＹに対し，本件家屋の明渡しを求めたところ，ＹがＺに対し本件家屋の借家契約が存在することの確認を求めて提訴し，これに対して，Ｚが明渡しの反訴を請求しました。一審は，Ｙの請求を認め，Ｚの反訴を棄却しましたが，原審は，一審判決を取り消して，Ｙの請求を棄却し，Ｚの反訴を認めました。そこで，Ｙが上告したところ，最高裁は原判決を破棄し，大阪高裁に差し戻しました。

判決の要旨　本件賃貸借契約の解除の意思表示は，Ｚが本件家屋の所有権を取得する以前に前所有者によってなされたものであっても，Ｚは，契約解除の理由とされた無断転貸借の当事者であり，その後約 3 年の間転借部分を占有して，転貸借による利益を享受していた者であるから，Ｚが，所有権取得後一転して，右転貸借が違法な行為であり，これを理由とする賃貸借契約の解除が有効になされた旨を主張し，解除の効果を自己に有利に援用して，右転貸借の他方の当事者であるＹに対してその占有部分の明渡しを求めることは，にわかに是認しがたいところというべきである。

しかも，原審の前示認定によれば，Ｚは，転借に際し，自己が賃貸人側の了解を得てもよい旨をＹに申し出で，ＹもＺがその責任で賃貸人の承諾を得るものと考えたというのであって，Ｙとしては，Ｚの右の申出を信頼したためにみずから承諾を得る努力をしなかったものとも考えられ，他方Ｚが承諾を得るためなんらかの手段をとった形跡はないのであるから，たとい，右申出がＺにおいて承諾を得ることの確約ではなく，承諾を得なかったことについて，Ｙも一半の責を免れないとしても，むしろ主たる責任はＺにあるものということがで

第２編　借家をめぐる100の重要裁判例　311

き，したがって，Ｚが今に至って，本件転貸借につき賃貸人の承諾がなかった旨を自己の権利を理由づけるために主張することは，信義に反し，とうてい是認しがたい態度といわなくてはならない。原判示のその他の事実も，Ｚの主張を正当ならしめるに足りるものとは解されない。

　してみれば，他に特段の事情のないかぎり，Ｚにおいて，Ｙに対し，本件家屋の賃貸借契約が無断転貸を理由に解除された旨を主張すること，およびこれを理由として本件家屋の所有権に基づきＹに対し占有部分の明渡しを請求することは，信義則に反し，または権利の濫用であって，許されないものと解するのが相当である。

コメント　まず，本件を検討する前提として，Ｘがその所有する建物をＹに賃貸し，ＹがＺに転貸していたところ，Ｚがその建物の所有権をＸから取得した場合に，Ｙの借家の権利およびＺの転借権は消滅しないということです。

　このうち，特にＺの転借の権利をＹが否定する主張をしたことについて，大審院昭和６年４月25日判決・新聞3272号８頁，大審院昭和８年９月29日判決・民集12巻2384頁，最高裁昭和35年６月23日判決・民集14巻８号1507頁などが，建物所有者で家主であるＸの地位と転借人であるＺの地位が同一人に帰したとしても転貸借関係は当然には消滅しないと，繰り返し判示してきました。

　本件は，これらの過去の裁判例と異なり，建物所有権を取得した転貸人ＺがＹからＺへの無断転貸を理由に前所有者が解除したことを根拠にＹの借家人たる地位を否定できるかどうかが問われたものです。

　ここでおかしいなと思えば，法的センスがあるといえます。前所有者ＸがＹとＺを相手に明渡しを求めるのであればともかく，無断転貸の当事者そのものであるＺがＹを相手に明渡しを求めることに違和感を持つのは無理からぬことだからです。他方で，Ｘが訴訟を提起しておれば，Ｙの賃借権は否定されて明渡しが認められるはずなのに，たまたまＺが建物所有権

を取得してＸの地位を引き継いだことでＹの賃借権が保護されるのはどうかという考え方もあり得ます。原審がＹの主張を否定してＺの明渡し請求を認めたのはその立場といえます。つまり，訴訟をする当事者が誰かによって勝ったり負けたりするのは法的安定性に反するからです。

　しかしながら，【71】で述べたとおり，裁判では，過去の経緯などからそのような主張や請求をするのはおかしいと思われるときに，「信義則」や「権利濫用」という法理からその請求を否定することがあるのです。

　この法理は，私法の基本法である民法の最初に，民法1条2項で，「権利の行使及び義務の履行は，信義に従い誠実に行わなければならない。」，同条3項で，「権利の濫用は，これを許さない。」と規定されています。

第２編　借家をめぐる100の重要裁判例　　313

【73】　借地上の建物の借家人は地代弁済に法律上の利害関係を有するとした事例。

（最高裁昭和63年7月1日判決・判時1287号63頁）

事案の概要　　Zがその所有する土地をXに賃貸し，Xはその借地上の建物をYらに借家していました。前訴において，ZがXに対し建物収去土地明渡しを，Yらに対し建物退去土地明渡しを求めて提訴したところ，「3回の地代不払いがあったときは，ZX間の土地賃貸借は当然解除となり，Xは建物を収去して土地を明け渡し，Yらは建物を退去して土地を明け渡す。」旨の裁判上の和解が三者間で成立しました。ところが，その後，Xが地代の支払いをしなくなったため，Yらが，Xの3回の地代不払いとなる前に弁済の提供をしたうえで，供託をしていることを理由に，Zを相手に請求異議の訴えを提起しました。

　一審は，Yらの請求を棄却しましたが，原審は，Yらの請求を認めました。そこで，Zが上告したところ，最高裁は上告を棄却しました。

判決の要旨　　借地上の建物の賃借人は，その敷地の地代の弁済について法律上の利害関係を有すると解するのが相当である。けだし，建物賃借人と土地賃貸人との間には直接の契約関係はないが，土地賃借権が消滅するときは，建物賃借人は土地賃貸人に対して，賃借建物から退去して土地を明け渡すべき義務を負う法律関係にあり，建物賃借人は，敷地の地代を弁済し，敷地の賃借権が消滅することを防止することに法律上の利益を有するものと解されるからである。これと同旨の原審の判断は正当として是認することができ，原判決に所論の違法はない。

コメント　　本件は，直接的には民法474条の解釈の問題です。債務者の意思に反して債務の弁済をするには，「法律上の利害関係を有する第三者」でなければならないと解されており，本件でいえば，債務者である借地人兼家主のXの意思に反してもその債権者である地主Z

に対して，第三者である借家人のYが地代を代わりに支払うことができるかということです。

「法律上の利害関係を有する第三者」とは何かですが，たとえば，お金を借りた債務者の親が代わりに支払うことは，保証人でもないかぎりは法律的に直接の影響を受けることはないので，これに当たらないと思われます。

しかし，本件のような借地上の建物の借家人は，借地人の地代不払いにより自らの借家人としての権利も奪われ，借地人とともに，みずからも建物退去土地明渡しの訴訟を受ける立場に立たされるわけですから，法律上の利害関係を有することについて問題ないと思われます。

なお，大審院昭和17年1月15日判決・民集21巻1頁は，借地契約を解除されて借地人とともに敷地の不法占有による損害賠償請求を受けた借家人は，その範囲において家主に対し家賃の支払いを拒めると判示しています。

第 2 編　借家をめぐる 100 の重要裁判例　**315**

【74】　借地契約の合意解除は借家人に対抗できないとした事例。

（最高裁昭和 38 年 2 月 21 日判決・民集 17 巻 1 号 219 頁）

事案の概要　Ｚは，その所有する今治市内の土地を昭和 21 年 8 月にＸに建物所有の目的で賃貸し，Ｘは，本件土地上に本件建物を建築し，昭和 30 年 3 月に本件建物をＹに賃貸しました。ＺとＸとの間で，昭和 31 年 12 月に今治簡易裁判所において本件借地契約を合意解除する調停が成立しました。

そこで，ＺがＹを相手に本件建物を退去して本件土地を明け渡すように求める訴訟を提起したところ，一審はＺの請求を認めましたが，原審は，Ｙ敗訴部分を取り消し，Ｚの請求を棄却しました。そこで，Ｚが上告をしましたが，最高裁は上告を棄却しました。

判決の要旨　本件借地契約は，右の如く，調停により地主たるＺと借地人たるＸとの合意によって解除され，消滅に至ったものではあるが，原判決によれば，前叙の如く，右Ｘは，右借地の上に建物を所有しており，昭和 30 年 3 月からは，Ｙがこれを賃借して同建物に居住し，家具製造業を営んで今日に至っているというのであるから，かかる場合においては，たとえＺとＸとの間で，右借地契約を合意解除し，これを消滅せしめても，特段の事情がないかぎりは，Ｚは，右合意解除の効果を，Ｙに対抗し得ないものと解するのが相当である。

なぜなら，ＺとＹとの間には直接に契約上の法律関係はないにもせよ，建物所有を目的とする土地の賃貸借においては，土地賃貸人は，土地賃借人が，その借地上に建物を建築所有して自らこれに居住することばかりでなく，反対の特約がないかぎりは，他にこれを賃貸し，建物賃借人をしてその敷地を占有使用せしめることをも当然に予想し，かつ認容しているものとみるべきであるから，建物賃借人は，当該建物の使用に必要な範囲において，その敷地の使用収益をなす権利を有するとともに，この権利を土地賃貸人に対し主張し得るもの

というべく，右権利は土地賃借人がその有する借地権を放棄することによって
勝手に消滅せしめ得ないものと解するのを相当とするところ，土地賃貸人とそ
の賃借人との合意をもって賃貸借契約を解除した本件のような場合には賃借人
において自らその借地権を放棄したことになるのであるから，これをもって第
三者たるYに対抗し得ないものと解すべきであり，このことは民法398条，
538条の法理からも推論することができるし，信義誠実の原則に照らしても当
然のことだからである（昭和9年3月7日判決・民集13巻278頁，昭和37年2月
1日判決・集民58巻441頁）。

コメント　　借地上の建物の借家人と敷地の地主との関係は，借家の転
貸借における転借人と元の賃貸借の家主との関係に似てい
ます。【69】の昭和37年最高裁判決が，賃貸借の合意解除は転借権を消
滅させないと判示したように，本件判決は，地主は借地人との借地契約の
合意解除を借家人に対抗できない，と判断したものです。

　本件判決が挙げている二つの条文について，民法398条は，「地上権
又は永小作権を抵当権の目的とした地上権者又は永小作人は，その権利を
放棄しても，これをもって抵当権者に対抗することができない。」，民法
538条は，「前条の規定により第三者の権利が発生した後は，当事者は，
これを変更し，又は消滅させることができない。」と，それぞれ定めてい
ます。

　つまり，元の権利の上に第三者の権利が生じた後は，元の権利を放棄し
たり，消滅させることはできないという一般法理に基づく規定です。

　そこで，この法理を借地上の建物の借家の権利に適用して，借地契約の
合意解除により借地権を消滅させたとしても，第三者である借家人の権利
を奪うことはできないとしたもので，妥当な結論と思われます。

　もっとも，最高裁昭和41年5月19日判決・民集20巻5号989
頁は，地主が借地人に対して，土地賃料の不払いによる土地賃貸借契約解
除に基づく建物収去土地明渡し請求訴訟を提起したところ，同訴訟で成立

第2編　借家をめぐる⑩の重要裁判例　**317**

した裁判上の和解において賃貸借契約の合意解約がなされたというような
特別の事情があるときは，地主は合意解約をもって借家人に対抗できる，
と判示しました。

　2017年改正民法612条3項ただし書きで，賃貸人が賃借人との間
で合意解除をしても転借人に対抗できないとする同条項本文の原則の例外
として，「その解除の当時，賃貸人が賃借人の債務不履行による解除権を
有していたときは，この限りでない。」と定めたことに符合するような裁
判例といえます。

【75】 居住用建物の借家人が死亡した場合に同居していた事実上の養子はそのまま居住できるとした事例。

（最高裁昭和 37 年 12 月 25 日判決・民集 16 巻 12 号 2455 頁）

事案の概要　Xは，その所有する神戸市垂水区所在の本件家屋をYに賃貸していましたが，Yが昭和 30 年 12 月に死亡した後，Yと同居していたYの事実上の養子であるZが本件家屋を不法占拠しているとして，Zを相手に明渡しを求めて提訴しました。一審，原審ともにXの請求を棄却したため，Xが上告しましたが，最高裁は上告を棄却しました。

判決の要旨　Zは，昭和 17 年 4 月以来，琴師匠のYの内弟子となって本件家屋に同居してきたが，年を経るに従い子のなかったYは，Zを養子とする心組を固めるにいたり，晩年にはその間柄は師弟というよりはまったく事実上の母子の関係に発展し，周囲もこれを認め，Y死亡の際も，別に相続人はあったが，親族一同了承のもとに，Zを喪主として葬儀を行わせ，Yの遺産はすべてそのままZの所有と認め，Yの祖先の祭祀もZが受け継ぎ行うこととなり，Yの芸名の襲名も許されたというのであり，叙上の事実関係のもとにおいては，ZはYを中心とする家族共同体の一員として，Xに対しYの賃借権を援用し本件家屋に居住する権利を対抗し得たのであり，この法律関係は，Yが死亡し同人の相続人等が本件家屋の賃借権を承継した以後においても変わりがないというべきであり，結局これと同趣旨に出た原審の判断は正当として是認できる。

コメント　本件判決は，居住用建物の借家人が死亡した場合に，その借家人と同居していた事実上の養子が借家人の相続人の賃借権を援用することにより，そのまま居住できるとしたものです。

その後，最高裁昭和 42 年 2 月 21 日判決・民集 21 巻 1 号 155 頁は内縁の妻について，最高裁昭和 42 年 4 月 28 日判決・民集 21 巻 3 号 780 頁は内縁の夫について，いずれも居住する権利を認めています。

第2編　借家をめぐる100の重要裁判例　　319

　もっとも，昭和42年2月21日判決では，居住する権利を主張でき
るとしても，相続人らと共同の借家人になるわけではないとして，家主の
相続人らに対する解除の有効性を認め，内縁の妻に対する解除後の家賃相
当損害金の支払いを認容する一方で，解除までの家賃支払債務は否定しま
した。

　ちなみに，相続人がいない場合については，居住の用に供する場合に限
定していますが，昭和41年の改正により，旧借家法第7条の2で，事
実上の養子や内縁関係の夫婦について，借家人の権利義務を承継すると定
められ，現借地借家法も36条で同趣旨の規定が置かれています。

　ところで，最高裁平成8年12月17日判決・民集50巻10号
2778頁が，同居相続人の遺産分割終了までの建物使用貸借契約の存続
を認めたことは，本件判決との親和性を感じさせるとともに，2018年
改正民法1028条以下の配偶者居住権の立法化につながったといえます。

【76】 借家の権利の無断譲渡は解除しなくても譲受人に対し明渡し請求ができるとした事例。

（最高裁昭和 26 年 5 月 31 日判決・民集 5 巻 6 号 359 頁）

事案の概要 Ｖは，その所有する本件家屋をフランス人のＹに賃貸していましたが，昭和 21 年にＹが帰国するに際して借家の権利をＺに譲渡し，Ｖは，昭和 22 年 10 月に本件家屋をＸに売り渡しました。

その後，Ｘは，Ｚに対し，本件家屋の明渡しを求めて提訴したところ，一審，原審ともにＸの請求を認めたため，Ｚが上告しましたが，最高裁は上告を棄却しました。

判決の要旨 原審は，Ｚは昭和 22 年 10 月以前から前所有者ＶおよびＸのいずれにも対抗し得べき何らの権原もなく不法に本件家屋を占有するものであると判示したのである。この判旨の正当であることは民法 612 条 1 項に「賃借人は賃貸人の承諾あるにあらざればその権利を譲渡……することを得ず」と規定されていることに徴して明白であり，所論同条 2 項の法意は賃借人が賃貸人の承諾なくして賃借権を譲渡しまたは賃借物を転貸し，よって第三者をして賃借物の使用または収益をなさしめた場合には賃貸人は賃借人に対して基本である賃貸借契約までも解除することを得るものとしたにすぎないのであって，所論のように賃貸人が同条項により賃貸借契約を解除するまでは賃貸人の承諾を得ずしてなされた賃借権の譲渡または転貸を有効とする旨を規定したものでないことは多言を要しないところである。

コメント 民法 612 条は，1 項で，「賃借人は，賃貸人の承諾を得なければ，その賃借権を譲り渡し，又は賃借物を転貸することができない。」，2 項で，「賃借人が前項の規定に違反して第三者に賃借物の使用又は収益をさせたときは，賃貸人は，契約の解除をすることができる。」と定めて，1 項は賃借権の譲渡または転貸の禁止を，2 項は 1 項の違反による借家契約の解除を，それぞれ規定しています。

第 2 編　借家をめぐる100の重要裁判例　　321

　そこで，本件では，民法612条の1項と2項の関係をどうみるのか，つまり，1項に違反した場合に2項の解除をしなくても，借家の権利の譲受人あるいは借家の転借人に対して借家の明渡しを求められるかが問題となりました。

　本件判決は，無断譲渡転貸の場合には，解除の意思表示をするまでもなく，借家の権利の譲受人らに対する明渡しを認めたもので，民法612条1項に違反する占有であることが明らかですから，本件判決は妥当なものといえます。

　なお，最高裁昭和31年10月5日判決・民集10巻10号1239頁は，借家の権利の譲渡に対する家主の承諾は，必ずしも譲渡人に対してなすことを要せず，譲受人に対してもよいと判示しています。

【77】 個人企業を会社組織に改めて建物を使用させている場合に無断譲渡による解除はできないとした事例。

（最高裁昭和 39 年 11 月 19 日判決・民集 18 巻 9 号 1900 頁）

事案の概要　Ｖは，昭和 22 年 7 月に，その所有する大阪市東成区に所在の本件家屋をＹに賃貸しましたが，本件家屋の一部をＹがもともと個人企業のミシン営業を会社組織に改めて，最終的にＺ株式会社に建物を使用させていたことなどから，借家の権利の無断譲渡であるとしてＹに対し，本件借家契約を解除しました。

Ｖが昭和 34 年 12 月に死亡し，本件家屋を相続したＸらがＹを相手に家屋明渡し訴訟を提起したところ，一審，原審ともにＸの請求を棄却しました。そこで，Ｘが上告しましたが，最高裁は上告を棄却しました。

判決の要旨　賃借人が賃貸人の承諾を得ないで賃借権の譲渡または賃借物の転貸をした場合であっても，賃借人の右行為を賃貸人に対する背信行為と認めるに足りない特段の事情のあるときは，賃貸人に民法 612 条 2 項による解除権は発生しないものと解するを相当とする（昭和 28 年 9 月 25 日判決・民集 7 巻 9 号 979 頁，昭和 30 年 9 月 22 日判決・民集 9 巻 10 号 1294 頁）。

ところで，本件について原審の確定した事実によれば，Ｙは昭和 22 年 7 月の本件家屋の賃借当初から，階下約 7 坪の店舗でＮ商会という名称でミシンの個人営業をしていたが，税金対策のため，昭和 24 年頃，株式会社Ｎミシン商会という商号の会社組織にし，翌 25 年頃には，これを解散してＳミシン工業株式会社を組織し，昭和 30 年頃，Ｚ株式会社と商号を変更したものであって，各会社の株主はＹの家族，親族の名を借りたにすぎず，実際の出資はすべてＹがしたものであり，右各会社の実権はすべてＹが掌握し，その営業はＹの個人企業時代と実質的に何らの変更なく，その従業員，店舗の使用状況も同一であり，また，Ｙは右Ｚ株式会社から転借料の支払いを受けたことなく，かえってＹはＸらの先代Ｖに対し，本件家屋の賃料をＺ株式会社名義の小切手で支払っており，ＹはＺ株式会社を自己と別個独立のものと意識していなかったという

のである。

されば，個人であるＹが本件賃借家屋を個人企業と実質を同じくする右Ｚ株式会社に使用させたからといって，賃貸人との間の信頼関係を破るものとはいえないから，背信行為と認めるに足りない特段の事情があるものとして，Ｘらが主張するような民法612条2項による解除権は発生しないことに帰着するとした原審の判断は正当である。

コメント　我が国では，個人企業Ｙで事業を開始してもしばらくすると，税金対策や対外的信用を得るためなどからＺ株式会社などの会社組織に衣変えすることがしばしば見られます。これを「個人企業の法人成り」といいます。

　もっとも，Ｚ株式会社の代表取締役社長はＹで，株主構成も実質的にはＹの1人株主で，従業員も以前とさほど変わらないので，借家関係でいえば，使用実態はほとんど変更がないといえます。このような場合に，Ｘから建物を借家しているＹがＺ株式会社に事業を引き継がせたとしても，形式的にみれば民法第612条の賃借権の譲渡または転貸にあたり，家主から借家契約を解除されることになるのですが，実質的にみれば使用実態に変更がない以上，家主との間の信頼関係を破るものとはいえないから，「背信行為と認めるに足りない特段の事情がある」として，契約の解除が否定されるのです。これを「信頼関係破壊理論」と呼ぶことがありますが，民法1条2項の「信義誠実の原則」の一つの適用ともいえます。

　本件判決で引用している昭和28年最高裁判決は，借地の件ですが，二つの建物甲と乙を所有していた借地人Ｙから，そのうちの甲の建物を借家していた借家人Ｚが，戦災により借家が焼失したために罹災都市借地借家臨時処理法に基づき甲の建物敷地について借地権の譲渡を受けました。Ｙは，甲の敷地の坪数に相当する借地権を取得したとして，乙の建物敷地のうちの上に甲の敷地の坪数に相当する土地上に建物を建築したために，地主Ｘから建物収去土地明渡しを求められましたが，「賃借人の当該行為が

賃貸人に対する背信的行為と認めるに足りない特段の事情がある場合においては，同条の解除権は発生しないものと解するを相当とする。」として，Xの請求を否定しました。

また，昭和30年最高裁判決は，「民法612条2項が，賃借人が賃貸人の承諾を得ないで賃借権の譲渡又は賃借物の転貸をした場合，賃貸人に解除権を認めたのは，そもそも賃貸借は信頼関係を基礎とするものであるところ，賃借人にその信頼を裏切るような行為があったということを理由とするものである。それ故，たとえ賃借人において賃貸人の承諾を得ないで上記の行為をした場合であっても，賃借人の右行為を賃貸人に対する背信行為と認めるに足りない特段の事情のあるときは，賃貸人は同条同項による解除権を行使し得ないものと解するを相当とする。」と，同条項の立法趣旨を明らかにしました。

その上で，商工組合法により設立された組合である借家人が，商工協同組合法の制定に基づき製造販売の各部門の担当を目的とする両会社を設立し，組合の権利義務一切を両会社に引き継いで解散したもので，組合と両会社の構成員が同一であることなどから，社会経済上は同一営業の継続と認められるような場合に，解除権の行使を認めなかった原審の判断を正当としました。

以上のとおり，長期間にわたり継続する借家契約はお互いの信頼関係に基づくものですから，形式的な解除事由があるように見えても，信頼関係を破壊しない特段の事情があると認められるときには，解除権の行使が否定されることがあり，これは後の裁判例でも出てくるように無断譲渡転貸に限ることではありません。

第２編　借家をめぐる100の重要裁判例　　325

【78】　修繕は借家人がする旨の解釈について争いとなった事例。

（最高裁昭和29年6月25日判決・民集8巻6号1224頁）

事案の概要　　Ｘは，その所有する２棟の建物を，昭和11年6月に映画館目的で備えつき椅子その他営業用什器類一切現存のままでＹ₁に賃貸しましたが，家賃とは別に，本件物件は特殊のもので多数の観客を収容し破損腐朽甚だしいため減価償却金名義で別途毎月の金員を支払い，雨漏り等の修繕はＸにおいてするけれども営業上必要な修繕はＹがする，旨の特約が付されていました。ところが，Ｙ₁はＹ₂に無断転貸したことや（以下，総称して「Ｙら」という），便所を使用できず，火災の危険を放置するなどしたため注意しても修繕義務履行拒絶の意思を表示したこと，減価償却金の支払をしないことなどを理由に，Ｘが昭和23年5月にＹ₁に対し，催告付きの解除をしました。

しかし，Ｙ₁がこれに応じないため，Ｘは，Ｙらを相手に明渡し訴訟を提起したところ，一審はＸの請求を認めましたが，原審は一審判決を取り消して，Ｘの請求を棄却しました。そこで，Ｘが上告したところ，最高裁は，原判決を破棄し，福岡高裁に差し戻しました。

判決の要旨　　原審は，本件賃貸借契約に存する「雨漏り等の修繕は賃貸人においてこれをなすも，営業上必要なる修繕は賃借人においてこれをなすものとする」との条項は，単に賃貸人たるＸの修繕義務の限界を定めたもので，賃借人たるＹ₁にその営業上必要な修繕の義務を負わしめた趣旨のものではないと判断し，もってＹ₁が右約旨にもとづく修繕義務を怠ったことを理由とするＸの解除の主張を排斥した。

しかしながら，原判決が右判断の理由として判示したところは，①賃借人の営業上必要な修繕を賃借人の賃貸借契約上の義務として負担させることはそれ自体道理に合わないこと，および②本件賃貸借においては賃料以外に減価償却金をも支払う旨の条項があるので，その上さらに前記修繕義務までも賃借人に負担させることは通常人間の取引では考えられないこと，の二点につきるもの

である。

けれども，本件賃貸借の目的たる建物2棟が共に映画館用建物で，これに備付の長椅子その他の設備一切をも貸借の目的としたものであることは，原判決の確定するところであって，これら賃貸借の目的物がその使用に伴い破損等を生じた場合，これに適切な修繕を加えて能う限り原状の維持と耐用年数の延長とをはかることはもとより賃貸人の利益とするところであるから，たとい右修繕が同時に賃借人の営業にとり必要な範囲に属するものであっても，その範囲においてこれを賃借人の賃貸人に対する義務として約さしめることは，何ら道理に合わないこととなすべきではない。

また，いわゆる減価償却金とはいかなる趣旨のものかにつき原判決は何ら説示するところがないので，賃料の外右減価償却金をも支払う旨の条項があるからといって，なぜ修繕義務を賃借人に負担させることが通常人間の取引においては考えられないのか，その理由を首肯せしめるに足らない。

要するに，原判決は，理由をつくさずしてXの解除の主張を排斥した違法あるに帰するものであって，この点において既に破棄を免れない。

コメント 　修繕義務の問題は難問です。2017年改正民法606条1項は，改正前民法と同様に，「賃貸人は，賃貸物の使用及び収益に必要な修繕をする義務を負う。」と定めており，借家について家主の修繕義務を課しています。

　もっとも，この規定は任意規定とされており，屋根，柱，壁，基礎などの建物の躯体部分を除き，家主と借家人の間でこれとは異なる合意をしても一般に有効と解されています。

　ところが，契約書の書き方によって，借家の一部が破損などした場合に，家主と借家人の修繕についての割り振りを定めたにすぎないのか，修繕義務まで定めたのかが明確でないことがあり，紛争を生じてしまうのです。

　本件でも，一審は家主の主張を認めたのに，原審は家主の主張を否定し，最高裁は再び家主の主張を認めたように，裁判所も大きく揺れ動きました。

第2編　借家をめぐる100の重要裁判例　**327**

それほどに難しい問題なのです。

　本件判決は，本件の借家の対象物が映画館という営業用であることから，居住用と異なり借家人もある程度修繕をすべきという考慮が働いたのではないかと思われます。

　他方で，最高裁昭和43年1月25日判決・判時513号33頁は，「入居後の大小修繕は賃借人がする」との条項について，「単に賃貸人が修繕義務を負わないとの趣旨であったにすぎず，賃借人が家屋の使用中に生ずる一切の汚損，破損個所を自己の費用で修繕し，右家屋を賃借当初と同一状態で維持すべき義務があるとの趣旨ではないと解するのが相当である。」とした原判決の判断は正当であると判示しています。

　昭和43年最高裁判決は，本件判決の営業用建物と異なり，居住用建物であることがある程度影響しているのかもしれません。

【79】 借家人から請け負った工事業者の家主に対する不当利得返還請求を認めなかった事例。

（最高裁平成 7 年 9 月 19 日判決・民集 49 巻 8 号 2805 頁）

事案の概要　　Xは，その所有する建物をYに対し，昭和57年2月に賃貸しましたが，Yは改修，改装工事を施して本件建物をレストラン等の営業施設を有するビルにすることを計画し，両者は，Yが権利金を支払わないことの代償として本件建物に対してする修繕等の工事はすべてYの負担とし，Yは本件建物返還時に金銭的請求を一切しないとの特約を結びました。その後，Zは，Yとの間で，同年11月に本件建物の改修，改装工事を5,180万円で施工する旨の請負工事契約を締結し，同年12月に工事を完成してYに引き渡しました。ところが，Yが本件建物を無断転貸したため，Xは同月に本件借家契約を解除して，その明渡しを求める訴訟を提起し，昭和59年5月に勝訴判決を得て，その頃確定しました。Yは，Zに対し，本件工事代金中2,430万円を支払ったものの，残金を支払わず所在不明となる一方で，ZもYに対する回収不能から事実上倒産しました。そこで，Zは，Xに対し，本件工事によりこれに要した財産および労務の提供に相当する損失を生ぜしめ，他方でXはこれに相当する利益を生ぜしめたとして，不当利得返還請求権に基づき2,750万円の支払いを求め提訴しました。一審は，約1,937万円の限度でZの請求を認めたものの，原審は1審判決を取り消してZの請求を棄却しました。そこで，Zが上告したところ，最高裁は上告を棄却しました。

判決の要旨　　Zが建物賃借人Yとの間の請負契約に基づき右建物の修繕工事をしたところ，その後Yが無資力になったため，ZのYに対する請負代金債権の全部または一部が無価値である場合において，右建物の所有者Xが法律上の原因なくして右修繕工事に要した財産および労務の提供に相当する利益を受けたということができるのは，XとYとの間の賃貸借契約を全体としてみて，Xが対価関係なしに右利益を受けたときに限られるものと解するのが相当である。

第2編　借家をめぐる100の重要裁判例　**329**

けだし，XがYとの間の賃貸借契約において何らかの形で右利益に相応する出捐ないし負担をしたときは，Xの受けた右利益は法律上の原因に基づくものというべきであり，ZがXに対して右利益につき不当利得としてその返還を請求することができるとするのは，Xに二重の負担を強いる結果となるからである。

本件建物の所有者たるXがZのした本件工事により受けた利益は，本件建物を営業用建物として賃貸するに際して通常であれば賃借人であるYから得ることができた権利金の支払いを免除したという負担に相応するものというべきであって，法律上の原因なくして受けたものということはできず，これは本件賃貸借契約がYの債務不履行を理由に解除されたことによっても異なるものではない。

そうすると，Zに損失が発生したことを認めるに足りないとした原審の判断は相当ではないが，Zの不当利得返還請求を棄却すべきものとした原審の判断は，結論において是認することができる。

コメント　工事業者にしてみると，本件工事により本件建物の価値が上がったのであり，家主である建物所有者も工事を了解していたのであるから，借家人が支払えなかった分を家主に請求したくなる気持ちも分からなくはありません。しかし，工事業者は，家主との間で，借家人の請負代金債務について家主が連帯保証しているなどの直接の契約関係にはない以上，そう簡単に家主に請求することはできません。そこで，工事業者が考えたのが，不当利得返還請求という法的構成です。

不当利得返還請求とは，「法律上の原因なく他人の財産又は労務によって利益を受け，そのために他人に損失を及ぼした者（受益者）は，その利益の存する限度において，これを返還する義務を負う。」（民法703条）というものですが，問題は，この条文の初めにある「法律上の原因なく」という点です。

一審は，借家期間が短かったこともあり，借家人が工事費に見合う収益

を得られず，家主は無償で本件建物の価値の増加という利益を得ているので公平の理念から法律上の原因なく，といえるとしましたが，原審は，工事業者の下請け業者への支払いが不確定であるとして損失そのものを否定しました。つまり，一審も原審も，「法律上の原因なく」の要件についてあまり吟味していたとはいえません。

これに対し，本件判決は，本件工事による利益は本来であれば得ることができた権利金の支払いを免除したという負担に相応するものであるとして，「法律上の原因なく」の要件を否定した上で，原審が工事業者の請求を棄却した理由とは異なるものの，結論に変わりがないとして上告を棄却したものです。

確かに，テナントが工事業者に工事を行わせたのにその支払いをしないままに偶々倒産などに陥ったからといって，家主が契約関係にない工事業者への支払義務を負わされるのは，法的に無理があるでしょう。工事業者としては，自らの判断で保険や補償などの対策を予め取っておくべきであると思われます。

第2編　借家をめぐる100の重要裁判例　　331

【80】　劇場から工場への改造をして使用することが借家契約の内容であれば原状回復は不要とされた事例。

（最高裁昭和 29 年 2 月 2 日判決・民集 8 巻 2 号 321 頁）

事案の概要　　XはYに対し，昭和 19 年 3 月にXの所有する当時劇場造りであった本件家屋をYの軍用工場に充てるために改造して使用する目的で賃貸したところ，終戦後Yが工場の必要性がなくなったので閉鎖して，昭和 33 年 3 月に契約は終了しました。

ところが，Xは，Yが劇場建物に原状復帰しないとして，本件家屋の復旧等を求めて提訴しましたが，一審，原審ともにXの請求は棄却されました。Xが上告しましたが，最高裁は上告を棄却しました。

判決の要旨　　原審が，民法 616 条その他判文挙示の規定により一般的に賃借人は特約なき限り原状回復の義務なきものとしたのは法律の解釈を誤った嫌なきを得ない。賃借人は賃貸人の承諾なくして賃借家屋の改造をしたような場合には，一般的には原状回復の義務あるものというべきである。しかし，原審の認定した事実によると，本件賃貸借においてはその目的物を工場に改造することが契約の内容となっていたものというべく，かかる場合には特約なき限り賃借人は原状回復の義務なきものと解するを相当とする。されば，原審がYに原状回復の義務なしとしたことは，本件賃貸借に関する限り結局正当であり，前記法律の誤解は主文に影響なきものといわなければならない。そして，このことは本件建物の改築をXまたはYのいずれが現実になしたかによって左右されるところはない。それ故，原審がXの認めなかった事実につき「争いなし」と判示した違法ありとするも，これまた判決主文に影響なきものであり，この点に関する論旨も結局理由なきに帰する。

コメント　　最高裁は，原審の判断について，二つの誤りを指摘しました。第 1 に，借家人には原則として原状回復の義務があるのにこの義務を否定したこと，第 2 に，工場への改造をXがしたとの

Y主張の事実について，Xは争っているのに争いがないとして事実認定したことです。いずれも控訴審としてはややお粗末といわざるを得ませんが，それにもかかわらず，判決主文に影響がないとして上告を棄却しました。

第1の点については，借家人の原状回復の原則に本件はあてはまらないからです。本件借家の使用目的が劇場ではなく工場用であった以上，他に特約がなければ，工場のままで家主に返せばよいとしたのです。つまり契約当初，契約書に劇場用に復帰する旨の特約を記載していなかったのであるから，使用目的通りの工場のまま返還すればよいとしたのです。契約書にどのような特約を入れるべきか考えさせられる事案です。

第2の点も，第1と関連しますが，工場用の目的とした以上，どちらが改造しても原状回復の必要性がない点では変わらないとしたものです。いずれの点もやむを得ない判断と思われます。

第2編　借家をめぐる100の重要裁判例　　333

【81】　借家人の妻の失火による滅失で履行不能と賠償が争われた事例。

（最高裁昭和 30 年 4 月 19 日判決・民集 9 巻 5 号 556 頁）

事案の概要　　Xは，その所有する本件家屋をYに対し賃貸していましたが，Yの妻Zの過失により，本件家屋は昭和 25 年 1 月に全焼し，滅失しました。そこで，XはYとZに対し，Yの本件家屋の返還義務の履行が不能になったとして本件家屋の価値に相当する 30 万円の損害賠償請求を求めて提訴したところ，一審，原審ともにXのYに対する請求は認めましたが，Zに対する請求は棄却しました。Yが上告したところ，最高裁は上告を棄却しました。

判決の要旨　　Zの過失が重大なものであったとすれば，同人は右家屋の所有者であったXに対し，所有権侵害による不法行為上の責任を負うわけであるけれども（失火の責任に関する法律参照），Xは第一審以来かかる請求をしているものではなく，賃貸人として賃貸物の滅失により，返還義務が履行不能になったものとして，その責任を問うているものであることその主張自体に徴し明らかである。

かかる請求においては，Zは賃借人ではないのであるから，もとよりXに対し直接賃貸借上の義務を負担しているものではないが，賃借人たるYの妻として，Yの賃借人としての義務の履行を補助する関係にあるものである。この関係は，妻は夫に従属するという観念に立脚するものではなく，たまたま本件においてはZが賃借人でなかったからに外ならないのであるから，所論憲法の条規とは何ら関係なく，以上の如き判断をしたからといって憲法に反するかどうかの問題とはならないのである。

さて，民法 415 条にいわゆる債務者の責に帰すべき事由とは，債務者の故意過失だけでなく，履行補助者の故意過失をも含むものと解すべきであるから，履行補助者であるZの過失によって本件家屋が滅失したことは，すなわちYの責に帰すべき事由によって，賃借物の返還義務が履行不能になったものといわ

なければならない。

　原判決の措辞には，稍々不明確のところもあるが，ひっきょう上述の趣旨であること明らかであって，論旨第1点引用の原判示には，所論の如き矛盾なく，論旨第2点もまた採用に値しないこと前説明によって明らかであろう。同第3点について，債務者の責に帰すべき事由によって履行不能を生じたときは，債権者の請求権は，解除を俟つことなく填補賠償請求権に変ずるものである（大審院昭和8年6月13日判決・民集12巻1437頁）。論旨引用のその他の判例の見解は，当裁判所の採用しないところである。

コメント　家主は，一審および原審の段階では，借家人だけでなく失火を起こした借家人の妻に対しても責任追及をしていましたが，借家人の妻は借家契約の当事者ではないので契約上の責任を追及できません。そうすると，不当利得返還請求をするというのも一つの方法ですが，それが難しいことは【79】の事案で述べた通りです。

　むしろ，一般的には民法709条以下の不法行為責任を追及することになりますが，失火については，本件判決も引用しているいわゆる失火責任法により，失火について重過失がなければその責任を問えないので，よほどのことがない限り認められないことになります。案の定というか，本件でも，一審，原審ともにZの責任は否定され，Xも上告しませんでした。

　問題は，契約者ではないZの行為について，契約者である借家人のYが責任を負うかどうかです。ZはYと同居して本件家屋に居住していることから，Yの利用補助者としての履行補助者として，Zの過失で本件家屋を滅失させた以上，YはそのZの行為について責任を負うとしたもので，やむを得ないと思われます。

　なお，大審院昭和4年6月19日判決・民集8巻675頁は，転貸について家主が承諾を与えた転借人の過失により借家が滅失した場合についても，転借人は借家人の履行補助者であるとして，借家人の責任を認めています。

第２編　借家をめぐる100の重要裁判例　335

【82】　小切手の提供では家賃の支払いとはならないとされた事例。

（最高裁昭和 35 年 11 月 22 日判決・民集 14 巻 13 号 2827 頁）

事案の概要　ＸらはＹに対し，東京都荒川区所在の家屋２棟を賃貸したところ，Ｙの家賃不払い等によりＸがＹおよび占有者らを相手に家屋明渡し訴訟を提起し，昭和 29 年４月に第１回目の，昭和 31 年５月に第２回目の，各訴訟上の和解をして，Ｙは未払家賃の支払義務を負いましたが，同年６月 30 日までに支払うべき家賃 22 万円余について，同日に銀行渡小切手を提供しました。

ところが，Ｘがその受領を拒絶したとして，ＹがＸらを相手に二つの和解調書について請求異議の訴訟を提訴したところ，一審，原審ともにＹの請求を棄却しました。Ｙが上告しましたが，最高裁は上告を棄却しました。

判決の要旨　金銭債務を負担する者が，弁済のため同額の小切手を提供しても，特別の意思表示または慣習のない限り，債務の本旨に従ったものといえないことは，大審院判例（大正８年８月 28 日判決・民録 25 輯 1529 頁）の示すところである。

銀行の自己宛振出小切手あるいは銀行の支払保証ある小切手の如き，支払確実であること明白なものは格別として，然らざる限り，その支払いの必然であることの保証がないのであるから，右判例の示すところは当然であって，右判例を変更する必要を見ない。

郵便為替の送付を以って，金銭債務弁済の効力を生ずるものとする論旨引用の判例は，郵便為替が取引上現金と同一視して可なるものである以上，単なる銀行渡し小切手を問題とする本件に適切でない。

されば，本件において特別の意思表示または慣習のなかったことを確定して，以上と同趣旨の結論をした第一審判決を維持する原判決は正当である。

コメント 　商売の世界では，支払いのために自ら振り出した小切手を使用することがしばしばあります。数か月後に満期の来る手形と異なり，小切手は数日で現金化できるので，小切手を振り出すことで支払いが終わったと思っている商売人は結構います。

　しかしながら，小切手と現金ないしは銀行振込とは，法的に全く異なります。なぜなら，小切手は常に不渡りのリスクを伴うからです。小切手の金額に見合うだけの当座預金残高がなければ不渡りとなり，資金回収ができなくなるからです。そこで，本件判決も，小切手の提供だけでは弁済をしたことにならないとしました。

　商売の世界で当然と思われることが，法律の世界，つまりは裁判所においてはそれが否定されることがある一つの好例です。自分たちの世界の常識が社会一般あるいは裁判所でどこまで通用するのか十分に気をつける必要があります。

第2編　借家をめぐる100の重要裁判例　337

【83】　借家の所有者が交替した場合にも契約内容が引き継がれる以上，取立債務の特約も承継されるとした事例。

（最高裁昭和39年6月26日判決・民集18巻5号968頁）

事案の概要　　Ｖは，昭和24年1月頃，大阪市北区所在の本件建物を家賃1か月1,200円でＹに賃貸しましたが，Ｘが昭和28年8月にＶから本件建物を買い受け家主の地位を承継しました。Ｘは，昭和29年5月に家賃を1か月5,000円に値上げする意思表示をし，5,000円に増額されたとして，書面で同年8月に延滞家賃の催告をしたところ，Ｙがこれに応じないとして，同年9月に借家契約を解除し，本件建物の明渡しと解除日までの適正家賃である1か月3,989円の割合による延滞家賃などを求めて提訴しました。

　一審は，Ｘの請求を認めましたが，原審は，家賃の取立債務の特約があるのにＹ方に赴いて履行請求をせず付遅滞の効力が生じておらず，かつ値上相当額3,989円に照らして過大催告で無効であるとして，明渡しを否定しました。そこで，Ｘが上告しましたが，最高裁は上告を棄却しました。

判決の要旨　　不動産の所有者が賃貸人の地位を承継するのは従前の賃貸借の内容をそのまま承継するのであるから，賃料の取立債務もそのまま承継されると解すべきである。所論のように賃料の取立債務が当然に持参債務に変更するものではない。所論は，独自の見解であって，採用しがたい。

　原判決は，Ｘが1か月金5,000円の値上げを固執し，催告当時においてもそれ以下の金額では家賃の協定に応ずる意思がなく，弁済の提供を受けてもこれを受領しないような態度を示していたことがうかがえる旨判示しており，右のような場合においては，値上相当額月金3,989円を金1,011円しか超えない賃料月金5,000円の割合による家賃債務についての支払催告であっても，適法な催告といい難く，従って，過大な催告としてその効力を否定した原判決の判断は正当としてこれを容認しうるところである。

　本件家屋の賃貸借が賃料の不払いを理由として解除されるためには，特段の

事情のないかぎり，催告が適法にされることを必要とするところ，Ｘのした催告が効力が生じないことは，判断した通りであるから，Ｙに賃料の不払いについて遅滞があると否とにかかわらず，賃貸借の解除は効力を生じないことはあきらかである。所論は，催告の有効を前提とするものであり，結局前提を欠くものとして，排斥を免れない。

コメント　　家賃のような金銭債務の弁済は特約がない限り，債務者が債権者宅まで支払いに行く持参債務が原則です（民法484条）。ところが，本件では前所有者と借家人との間の特殊な事情から取立債務の特約がされており，所有者が交替した場合にも契約内容が引き継がれる以上，取立債務の特約も承継され，持参債務に当然に変更されるものではないとしたのは，新所有者も契約内容を知って買い受けるべきですから，妥当な判断と思われます。

　ところで，本件判決は過大催告の効力を否定していますが，ここで第１編の Q-5 で述べていることを思い出してください。「家主が家賃の増額請求をしても借家人がこれに応じない場合に，不足額の不払いを理由とする借家契約の解除の訴訟が相次いだため，旧借家法７条２項（借地借家法32条２項）が追加され，借家人が後に不足額を精算することにより家主からの解除ができないこととなり，借家人の保護が図られました。」という記載です。

　本件で解除がなされたときは，まだ旧借家法７条２項の改正前でしたから，本件の裁判もこのような家賃増額請求に絡んだ解除による明渡し裁判の一つであったのです。

　本件では，たまたま取立債務の特約があったことと，裁判所で認定された増額賃料が家主の求めた金額より少なく，家主の催告した金額以下では家賃の協定に応じる意思がないことが認定できたことから，解除を否定したのですが，そうでなければ解除が認められたかもしれず，当時の借家人の立場の弱さが分かります。

第２編　借家をめぐる100の重要裁判例　　339

【84】　借家が譲渡された場合に家主の地位を旧所有者に留保する合意の効力が争われた事例。

（最高裁平成11年3月25日判決・判時1674号61頁）

事案の概要　　本件は複雑な事案です。Xが，平成元年に本件ビルを建築し，Vに売却したものの，Vから本件ビルを賃借し，本件ビルの6階から8階部分（以下「本件建物部分」という）をYに賃貸し，保証金として約3,383万円の交付を受けました。Xは，平成2年3月に本件ビルをVから買い戻したうえで，W_1ほか38名（以下，「Wら」という）に売買して，同時にWらはZに信託譲渡し，Zを家主，甲を借家人とした借家契約，甲を家主，Xを借家人とする借家契約がそれぞれ締結され，右の売買と信託譲渡の各契約において，元のXY間の借家契約における家主の地位をXに留保する旨が合意されました。その後，平成3年9月にXが破産となりましたが，Yはそれまで上記売買契約を知らずに，従前どおりXに対して家賃を支払い続けていました。

Yは，本件借家契約における家主の地位がZに移転したと主張しましたが，Zがこれを認めなかったため，信頼関係が破壊されたとして，本件借家契約を解除して本件建物部分から退去し，本件保証金から約定の償却費を控除した約2,706万円をZに請求して提訴しました。

一審および控訴審はいずれもYの請求を認めたため，Zが最高裁に上告したところ，最高裁は上告を棄却しました。

判決の要旨　　自己の所有建物を他に賃貸して引き渡した者が右建物を第三者に譲渡して所有権を移転した場合には，特段の事情のない限り，賃貸人の地位もこれに伴って当然に右第三者に移転し，賃借人から交付されていた敷金に関する権利義務関係も右第三者に承継されると解すべきであり，右の場合に，新旧所有者間において，従前からの賃貸借契約における賃貸人の地位を旧所有者に留保する旨を合意したとしても，これをもって直ちに前記特段の事情があるものということはできない。

けだし，右の新旧所有者間の合意に従った法律関係が生ずることを認めると，

賃借人は，建物所有者との間で賃貸借契約を締結したにもかかわらず，新旧所有者間の合意のみによって，建物所有権を有しない転貸人との間の転貸借契約における転借人と同様の地位に立たされることとなり，旧所有者がその責めに帰すべき事由によって右建物を使用管理する等の権原を失い，右建物を賃借人に賃貸することができなくなった場合には，その地位を失うに至ることもあり得るなど，不測の損害を被るおそれがあるからである。

　もっとも，新所有者のみが敷金返還債務を履行すべきものとすると，新所有者が無資力となった場合などには，賃借人が不利益を被ることになりかねないが，右のような場合に旧所有者に対して敷金返還債務の履行を請求することができるかどうかは，右の賃貸人の地位の移転とは別に検討されるべき問題である。

コメント　　まず，借家の所有権の移転とともに，特段の事情がない限り，家主の地位が旧所有者から新所有者に移転し，敷金債務も承継されることは，すでに【54】の昭和44年最高裁判決等で判例として確定しています。

　本件判決で問題となったのは，新旧所有者間において，従前からの借家契約における家主の地位を旧所有者に留保する旨を合意したことをもって，特段の事情があるといえるかどうかです。

　これについても，実は，大審院昭和6年5月23日判決・新聞3290号17頁が，このような特約は借家人に不利なものであるとして無効と判示していますが，その理由には触れていませんでした。

　本件判決では，「新旧所有者間の合意に従った法律関係が生ずることを認めると，賃借人は，建物所有権を有しない転貸人との間の転貸借契約における転借人と同様の地位に立たされることとなり，旧所有者がその責めに帰すべき事由によって右建物を使用管理する等の権原を失い，右建物を賃借人に賃貸することができなくなった場合には，その地位を失うに至ることもあり得るなど，不測の損害を被るおそれがあるから」とその理由を

第2編　借家をめぐる100の重要裁判例　341

述べています。さらに，不動産の所有権を失った者に対して，強制執行をすることが実際上難しいこともいえます。いずれにせよ，本件判決の結論は妥当と思われます。

　もっとも，不動産の証券化等の要請から，2017年改正民法605条の2第2項において，本件のような家主の地位を留保することが認められるようになりましたが，詳細については，第1編のQ-50を参照してください。

【85】 家賃３か月分の滞納で特約による無催告解除を認めた事例。

（最高裁昭和 37 年 4 月 5 日判決・民集 16 巻 4 号 679 頁）

事案の概要　本件家屋は元 Y の所有でしたが，Y は，昭和 27 年 3 月に代物弁済で X に本件家屋を譲渡しました。その際，X は，Y との間で借家契約を締結し，1 か月の家賃 4,000 円（その後 6,000 円），3 か月分以上家賃を滞納したときは，X は何らの催告を要しないで契約を解除できるとの約定をしました。ところが，Y が昭和 29 年 8 月分以降の家賃を滞納したため，X は昭和 31 年 10 月に借家契約を解除し，明渡し等を求めて提訴しました。

　一審，原審ともに X の請求を認めたため，Y が上告しましたが，最高裁は Y の上告を棄却しました。

判決の要旨　所論特約は，賃借人の賃料支払義務違反を理由とする場合の特約であるから，借家法 6 条にいわゆる「前七条の規定に反する特約」に当たらない。それ故，論旨は理由がない。

コメント　「所論特約」とは，「3 か月分以上家賃を滞納したときは，何らの催告を要しないで契約を解除できる。」との約定のことです。

　民法 541 条は，債務不履行の場合に，相当の期間を定めてその履行の催告をし，その期間内に履行がないときは，契約の解除をすることができる旨定めており，2017 年改正民法でもその点は変わっていません。つまり，「何らの催告を要しないで契約を解除できる。」というのは，民法 541 条に対する特約になるので，これが借家法 6 条にいう「前七条の規定に反する特約」に当たらないかが問題となったのです。ここで，おやっと思う人がいるかもしれません。6 条で，「前七条」というのは間違ってないかという疑問です。間違いではないのです。5 条までに，「1 条の 2」，「3 条の 2」という枝番の条文があるので，この二つの条文を入れると七

第2編　借家をめぐる⑩の重要裁判例　　343

条分あるからです。ただ，これらの条文は，借家権の対抗力，法定更新，正当事由，転貸借の保護等についての規定であり，家賃の支払いについて触れていないので，「前七条の規定に反する特約に当たらない。」としたのはやむを得ないと思われます。

　もっとも，最高裁昭和51年12月17日判決・民集30巻11号1036頁は，家賃1か月滞納で当然解除となる旨の訴訟上の和解による解除について，約2年間家賃を期日に支払っており，延滞したのは1か月分であり，その延滞も何らかの手違いによるもので，借家人も当時これに気付いていなかったなどの事情があり，当然解除を認めることが合理的とはいえない特別の事情のある場合に当たるとして解除の効力を否定しており，借家法や借地借家法に違反するかどうかではなく，信頼関係を破壊しない特別の事情がある場合に，解除を認めないことがあるので要注意です。

【86】 11 か月分の家賃滞納でも催告が必要とされた事例。

（最高裁昭和 35 年 6 月 28 日判決・民集 14 巻 8 号 1547 頁）

事案の概要　　　　Xは，その所有の本件家屋を昭和 21 年 9 月にYらに飲食店
経営のための店舗として家賃月額 1,000 円（昭和 30 年 5 月分
から 2,000 円），毎月末日払いで賃貸しました。ところが，Yらが昭和 30 年 12
月分以降の本件家賃を支払わなかったとして，Xは，昭和 31 年 11 月に本件借
家契約を解除して，本件建物の明渡しを求めて提訴しました。

　一審および原審はXの請求を認めたため，Yらが上告したところ，最高裁は
原判決を破棄して広島高裁に差し戻しました。

判決の要旨　　　　原判決（その引用する第一審判決）は，Yらは昭和 30 年 12 月
分以降Xが本件家屋賃貸借契約解除の意思表示をした昭和
31 年 11 月まで本件賃料（1 か月金 2,000 円，毎月末日払いの約）を支払わなかっ
たこと，なお，Yらは昭和 29 年 10 月分当時から本件賃料の支払いを遅滞した
ことがあり，昭和 30 年 2 月分からは特にそれが著しかった事実を認定し，か
かる場合は賃貸借解除の前提としての催告は必ずしも必要としないと解すべき
であるから，Xのした本件家屋賃貸借解除の意思表示は催告を要せずして有効
であると判示しているのである。

　しかし，右原判決確定のごとき事実関係の下においても，民法 541 条により
賃貸借契約を解除するには，他に特段の事情の存しない限り，なお，同条所定
の催告を必要とするものと解するのが相当である。

　しからば，原判決が，その確定のごとき事実関係を基礎として，Xのした本
件賃貸借解除の意思表示は催告を要せずして有効であると判断したのは，民法
541 条の解釈を誤ったものというべく，論旨は理由があり，原判決は破棄を免
れない。

コメント　　　　【85】の事案では，わずか 3 か月分の家賃滞納で無催告解
除を認めたのに対して，本事案では，11 か月分の家賃滞

納で，しかもそれより前からの支払遅滞の事実も認定しているのに無催告解除を認めませんでした。不公平な気もしないわけではないのですが，二つの事案の大きな違いは，無催告解除の特約の有無です。【85】では特約があったのに，本事案では特約が認められなかったのです。

無催告解除の特約がない以上，民法の原則に戻り，民法541条が，債務不履行の場合に，相当の期間を定めてその履行の催告をし，その期間内に履行がないときに契約の解除をすることができるのです。したがって，他に無断転貸等の特段の事情がない限り，催告をしないままでした借家契約の解除の効力は認められないとの本件判決の結論は妥当なものと思われます。

【87】 停止条件付催告と解除で期限後に到達した場合に争いになった事例。

（最高裁昭和 39 年 11 月 27 日判決・民集 18 巻 9 号 2025 頁）

事案の概要　Xらは，神戸市須磨区所在の本件家屋の共有者ですが，Yらに対し，終戦前より本件家屋を賃貸していたところ，昭和 36 年 4 月 19 日書面をもって，同年 2 月分から同年 4 月分までの延滞家賃について，同年 4 月 25 日までに支払うよう，もし支払われないときは右借家契約を解除する旨の催告ならびに条件付き解除の意思表示をしましたが，この書面が実際に届いたのは同月 29 日でした。

　Xらは Y らに対し本件建物の明渡し等を求めて提訴したところ，1 審，原審ともに X らの請求が認められました。そこで，Y らの 1 人が上告しましたが，最高裁は上告を棄却しました。

判決の要旨　所論は，X が所論催告書に予定した 5 日間の催告期間が法律上認めうる「相当の期間」かどうかについて一言の判断もしていないというが，原判文から所論催告期間をもって相当期間と判定したことを解するに十分であり，この期間を相当としたことも原審認定の事実関係のもとで首肯できるから，論旨は採用できない。

　本件のごとく，賃料債務につき延滞がある場合，賃貸人から催告と同時に予め右催告の趣旨の不履行を停止条件とする契約解除の意思表示が賃借人に対してなされるときには，通常は催告期間の表示として「本書面到達後何日以内」というような表現がとられ，右期限内の不履行を停止条件として契約を解除する旨の意思表示がなされる場合が多いが，催告期限を右のように指示しないで本件のように特定の日を指定する場合でも，特別の事情のない限り，当事者としては通常の状態において被催告人に右書面が到着する日を予定し，その予定到着日と指示した期限までの間を催告期間としたものと解するのを相当とし，右催告が解除の前提たる催告として，無効となるいわれはなく，右書面が何らかの事情で延着した場合（甚だしきは本件におけるように指示した日限後に相手方

第２編　借家をめぐる⑩の重要裁判例　**347**

に到着した場合）には，現実の到着日より起算して右催告期間を計算し，債務者において右期間を徒過した場合は当然（改めて解除の意思表示を要せず）解除の効力を生じるものといわねばならず，このような解釈は当事者の意思解釈に合致するだけでなく，債務者にも決して酷な結果を招来しないから，右催告ならびに条件付き契約解除の意思表示を受けた債務者としては，当該書面到着ののち前示相当催告期間内に履行の提供をしない限り解除の効力発生を阻止するに由ないものといわねばならないとし，本件催告ならびに条件付解除の意思表示を含む書面（書留内容証明郵便）は，発信人受信人の住所が何れも同一市内の神戸市であり発信局も神戸中央郵便局であること，右発信日付が昭和36年4月19日で同郵便局の受付日付が同日午前8時より正午までの間であることから，普通の事態においてはおそくともその翌日にはＹに送達されるものとみとめられるから，催告期限を同月25日とした右書面が延着して同月29日に送達された場合Ｙにおいて，おそくとも翌月5日までに催告の趣旨を履行しない限り，同日の満了をもって解除の効力を生じたものといわねばならないとした原審の判断は，その認定事情のもとで首肯できる。

　よって，原審には所論のごとき違法はないものというべく，論旨はいずれも採用できない。

コメント　家賃不払いなどの債務不履行に対し，民法541条に基づき解除するには，相当の期間を定めて履行の催告をする必要があります。本件の第1の論点は，5日が相当の期間といえるかですが，これについてはあっさりと認めています。もっとも，1年以上の家賃を滞納していて，5日の催告期間では若干少ないような気もするので，一般的には1週間程度の催告期間を置くのが無難と思います。

　第2の論点は，「催告の趣旨の不履行を停止条件とする契約解除」に絡むことです。本来は，催告と解除の2回の通知が必要ですが，催告の趣旨の不履行を停止条件とする契約解除であれば1回の通知で済み，費用が節約できることと，借家人が1回目の催告は受領しても，自分にとっ

ては不利益だと考えて2回目の解除の通知を受領しないことがあるのを防ぐことから，実務的にはよく使われています。このような場合には，催告期間の表示として「本書面到達後何日以内」とするのが一般的ですが，特定の日を指定することもあります。そこで，郵便事情等で到着が大幅に遅れ，本件のように履行日期限として指定した日よりも遅れたときにどう考えるのかという問題が生じたのです。本件判決は，「通常の状態において被催告人に書面が到着する日を予定し，その予定到着日と指示した期限までの間を催告期間としたものと解するのを相当」と解釈しました。

　もっとも，郵便事情で大幅に遅れることはしばしば経験しますので，このような特定の日を指定することで紛争や裁判になること自体が問題ですから，催告期間の表示としては，やはり「本書面到達後何日以内」とするのが無難であると思われます。

【88】 法人格否認の法理を適用した事例。

（最高裁昭和 48 年 10 月 26 日判決・民集 27 巻 9 号 1240 頁）

事案の概要 Xは，Yに対し，昭和 40 年 12 月にホテルの 1 室の本件居室を 1 か月 16 万円余の室代で賃貸しましたが，昭和 42 年 9 月現在で 350 万円余の滞納となったため，同年 10 月に解除しました。ところが，Y代表者Vは，Yの商号を変更するとともに，同日従前のYと同一の商号を称した新会社Zを設立し，代表者他の役員，本店，従業員も同一のままYの営業をし，その事実をXには伝えませんでした。Xはこれらの事実を知らないままに，同年 12 月にZを相手方として，居室明渡し等請求事件を提訴しましたが，Vは，一審，原審の弁論終結までこれらの事実を伏せて，借家契約の経緯や解除の通知等をそれぞれ認めており，原審の弁論再開後に初めて明らかにしたものの，一審，原審ともにXの請求が認められました。そこで，Zが上告しましたが，最高裁は上告を棄却しました。

判決の要旨 株式会社が商法の規定に準拠して比較的容易に設立されうることに乗じ，取引の相手方からの債務履行請求手続きを誤らせ時間と費用とを浪費させる手段として，旧会社の営業財産をそのまま流用し，商号，代表取締役，営業目的，従業員などが旧会社のそれと同一の新会社を設立したような場合には，形式的には新会社の設立登記がなされていても，新旧両会社の実質は前後同一であり，新会社の設立は旧会社の債務の免脱を目的としてなされた会社制度の濫用であって，このような場合，会社は右取引の相手方に対し，信義則上，新旧両会社が別人格であることを主張できず，相手方は新旧両会社のいずれに対しても右債務についてその責任を追求することができるものと解するのが相当である（最高裁昭和 44 年 2 月 27 日判決・民集 23 巻 2 号 511 頁）。Zは前記自白が事実に反するものとして，これを撤回することができず，かつYのXに対する本件居室明渡し，延滞賃料支払等の債務につきYとならんで責任を負わなければならないことが明らかである。これと結論において同旨に出た原判決の判断は，正当として是認することができ，右判断の過程に

所論の違法はない。

> **コメント**　本件判決は，昭和 44 年最高裁判決を引用して，借家の明渡しに法人格否認の法理を適用しました。昭和 44 年最高裁判決は，法人格が全くの形骸化もしくは濫用される場合には法人格の否認が要請される場合があるとして，法人名義で借家しても実体が個人企業の場合には，個人にも法人にも明渡し請求ができる旨判示しました。これに対し，本件事案は，旧法人の商号を変更すると同時にその前の商号での新法人を設立して明渡し請求を逃れようとしたもので，より悪質な濫用事例ともいえ，本件判決の結論に異存はないと思われます。

第２編　借家をめぐる100の重要裁判例　351

【89】　共同借家人の家賃支払いは不可分債務であるとした事例。

（大審院大正 11 年 11 月 24 日判決・民集 1 巻 670 頁）

事案の概要　　Xは，大正 6 年 12 月にその所有の東京都小石川所在の本件家屋をVに家賃 1 か月 14 円で賃貸しましたが，Vが大正 8 年 3 月に死亡した後，同年 11 月以降の家賃が支払われないため，大正 9 年 5 月にVの子の 1 人のY（他に子が Z_1 ないし Z_3 の 3 人いる）に対して借家契約を解除して，本件家屋の明渡しと同年 1 月以降の 1 か月 14 円の損害金を請求しました。

　一審，原審ともにXの請求を棄却したため，Xが上告したところ，大審院は原判決を破棄し，東京地裁に差し戻しました。

判決の要旨　　本訴請求中には，延滞に係る賃料の請求をも包含せることは第 1 審以来Xの主張に係る一定の申立および請求原因に徴し明白なるを以て，本訴請求中賃貸借の解除を前提とする部分は，右の解除をもって無効なりと認むる以上，これを排斥するは当然なるも，解除と全然無関係なる賃料請求の部分はその判断をなさざるべからざること言を俟たず。蓋し賃貸借の解除は，遡及の効力無ければなり。然り而して数人が共同して賃借人たる地位に在る場合には賃料の債務は反対の事情が認められざる限り性質上これを不可分債務と認めざるべからず。何者賃借人相互の間における内部の関係は如何にもあれ賃貸人との関係に於いては各賃借人は目的物の全部に対する使用収益を為し得るの地位に在ればなり。然らば即ち賃料の点に関し何等の判断を与うることなく漫然本訴請求の全部を排斥し去りたる原判決は違法と云うの外なき。

コメント　　本件では，建物明渡しと家賃請求の二つが問題となりました。建物明渡し請求については，共有者である家主が契約を解除するには民法 544 条 1 項による解除の不可分性の規定の適用がな

く，共有物の管理事項として民法 252 条の適用により持分の過半数により解除ができますが，本件のように借家人が複数で解除を受ける場合に，民法 544 条 1 項による解除の不可分性の規定の適用があるのか，民法252 条による持分の過半数に対する解除でよいかは明確ではないものの，本件判決は，少なくとも，借家人の 1 人に対する解除の効力を無効としています。

　次に，家賃債務についてですが，各借家人は借家の権利の準共有者として，借家の全部についての使用収益をすることができるので（民法 264 条，249 条），その対価としての家賃債務は，反対の事情がない限り，性質上の不可分債務（民法 430 条）とみなされ，借家人の 1 人に対する全額の請求をすることができるとした本件判決の結論は妥当であると思われます。

　なお，大審院昭和 8 年 7 月 29 日判決・新聞 3593 号 7 頁は，共同借家人が家賃だけでなく，各自借家契約解除後も従前の家賃に相当する損害金の責任を負うことを認めています。

第 2 編　借家をめぐる⚫100⚫の重要裁判例　353

【90】　構造変更禁止特約違反による解除をめぐる争い。

（最高裁昭和 29 年 12 月 21 日判決・民集 8 巻 12 号 2199 頁）

事案の概要　　Xは，昭和 22 年 10 月に，その所有する大阪市北区所在の 3 戸
一棟の 1 戸をYに賃貸しましたが，用途は住宅で，構造変更禁
止の特約があるところ，YはXに無断で仕出し屋を営むために本件家屋の階下
表の間を土間とし，大竈戸を設置して，その煙突を屋根を貫いて取り付けるなど
の構造変更をしました。そこで，Xは特約違反などを理由にYに対し建物明渡
しを求めて提訴したところ，一審，原審ともにXの請求を棄却し，特に原審は，
仕出し屋の許可が得られなかったことや，当時の戦後の経済状態の下では著し
く信義に反する行為とは認め難い上に，簡単に原状回復が可能であるから，X
に損害を与えるとは考えられないとして法律上の義務違反には当たらず，前記
特約もこの程度の変更まで禁止する趣旨ではないなどと判示しました。そこで，
Xが上告したところ，最高裁は原判決を破棄し，大阪高裁に差し戻しました。

判決の要旨　　構造変更禁止の特約は，判示のように賃貸人のこうむること
あるべき損害を避けようとする動機に出る場合が多いであろ
うが，それのみには限らないのみならず，それはあくまで動機にすぎないので
あって，特約の内容は賃貸人の所有家屋の構造が，賃貸人が欲しないのにその
意思にかかわらず賃借人より勝手に変更されたり造作加工されたりすることを
避けようとするものであること字句上明らかである。

　したがって，賃借人が賃借家屋の構造を無断で変更した場合には，その変更
の態様が，社会通念上特約にいう構造変更と認められないような場合のほかは，
変更禁止の特約に違反することになるとともに，特段の事情がない限り，特約
に基づく解除権が発生するものと解すべきである。

　Yが加えた構造の変更は，社会通念上右特約にいう構造の変更にあたらない
とやすく認めることはできないし，原状回復が簡単にできるというだけの理
由で，禁止された構造の変更にあたらないとも断定することはできない。

　また，将来原状回復を必要とする時期に，賃借人がはたして遅滞なくこれを

履行するかどうかわからないし，もし賃借人が右の義務を履行しなければ原審認定のごとき変更の存する以上，賃貸人はこれを原状に回復するには相当の費用を要し，損害を蒙るはずである（かかる事態の発生を防止することが原状変更禁止の特約の主たる目的である）。それゆえ単に簡単に原状回復ができるという理由だけで損害なしということもできない。たとえ原判決の認定したような当時の経済状態とか，構造変更に関するいきさつがあったにしても，さらになんらか賃貸人の承諾をまつことを要しないような事情が認定されないかぎり，それだけでは解除権の発生を妨げる特段の事情があるものと断定することはできないのである。

　すなわち，原判決は，なんら証拠によらずして前記特約につき，その本来の趣旨を離れ，単に結果として生ずる損害を避けるためということのみに限定した解釈を取り，その前提に立ってYの本件構造変更の行為とXの解除権との関係を判断したのは，違法であるのみならず，判示の強調する特約の趣旨に即していっても判示認定のとおりの事実とすれば，Yの行為をもって，何らXに損害を与えるものでなく，特約の趣旨に反するものでないと断定することはできないから，理由にくいちがいがあるとの非難をも免れない。

　それゆえ原審は，前述の趣旨に基づいてさらに特別の事情の有無につき十分の審理を遂げ相当な判断をすることを要するものといわなければならない。

コメント　　構造変更禁止特約の趣旨について，原審と最高裁とでこれほど解釈が異なるのかと思わせる事案です。確かに，構造変更しても簡単に原状回復できるという原審の判断には，それをしないまま放置されて原状回復に数百万円を要したことを実務で経験した私としては，最高裁に軍配を上げたくなります。そもそもが，他人所有物に無断で手を入れること自体許されることではないと思われますし，当時の経済状態であっても特約違反をする人はほとんどいなかったはずですから，あえて特約違反をした借家人に対する解除を認めることは，法秩序の維持からも許されるべきことと思われます。

第 2 編　借家をめぐる⚫100⚫の重要裁判例　**355**

【91】　ペット禁止違反で借家契約の解除が認められた事例。

（東京地裁平成 26 年 3 月 19 日判決・ウェストロー・ジャパン）

事案の概要　　Xは，平成 24 年 12 月にその所有する本件建物をYに賃貸しました。禁止事項として犬猫，鳥等の飼育の約定がありましたが，Yが猫の飼育をしたため，XはYに対し，平成 25 年 9 月に本件借家契約を解除したところ，Yが飼育行為をやめること，これを行った場合には本件建物を明け渡す旨の念書を差し入れたため，いったんは解除を思いとどまりましたが，飼育行為を継続したということで明渡しを求めて提訴したところ，東京地裁はXの請求を認めました。

判決の要旨　　一般的に，賃貸用の集合住宅において猫の飼育を禁ずる旨の約定を設けること自体には合理性があるものと解されるところ，本件飼育行為が本件賃貸借契約において禁止されていることは，Yも認識しており，かつ，本件念書にかかるやりとりからすれば，Xにおいて本件飼育行為を容認する余地がないことは明らかであり，このことをYは認識できたにもかかわらず，Xの通知と本件念書の差入れ後も本件飼育行為を継続していることに照らすと，賃貸借契約の当事者間における信頼関係は著しく破壊されているものといわざるを得ず，本件賃貸借契約の約定に従い，Xは本件賃貸借契約を解除することができるというべきである。

コメント　　犬猫等のペット禁止条項については，かつて外国からの批判を発端に，わが国内においても論争が生じたことがありましたが，衛生面，危険性あるいは騒音などの観点から，裁判所は一貫してこの条項の有効性を認めています。東京地裁昭和 59 年 10 月 4 日判決・判時 1153 号 176 頁や東京地裁平成 7 年 7 月 12 日判決・判時 1577 号 97 頁は，いずれも催告した上で解除した家主による明渡し請求を認めています。借家ではありませんが，集合住宅でのペット飼育禁止を定めた管理組合の規約の合理性を認めた東京地裁平成 10 年 1 月 29 日判決・

判タ 984 号 177 頁もあります。

　本件判決も，猫の飼育行為の禁止の約定の合理性を認めており，これらの裁判例の流れの一環にあると思います。ここで注意すべきことは，先の二つの判決でもそうですが，いきなりの解除で明渡し訴訟に踏み切っているのではないということです。二つの判決ではいずれも催告をしています。本件では，当初は催告をせずに解除しましたが，いったんは解除を思いとどまり，念書を書かせたうえで，それでも飼育行為を続けたということから再度の解除に至ったという経緯があり，最初の解除がいわば催告代わりとなっているといえます。つまり，債務不履行解除をするには，民法541 条の「催告による解除」をすることが，裁判所において解除を認定してもらうポイントと思われます。

第2編　借家をめぐる100の重要裁判例　　357

【92】　借家人の他の部分の不法占拠による契約解除を認めた事例。

（最高裁昭和40年8月2日判決・民集19巻6号1368頁）

事案の概要　　Xは，その所有する建物の一部の甲部分をYに賃貸し，また乙部分についてもYの使用を黙認していましたが，丙部分を使用していたVが退去すると，Yは，丙部分を占拠し，さらに丙部分の階上の丁部分も占拠してしまいました。そこで，Xは，Yに対し，催告なしに甲部分の借家契約を解除するとともに，甲，乙，丙，丁各部分の明渡しを求めて提訴したところ，一審は，丙部分と丁部分の明渡しは認めましたが，その余の請求を棄却しました。双方が控訴したところ，原審は，一審判決を変更して，Xの請求をすべて認めました。Yが上告したところ，最高裁は上告を棄却しました。

判決の要旨　　Xが，本件訴状において，Yが本件建物中の丙，丁部分を不法に占拠したことを責めており，その後の口頭弁論においても，常に不信行為の責任を追求している旨およびXが解約の申入れをした真意は，Yの不信行為を重要な原因としたものである旨の原審の認定はいずれも是認でき，右認定の経路に審理不尽，理由不備の違法はない。

原審が確定した一切の事実関係を斟酌すれば，Yの右行為は，本件建物の賃貸借契約の基礎にある当事者相互の信頼関係を裏切って，賃貸借関係の継続を著しく困難ならしめる不信行為であるといわざるを得ない。かかる場合に，Xが右不信行為を理由に，賃貸借を解除できるとした原審の判断は正当である。

コメント　　本件判決を読んだだけでは，分かりにくいかもしれません。理由は二つあります。第1に，Xのもともとの主張が民法617条の解約申入れを理由としているのに，原判決が不信行為を理由とする解除と置き換えているからで，それはXの訴訟における態度で分かるはずだと，本件判決が弁護しています。

第2は，Y側の上告理由を読むと，原判決がXの催告なしの解除をし

たことを非難しているのに，本件判決はそれに正面から答えていないから
です。もっとも，本件判決をよく読めば，賃借している部分以外の建物部
分を不法占拠することは，借家契約の基礎になる信頼関係を裏切る重大な
不信行為であるとして，借家人に対する無催告解除を認めたものといえま
す。

　これまでに繰り返し述べてきましたが，家賃不払いなどの契約違反行為
があった場合に，民法541条の債務不履行による解除をするには，催告
をしたうえで解除することが原則です。しかし，本件のような不法占拠は，
民法612条の無断譲渡・転貸（この場合には催告なしでの解除が一般的に
認められています）に匹敵するような重大な不信行為であり，無催告解除
を認めた原判決は妥当なものであると思われます。

第 2 編　借家をめぐる⬜の重要裁判例　　359

【93】　共同借家人の暴力行為に対する無催告解除を認めた事例。

（最高裁昭和 43 年 9 月 27 日判決・判時 537 号 43 頁）

事案の概要　　XがVに対し本件家屋を賃貸していたところ，Vが死亡し，その相続人であるY₁ないしY₈（以下，総称して「Yら」という）が借家の権利を承継しました。ところが，Vの長男でYらの代表的存在のY₁が，本件家屋の明渡しに絡んでXと対立し，飲酒の上でX代表者への暴行に及んだことや，その後にXに無断でガレージを建築したことから，Xは本件家屋の借家契約を直ちに解除して本件家屋の明渡しを求め提訴しました。原審はXの請求を認めたため，Yらが上告しましたが，最高裁は上告を棄却しました。

判決の要旨　　原審の確定するところによれば，Y₁は本件家屋の元賃借人であったVの死亡により，他のYらと共同で右家屋の賃借権を相続により承継したものであるが，Vの長男にあたるところから，当該家族の中心をなし，対外的にはその代表者的存在であり，本件傷害行為およびガレージの建築行為も同人が主体となって行ったというのであり，右傷害行為は本件家屋の明渡しをめぐる紛争に端を発したものであるところ，Yらはその謝罪，損害賠償について全く無関心であったのみならず，その後に至ってY₁が主体となって，本件ガレージを無断で築造し，Xからの抗議にもかかわらず，Yらにおいては頑としてこれに応じなかったというのである。

　これらの事実関係によれば，Yらは現に本件家屋の用法に関し，賃借人としての義務に違反するのみならず，Yらのその前後の態度からして，賃貸人であるXとしては，Yらが将来も賃借人としての義務を誠実に履行することを期待し得ないものというべきであるから，これらYらの所為および態度は，Yら全員について本件賃貸借契約の即時解除の原因となりうるものと解するのが相当であり，これと同旨の原審の判断に何ら所論の違法はない。

コメント 　家屋の借家人の相続による共同借家人の1人が家主に対する暴力行為を行って傷害を負わせた場合に，用法違反もあり，他の共同借家人の関係でも借家契約を無催告解除できるとした事案です。そもそもが，暴力行為の原因も，借家の明渡しの関係で対立したことにあるわけですし，その後の他の共同借家人の対応や，無断でガレージ建築に及んだことも踏まえると，本件判決の結論はやむを得ないと思われます。

　なお，借地に関する事案ですが，最高裁昭和43年4月12日判決・集民90号963頁は，借地人の共同相続人の1人がした借地権の無断譲渡に対し，他の共同相続人が無断譲渡について何ら関与せず知らなかったとしても，解除権不可分の原則から，解除の効果は他の共同相続人にも及ぶとしています。

第 2 編　借家をめぐる [100] の重要裁判例　　**361**

【94】　特約違反による無催告解除を認めた事例。

（最高裁昭和 50 年 2 月 20 日判決・民集 29 巻 2 号 99 頁）

事案の概要　　X は，その所有する建物を区分して青物，果物等の店舗に賃貸し，ショッピングセンター（以下，「SC」という）を運営し，昭和 44 年 12 月に，Y に対しその 1 区画である本件建物部分を青物商営業のため賃貸しました。

その際に，①粗暴な言動を用い，または濫りに他人と抗争したとき，②策略を用い，または他人を煽動して本 SC の秩序を紊し，あるいは運営を阻害しようとする等不穏の言動をしたと認められたとき，③多数共謀して家主に対して強談威迫をしたとき，のいずれかに当たる行為があるときは，無催告で借家契約を解除することができる旨の特約がありました。

ところが，SC 内の奥で店を構えていた青果商を営む W が Y の店舗と並ぶ表側に場所を変えたので，Y が X に奥の場所に戻すことを求め，それが容れられないと，「若い者を来させる。どんな目にあうかわからん。」等と述べ，また，Y が，W の店の前にはみ出して商品を並べたのを X 代表者から注意されると，同人に対して殴るなどの暴行を加え，3 週間の治療を要する傷害を負わせ，Y は罰金刑に処せられました。ほかにも，Y は SC の定休日に自己の店舗だけ営業するなど SC の運営を阻害しました。

そこで，X は Y に対し，前記特約違反を理由に無催告解除をして，本件建物部分の明渡しを求め提訴したところ，一審，原審ともに X の請求を認めたため，Y が上告しましたが，最高裁は上告を棄却しました。

判決の要旨　　本件賃貸借は，SC を構成する商店の一つを営業するため，同 SC 用の一棟の建物の一区分についてされるものであるから，その賃貸借契約に関して，賃貸人が賃借人の右のような行為を禁止することは，多数の店舗賃借人によって共同して SC を運営，維持して行くために必要不可欠なことであり，その禁止事項も通常の賃借人であれば容易にこれを遵守できるものであって，賃借人に不当に重い負担を課したり，その賃借権の行

使を制限するものでもない。したがって，右のような賃貸借契約の締結にあたって，賃貸人と賃借人との間の特約によって賃借人に前記のような行為を禁止することには合理的な理由があり，これを借家法6条により無効とすることはできない。

ただ，賃借人の右特約違反が解除理由となるのは，それが賃料債務のような賃借人固有の債務の債務不履行となるからではなく，特約に違反することによって賃貸借契約の基礎となる賃貸人，賃借人間の信頼関係が破壊されるからであると考えられる。

そうすると，賃貸人が右特約違反を理由に賃貸借契約を解除できるのは，賃借人が特約に違反し，そのため，右信頼関係が破壊されるにいたったときに限ると解すべきであり，その解除にあたってはすでに信頼関係が破壊されているので，催告を要しないというべきである。

これを本件についてみるに，前述のとおり，YはSC内で，他の賃借人に迷惑をかける商売方法をとって他の賃借人と争い，そのため，賃貸人であるXが他の賃借人から苦情を言われて困却し，X代表者がそのことにつきYに注意しても，Yはかえって右代表者に対して，暴言を吐き，あるいは他の者とともに暴行を加える有様であって，それは，共同店舗賃借人に要請される最少限度のルールや商業道徳を無視するものであり，SCの正常な運営を阻害し，賃貸人に著しい損害を加えるにいたるものである。したがって，Yの右のような行為は単に前記特約に違反するのみではなく，そのため本件賃貸借契約についてのXとYとの間の信頼関係は破壊されるにいたったといわなければならない。そうすると，Yの前記のような行為を理由に本件賃貸借契約の無催告解除を認めた原審の認定判断は正当として是認すべきであり，論旨は採用することができない。

<u>コメント</u> 本件判決は，特約違反による無催告解除について，家賃不払いによる解除と比較して論理的な説明をしています。
第1に，特約の合理性を挙げて，借家法6条違反の主張を排除してい

ます。SCの運営維持のために必要不可欠な禁止事項であり，通常の借家人であれば容易に遵守できるものとしているのです。

　第2に，借家人の固有の債務である家賃債務が直ちに債務不履行になるのと比べて，特約違反は，それによって借家人との間の信頼関係を破壊されるからであり，解除ができるのはその状況にいたったときに限るから，もはや催告を要しない，というものです。逆に言えば，家賃不払いは信頼関係を破壊しているかどうかは一義的には問題にならないので，民法541条の債務不履行解除の原則に戻り，催告が必要になるともいえるのです。

　もっとも，本件判決の論理構成から，特約違反で解除するには催告が不要であると，短絡的にとらえるのは危険です。特約違反が解除できるのは信頼関係を破壊するに至っているときに限るのですから，その状況に至らせるには，家主による特約違反についての注意，すなわち催告をすることが有効であるからです。現に，本件のXも他の借家人からの苦情もあり，何回も注意していることが認定されています。

　ところで，本件のように他の借家人からの苦情があれば，家主としては適切に対応する必要があります。大阪地裁平成元年4月13日判決・判時1322号120頁は，市営住宅に暮らす人が隣人から暴行・脅迫を受け，大阪市にその対処を求めたのに，適切な対応をしなかったとして，市の損害賠償責任を認めており，家主として適切な行動を要求されていることが分かります。

【95】　元の家主の承諾により設置した看板の撤去を建物譲受人の現家主が求めるのは権利の濫用に当たるとした事例。

（最高裁平成 25 年 4 月 9 日判決・判時 2187 号 26 頁）

事案の概要　　Vは，東京都渋谷駅周辺の繁華街に位置する本件建物を所有し，Yに対し，遅くとも平成 8 年 9 月までに本件建物の地下 1 階の本件建物部分を賃貸し，Yはそば屋（本件店舗）を営業していました。Yは，本件店舗の営業開始以降，Vの承諾を得て，本件店舗の営業のために，看板，装飾，ショーケース（以下，「本件看板等」という）を設置しましたが，設置箇所は，本件建物の 1 階部分の外壁，床面，壁面等で，いずれも地下 1 階の本件建物部分へ続く階段の入口およびその周辺に位置しています。

Vは，平成 22 年 1 月に本件建物をWに売却し，Wは，同年 4 月に本件建物をXに転売しましたが，その際に作成された売買契約書等には，本件建物の借家の権利の負担等がXに承継されること，本件建物に看板等があることなどが記載されていました。

Xは，本件建物部分の明渡しと本件看板等の撤去を求めたところ，一審は，Xの請求をいずれも棄却しましたが，原審は，本件建物部分の明渡しは否定したものの，本件看板等の撤去請求についてはXの請求を認めました。そこで，Yが上告受理申し立てをしたところ，最高裁は原判決を破棄し，Xの控訴を棄却しました。

判決の要旨　　本件看板等は，本件建物部分における本件店舗の営業の用に供されており，本件建物部分と社会通念上一体のものとして利用されてきたということができる。Yにおいて本件看板等を撤去せざるを得ないこととなると，本件建物周辺の繁華街の通行人らに対し本件建物部分で本件店舗を営業していることを示す手段はほぼ失われることになり，その営業の継続は著しく困難となることが明らかであって，Yには本件看板等を利用する強い必要性がある。

第２編　借家をめぐる[100]の重要裁判例　　**365**

　他方，上記売買契約書の記載や本件看板等の位置などからすると，本件看板等の設置が本件建物の所有者の承諾を得たものであることは，Ｘにおいて十分知り得たものということができる。また，Ｘに本件看板等の設置箇所の利用について特に具体的な目的があることも，本件看板等が存在することによりＸの本件建物の所有に具体的な支障が生じていることもうかがわれない。そうすると，上記の事情の下においては，ＸがＹに対して本件看板等の撤去を求めることは，権利の濫用に当たるというべきである。以上と異なる原審の判断には，判決に影響を及ぼすことが明らかな法令の違反がある。論旨は理由があり，原判決中，Ｙ敗訴部分は破棄を免れない。そして，以上説示したところによれば，Ｘの本件看板等の撤去請求は理由がなく，これを棄却した第一審判決は是認することができるから，上記部分に関するＸの控訴を棄却する。

コメント　所有権を取得した家主が，借家人に対し看板等の撤去を求める本事案において，一審は家主の請求を棄却したのに対して，原審は逆に請求を認めたところ，最高裁は再び家主の請求を退けました。つまり，二転三転したわけで，それだけ微妙な事案であったともいえます。もっとも，元の家主が認めていた看板等の設置について，所有者の変更に伴う家主の変更により，店にとっては死活問題の看板等の設置を否定することは許されないと考えるのが常識に合致しており，家主の看板等の撤去を認めた原審の判断に問題があったといえます。

　借家契約の内容そのものではなくても，本件の看板に限らず，借家契約を維持する上で必要なものがあります。たとえば，駐車場です。その借家を借りるのに借家の横に家主の駐車場があることが決め手となっていたのであれば，借家契約とは別の駐車場契約で，家主が駐車場の明渡しだけを求めてきた場合に，借家人は，借家契約と駐車場契約は不可分一体であるとして，家主の請求を拒絶することが可能であると思われます。

【96】 家主による鍵の取換えは不法行為に当たるとした事例。

（東京地裁平成 27 年 11 月 10 日判決・ウェストロー・ジャパン）

事案の概要　　　Xは，東京都渋谷区に所在のマンションの 1 室約 50 ㎡をカプセルタイプなどの 13 の専有部分と共用部分からなるシェアハウスに改装して，Yに対し，平成 24 年 12 月にY専有部分を 3 か月間，1 か月家賃と共益費合計 4 万 3,000 円，契約違反がない場合は自動更新とする約定で賃貸しました。Yは，平成 26 年 9 月に洗濯機がエラーになったとして他の居住者が騒いで迷惑であった旨のメールを 2 回X担当者に送ったところ，Xは，Yに対し，同年 10 月に信頼関係喪失により即時解除し，退去を要求する旨のメールをしたところ，Yが謝罪したため，Xは，予定していた強制退去はしないが，同月末をもって期限とし，次期再契約（更新）は行わない旨メールを送信し，同年 11 月 1 日にYがY専有部分に帰宅したところ，Yが保持する鍵では開かなくなっていました。そこで，Yは，Xに対し，慰謝料 30 万円と 11 月，12 月分の家賃として支払い済みの 8 万 6,000 円，移転諸費用 22 万 240 円の合計 60 万 6,240 円の支払いと，賃借権の確認等を求めて提訴したところ，Xは，Yの嫌がらせにより他の借家人 2 人が退去したことによる損害賠償請求等で 92 万 4,600 円の反訴請求をしました。東京地裁は，Yの請求を認め，Xの反訴を棄却しました。ここでは，Xの不法行為についてのみ判決の要旨を述べます。

判決の要旨　　　Xは，平成 26 年 10 月 4 日には強制的に鍵を取り替える旨Yに通告したうえで，同年 11 月 1 日にはYに無断でY専有部分の鍵を交換し，そのためYはY専有部分に入れなかったこと，同月 9 日にはYが就寝していた際にX担当者が，Yが内側から施錠していたにもかかわらず，Y専有部分の鍵をドライバーでこじ開けて扉を撤去したこと，その後Yが外出して帰宅するまでの間にY専有部分の鍵を替え，その後には本件建物玄関の鍵を交換し，Yは本件建物に入れなくなったことが認められる。これらの行為は，

第2編　借家をめぐる100の重要裁判例　　367

仮に本件解除が有効であろうと，Yに荷物を持ち出す暇すら与えず，強制的に本件建物からの退去を強いることになるものであり，法律上許されない自力救済というにとどまらず，根拠なき強制退去とでも呼ぶべきものであるから，社会的相当性を欠く行為であり，不法行為を構成する。まして，本件においては，本件解除は無効であり，Yは賃借権を有するのであるから，上記不法行為はこれを不法に侵害するものである。Xの上記不法行為により，Yは，正当に賃借していた住居を利用できず，当時行っていた就職活動も中断させられ，資格試験も万全の態勢で受験することができず，しまいには荷物の搬出すらできずに本件建物から閉め出された等により，大きな精神的損害を被ったことが認められる。これに対する慰謝料としては，少なくともYの主張する30万円をもって相当と認める。また，Yは新たな住居の礼金10万6,000円，仲介手数料5万7,240円および保証会社費用（家賃保証料）5万7,000円の合計22万240円を支出したことが認められるところ，これはXの上記不法行為の結果，新たな住居を賃借することを余儀なくされたために生じた費用であるから，上記不法行為と因果関係ある損害と認められる。

コメント　　まず，本件の前提として，Xは3か月の期間の定期借家を主張していますが，契約条項に「自動更新」との記載があることなどから普通借家と認定しており，その場合には借地借家法29条により1年未満については期間の定めがない普通借家契約となることを念のために指摘しておきます。

　ところで，本件判決が，「仮に本件解除が有効であろうと，Yに荷物を持ち出す暇すら与えず，強制的に本件建物からの退去を強いることになるものであり，法律上許されない自力救済」であると判示しているとおり，明渡しを求める法的根拠があっても，裁判手続きを通さずに鍵を取り替えるなどして強制的に立ち退かせることは，それ自体不法行為となります。このようなことが許されるようでは，弱肉強食の世界になってしまい，社会秩序が維持できなくなるからです。ところが，いまだにこのことを理解

していない家主や管理会社が少なからずいることに驚かされます。

　姫路簡裁平成21年12月22日判決・消費者ニュース83号60頁も，管理会社による追い出しについて不法行為であるとして，慰謝料36万5,000円に弁護士費用4万円を加えた40万5,000円の支払いを命じています。

　また，古くは，大審院大正15年3月23日判決・法律新報72号13頁が，自力救済のため侵入するのは建造物侵入罪であり，大審院昭和3年2月14日判決・新聞2866号11頁も同様な行為について住居侵入罪であるとして，いずれも正当防衛の主張を認めず，上告を棄却しています。

　つまり，自力救済は，民法709条の不法行為として損害賠償請求を受けるだけにとどまらず，刑法130条の住居侵入罪に該当する犯罪行為にすらなり得ることを，家主としてはしっかりと認識しておく必要があります。

第２編　借家をめぐる100の重要裁判例　　**369**

【97】　定期借家契約の説明書面とはいえないとされた事例。

（最高裁平成 24 年 9 月 13 日判決・民集 66 巻 9 号 3263 頁）

事案の概要　　Ｘは，不動産賃貸会社ですが，平成 15 年 7 月にＹとの間で，本件建物について，平成 20 年 7 月までの 5 年間とする定期借家契約書（以下，「本件契約書」という）を取り交わしましたが，本件契約書には，本件定期借家には契約の更新がなく，期間の満了により終了する旨の条項（以下，「本件定期借家条項」という）があります。これに先立ち，Ｘは本件定期借家条項と同内容の記載をした本件契約書の原案を送付し，Ｙはこれを検討しています。Ｘは，平成 19 年 7 月に本件定期借家は期間の満了により終了する旨の通知をしました。ＸはＹを相手に本件建物の明渡しを求めて提訴したところ，一審，原審ともにＸの請求が認められたため，Ｙが上告受理の申立てをしたところ，最高裁は原判決を破棄し，Ｘの請求を棄却しました。

判決の要旨　　期間の定めがある建物の賃貸借につき契約の更新がないこととする旨の定めは，公正証書による等書面によって契約をする場合に限りすることができ（法 38 条 1 項），そのような賃貸借をしようとするときは，賃貸人は，あらかじめ，賃借人に対し，当該賃貸借は契約の更新がなく，期間の満了により当該建物の賃貸借は終了することについて，その旨を記載した書面を交付して説明しなければならず（同条 2 項），賃貸人が当該説明をしなかったときは，契約の更新がないこととする旨の定めは無効となる（同条 3 項）。法 38 条 1 項の規定に加えて同条 2 項の規定が置かれた趣旨は，定期建物賃貸借に係る契約の締結に先立って，賃借人になろうとする者に対し，定期建物賃貸借は契約の更新がなく期間の満了により終了することを理解させ，当該契約を締結するか否かの意思決定のために十分な情報を提供することのみならず，説明においてもさらに書面の交付を要求することで契約の更新の有無に関する紛争の発生を未然に防止することにあるものと解される。

　以上のような法 38 条の規定の構造および趣旨に照らすと，同条 2 項は，定期建物賃貸借に係る契約の締結に先立って，賃貸人において，契約書とは別個

に，定期建物賃貸借は契約の更新がなく，期間の満了により終了することについて記載した書面を交付した上，その旨を説明すべきものとしたことが明らかである。そして，紛争の発生を未然に防止しようとする同項の趣旨を考慮すると，上記書面の交付を要するか否かについては，当該契約の締結に至る経緯，当該契約の内容についての賃借人の認識の有無および程度等といった個別具体的事情を考慮することなく，形式的，画一的に取り扱うのが相当である。したがって，法38条2項所定の書面は，賃借人が，当該契約に係る賃貸借は契約の更新がなく，期間の満了により終了すると認識しているか否かにかかわらず，契約書とは別個独立の書面であることを要するというべきである。

　これを本件についてみると，前記事実関係によれば，本件契約書の原案が本件契約書とは別個独立の書面であるということはできず，他にXがYに書面を交付して説明したことはうかがわれない。なお，Yによる本件定期借家条項の無効の主張が信義則に反するとまで評価し得るような事情があるともうかがわれない。そうすると，本件定期借家条項は無効というべきであるから，本件賃貸借は，定期建物賃貸借に当たらず，約定期間の経過後，期間の定めがない賃貸借として更新されたこととなる（法26条1項）。

　以上と異なる原審の判断には，判決に影響を及ぼすことが明らかな法令の違反がある。論旨は以上と同旨をいうものとして理由があり，原判決は破棄を免れない。そして，以上説示したところによれば，Xの請求は理由がないから，第一審判決を取り消し，上記請求を棄却することとする。

コメント　一審と原審が，定期借家と認めたのに対して，本件判決はこれを否定しました。この違いはどこから生じたかといえば，借地借家法38条2項の「その旨を記載した書面」，いわゆる説明文書について，定期借家契約書とは別の文書であることを要するとしたのが本件判決であるのに対して，常に契約書とは別の文書を義務付けたものではないと否定したのが一審および原審です。否定した理由は，借家人が定期借家であることを認識していれば，別個の文書で同趣旨の説明を受けて

第2編　借家をめぐる100の重要裁判例　**371**

も認識に変更が生じるわけではないから，同条項の趣旨に反しない，として実質説に立っているのです。これに対して，本件判決は，同条項をみれば，別個独立の書面を要求していることは明らかで，借家人の認識の有無および程度等といった個別具体的事情を考慮することなく，形式的，画一的に取り扱うのが相当であると，形式説に立っているのです。

　法的安定性や取引の安全を考えると，借家人の認識の有無という主観的事情によって，定期借家か普通借家かが決まるというのは，問題であるといわざるを得ません。また，法律の条文の体裁からしても，形式説に軍配が上がるのは仕方のないところで，本件判決の結果はやむを得ないと思われます。

　なお，本件判決に先立つ最高裁平成22年7月16日判決・判時2094号58頁が，「本件公正証書には，説明書面の交付があったことを確認する旨の条項があり，借家人において本件公正証書の内容を承認した旨の記載もある。しかし，記録によれば，現実に説明書面の交付があったことをうかがわせる証拠は，本件公正証書以外，何ら提出されていない……これらの事情に照らすと，家主は，本件賃貸借の締結に先立ち説明書面の交付があったことにつき主張立証をしていないに等しく，それにもかかわらず，単に，本件公正証書に上記条項があり，借家人において本件公正証書の内容を承認していることのみから，法38条2項において賃貸借契約の締結に先立ち契約書とは別に交付するものとされている説明文書の交付があったとした原審の認定は，経験則または採証法則に反するものといわざるを得ない。」として，借地借家法38条2項の説明文書の交付について厳格に解釈していました。

　本件判決も，この平成22年最高裁判決の延長線上にあるものと考えられ，説明文書およびその交付の解釈について，最高裁が一貫して厳しい姿勢を示していることが分かります。

　定期借家制度は，2000年3月1日から施行されているもので，まだまだ新しい制度といえます。そのために，一般，特に住居用の借家につい

ては，借家人が定期借家制度を本当に理解しているとはいえないと思われ
ます。そこで，定期借家については，定期借家契約書とは別に説明文書を
必要とした借地借家法38条2項の趣旨にかんがみると，当面は実務の
上でも厳格に対処すべきと思われます。

第 2 編　借家をめぐる⚞⚟の重要裁判例　**373**

【98】　通知期間後の定期借家契約の終了通知の効力が争われた事例。

（東京地裁平成 21 年 3 月 19 日判決・判時 2054 号 98 頁）

事案の概要　　V が，その所有する本件建物について，Y との間で，平成 16 年 8 月に平成 19 年 7 月 31 日までとする定期借家契約を締結しました。X は平成 19 年 6 月 8 日に V から本件建物を取得して Y に対する家主となりましたが，V も X も契約期間満了前に終了通知をしたことはなく，X は期間満了後の平成 19 年 11 月 19 日に Y に対し，その到達後 6 か月の経過をもって本件借家契約が終了する旨の終了通知を送りました。そこで，X は，Y を相手に本件建物の明渡しを求めて提訴しました。X は提訴後本件建物を Z に譲渡したため，Y の承諾を得て，X は本訴から脱退し，Z が承継参加人として本訴を受け継ぎましたが，東京地裁は，Z の Y に対する明渡しを認めました。

判決の要旨　　借地借家法 38 条所定の定期建物賃貸借契約のうち契約期間が 1 年以上のものについて，賃貸人が期間満了に至るまで同条 4 項所定の終了通知を行わなかった場合，賃借人がいかなる法的立場に置かれるかについては争いがあるところ，①定期建物賃貸借契約は期間満了によって確定的に終了し，賃借人は本来の占有権原を失うのであり，このことは，契約終了通知が義務付けられていない契約期間 1 年未満のものと，これが義務付けられた契約期間 1 年以上のものとで異なるものではないし，後者について終了通知がされたか否かによって異なるものでもない，②ただし，契約期間 1 年以上のものについては，賃借人に終了通知がされてから 6 か月後までは，賃貸人は賃借人に対して定期建物賃貸借契約の終了を対抗することができないため，賃借人は明渡しを猶予されるのであり，このことは，契約終了通知が期間満了前にされた場合と期間満了後にされた場合とで異なるものではない。

これに対し，Y は，定期建物賃貸借契約のうち終了通知が義務付けられた契約期間 1 年以上のものについては，期間満了までに終了通知をしなかった場合には，契約が期間満了により終了するという特約上の権利を放棄したものとし

て，賃借人は普通建物賃貸借契約における賃借人と同じ立場に立つと解すべき旨を主張し，その根拠ないし理由として，①終了通知は，法文上「期間満了により賃貸借が終了する旨の通知」と定義され，期間満了前に行うことが当然の前提とされていること，②終了通知は権利行使要件であると考えられており，それゆえに通知期間が限定されているのだから，いつでも終了通知ができるとすると期間を限定した意味がなくなってしまうこと，③賃貸人が期間満了前に終了通知を出すことを怠ったことによる不利益を無辜の賃借人に帰すことは，賃借人保護の目的を有する借地借家法の解釈として不適切であること，④賃貸人が故意に終了通知を出さないことによって，定期期間の定めを恣意的に伸長できることになりかねず，賃借人の地位を極めて不安定とするもので妥当でなく，定期借家制度の根本趣旨に反することなどを挙げる。

　当裁判所は，Ｙの主張は傾聴すべき点を含むものではあるが，現行の借地借家法の解釈論としては採用できないものと考える。その理由は以下のとおりである。①，②について，確かに，法文上も実体上も，本来，終了通知については期間満了前に行われることを予定していること，かかる通知が賃貸人の権利行使要件であることは明らかである。しかし，同様に法文上でいえば，本来の通知期間の定めはあるものの，通知期間経過後の通知については，いつまでに行わなければならないかについての限定はないし，期間満了後に「期間の満了により建物の賃貸借が終了する旨の通知」をして契約終了を確認することは十分にあり得るところである。また，法が賃貸人に終了通知を行うことを義務付けた趣旨は，上記のとおり，賃借人に契約終了に関する注意を喚起するとともに，代替物件を探すためなどに必要な期間を確保することにあると解されるところ，期間満了後に終了通知を行うことは，少なくとも後者の趣旨に適ったものということができる。

　③について，確かに，賃貸人が期間満了後に終了通知を出している場合，期間満了前の終了通知を怠ったという面があることは否定できない。しかし，賃貸人が期間満了前の終了通知を怠ったことに対する制裁としては，同通知から6か月間は契約終了を賃借人に対して対抗することができないことが定められ

ている。この賃貸人への制裁の反面として，賃借人においては，この間建物の明渡しが猶予されるとの法的効果が与えられ，その一方で契約終了を認めて契約関係から離脱することもできるとされたのであって，法は，かかる制裁と法的効果を定めることで，賃貸人・賃借人間の法的均衡を図っているものと解される。これに対し，Ｙが主張するように，この場合に賃借人に対して普通建物賃貸借契約における賃借人と同じ立場となること，すなわち期限の定めのない普通建物賃貸借契約における賃借人となるとすると，賃貸人において契約終了を主張できないばかりか，賃借人においても直ちに契約関係から離脱することはできず，解約申入れ後3か月間を経ないと建物賃貸借契約は終了しないことになるところ（民法617条1項2号），かかる事態は，定期建物賃貸借契約を締結した賃貸人のみならず賃借人の合理的期待ないし合理的予測に反するものといわなければならず，妥当とはいい難い。

④について，確かにＹが主張するように，賃貸人が期間満了後も賃借人に対していたずらに終了通知をしないことは，法の予定するところとはいえないし，特に建物の使用継続を希望する賃借人の地位を不安定にするものといわなければならない。しかし，終了通知義務のない契約期間1年未満の定期建物賃貸借契約についても，期間満了後も賃借人による建物使用継続に対して賃貸人がこれに異議を述べないなど，上記と同様の事態は生じ得ると解される。そして，これらの事態に対しては，期間満了後，賃貸人から何らの通知ないし異議もないまま，賃借人が建物を長期にわたって使用継続しているような場合には，黙示的に新たな普通建物賃貸借契約が締結されたものと解し，あるいは法の潜脱の趣旨が明らかな場合には，一般条項を適用するなどの方法で，統一的に対応するのが相当というべきである。Ｙ主張のように，終了通知が契約期間内に行われたか否かをメルクマールとする方法は，終了通知義務のない契約期間1年未満のものには対応できないのであって，法がかかる方法を予定しているとも解し難い。

したがって，本件各定期建物賃貸借契約は，本件通知から6か月が経過した後の平成20年5月20日からこれら契約終了をＹに対抗できるものと認められる。

コメント 東京地裁判決は，借家人側の普通借家に転換する旨の主張について，傾聴すべき点を含むものではあると言いながら，定期借家契約は期間満了によって確定的に終了し，借家人は本来の占有権限を失うのであり，このことは，契約終了通知が義務付けられていない契約期間1年未満のものと，これが義務付けられた契約期間1年以上のものとで異なるものではない，などとして，期間満了後の通知から6か月後の明渡し請求を認めており，定期借家制度の立法化に関与した福井秀夫教授も，同様の見解を述べています。

しかし，普通借家に転換する可能性を否定することはできないと思われます。借地借家法第38条4項では，「期間の満了により賃貸借が終了する旨の通知」と定義され，この通知は期間満了前に行うことが当然の前提とされており，東京地裁判決もこれを認めていること，同条6項で，「前二項の規定に反する特約で建物の賃借人に不利なものは，無効とする」としていること，期間が満了した以上，当初の契約書の対象期間外であるために契約書の及ばない借家となるが，同条1項で契約書のない定期借家は認められていないこと，通知を怠った家主の恣意的判断により，借家人の退去時期が左右されるのは借地借家法の趣旨に反すること，【97】で挙げた平成22年および平成24年最高裁判決が定期借家の成立要件について家主側に厳しい解釈をしていることとのバランス上，終了要件についても家主側に厳格な解釈を取るのが一貫した姿勢であることなどから，普通借家に転換すると考える方が自然な解釈と思われるからです。藤井俊二教授も，期間満了後は，普通借家契約の関係になるとする澤野説が妥当である旨述べており（稲本洋之助・澤野順彦編『コンメンタール借地借家法（第3版）』297頁，日本評論社），結論として，本件判決には疑問を持たざるを得ません。

第 2 編　借家をめぐる100の重要裁判例　377

【99】　定期借家契約が終了し，普通借家契約が締結されたか否かが争われた事例。

（東京地裁平成 29 年 11 月 22 日判決・ウェストロー・ジャパン）

事案の概要　　XとYは，平成 15 年 8 月に本件建物について，家賃は 1 か月 47 万 8,000 円（消費税別途），期間は平成 23 年 8 月末までで，定期借家契約終了後も明渡しをしない場合には家賃の 3 倍の額を使用損害金として請求できる旨の本件定期借家契約を締結し，Zが連帯保証をしました。Xは，本件定期借家契約および本件連帯保証契約の締結に先立ち，当時Xの代理人であった株式会社Vの従業員をして，本件定期借家契約が平成 23 年 8 月末の期間満了をもって終了し，契約の更新がないこと等を記載した本件書面を交付して説明させました。Xは，Vをして，Yに対し，平成 23 年 1 月付で本件定期借家契約が平成 23 年 8 月末をもって終了する本件通知をし，到達しました。Xは，Yに対し本件建物の明渡しを求めるとともに，YとZに対し，期間満了後の家賃の 3 倍の額の使用損害金の請求を求めて提訴しましたが，東京地裁はいずれも棄却しました。

判決の要旨　　Xは，Yに対し，本件定期借家契約の賃貸期間満了の 1 年前から 6 か月前までの間である平成 23 年 1 月に本件通知をしており，これによって本件定期借家契約は平成 23 年 8 月末をもって期間満了により終了したというべきである。借地借家法 38 条 1 項は，定期借家契約において，借地借家法 26 条に基づく更新がないこととする旨の定めを置くことができる旨規定するにとどまり，民法 619 条に基づく新たな賃貸借契約の成立を排除していない。そして，定期借家契約の終了通知をした場合において，賃貸人がいつでも明渡し請求できるとすることは，建物を使用継続する賃借人の地位をいたずらに不安定にするものであって，定期借家制度がそのような運用を予定しているとは解し難い。以上に照らし，期間満了後も賃借人が建物の使用を継続し，賃貸人も異議なく賃料を受領しているような場合には，黙示的に新たな普通建物賃貸借契約が締結されたものと解すべきである。

前記のとおり，XはVを介して，平成23年1月に本件通知により本件定期借家契約の終了を通知したものの，同通知送付後は，平成26年5月付通告書をYに送付するまでの間，賃借人の建物使用に対し，再契約についての交渉を試みるにとどまり，使用継続に対する異議を述べておらず，本件建物の管理をXから任せられていたVも，本件定期借家契約の期間満了前における賃料額と同額の賃料等の請求を平成23年9月以降も継続し，これを受領していたことに照らせば，XとYとの間では，黙示的に新たな普通賃貸借契約が締結されたものというべきである。

Xは，賃料等を請求した事情として，新たな再契約に応じようとせず，かといって本件建物を明け渡そうとしないYに対し，大事になることを避けつつ，自己の損失をできる限り抑えようとした結果にすぎない旨主張するが，上記の認識もXが異議なく賃料を受領していたとの評価を左右するものとはいえない。

> **コメント**　本件の事案において，定期借家契約の終了通知については，借地借家法38条4項の通知期間内に行われているので，当初の約定通りに定期借家契約が終了していることに，特段の問題はないと思われます。
>
> 主な争点となったのは，その後の経緯から，普通借家契約が成立したかどうかです。家主が管理会社に交渉を任せていたとはいえ，定期借家契約の終了から3年近く借家人が支払う家賃を異議なく受領し続けていたというのでは，本件判決がいうように，黙示的に新たな普通借家契約が締結されたものと解されることになると思われます。既成事実が長期間継続すると，「黙示的に」契約が成立するというのは，裁判所がしばしば事実認定する手法ですから，契約にかかわる当事者は気をつける必要があります。
>
> なお，東京地裁平成27年2月24日判決・不動産鑑定54巻6号33頁は，もともと普通借家であった家主と借家人との間で，期間満了時の合意の際に定期借家契約書を締結し説明文書を交付したとしても，一定

第２編　借家をめぐる100の重要裁判例　　379

の場合に再契約することを合意する旨の覚書の存在や家主も借家契約の継続を前提とする言動をしていたことなどから，定期借家契約を否定し，普通借家契約と認定しています。

【100】 定期借家契約の違約金条項の有効性が認められた事例。

（東京地裁平成 20 年 8 月 18 日判決・判時 2024 号 37 頁）

事案の概要　Ｖは，平成 17 年 3 月にＹとの間で，本件建物について月額 2,100 万円の家賃で 10 年間の定期借家契約を締結しましたが，その際にＹは保証金 2 億円を預託し，契約が終了して原状回復し明渡しの完了確認後 1 か月以内に返還されること，Ｙの自己都合での解約はできず，中途解約する場合には違約金として保証金は全額返還されない旨の特約（以下，「本件違約金条項」という）が付されていました。

Ｖは，平成 19 年 5 月にＷに本件建物を売却し，Ｗは同日，Ｘに本件建物を賃貸し，同年 6 月Ｙは，本件建物の家主としての地位がＶからＸに移転すること，本件保証金返還債務をＸが免責的に引き受けることを承諾しました。

Ｙは，同年 9 月破産手続開始決定を受け，Ｚが破産管財人に選任され，同年 10 月破産法 53 条 1 項に基づき，本件定期借家契約を解除し，原状回復をせずに本件建物を明け渡しました。

Ｚは，Ｘに対し，本件保証金から未払家賃，原状回復費用等を控除した残保証金 9,231 万円余りの返還を求めて提訴しましたが，Ｘは，未払家賃 3,238 万円および原状回復費用 6,014 万円を反訴として請求しました。

東京地裁は，Ｚの請求を棄却し，Ｘの反訴については，未払家賃のうち，1,680 万円については却下しましたが，その余の請求は認めました。

本件事案は，破産と賃貸借の関係を考えるうえで，原状回復の財団債権の問題など興味深い論点が数多くありますが，ここでは本件違約金条項に焦点を絞りたいと思います。

判決の要旨　本件賃貸借契約は，10 年間の定期建物賃貸借契約であり，原則として中途解約ができない旨を定めているから，賃貸人および賃借人は原則として 10 年間の契約期間満了まで賃貸借契約を継続し，賃貸人は賃料収入を得ることを，賃借人は本件建物を使用収益することができ

ることを，それぞれ期待していたと解される。

他方，本件賃貸借契約においては，本件違約金条項のほか，「賃借人の債務不履行，破産申立等を理由に賃借人が解除する場合」等，賃借人側の事情により期間中に契約が終了した場合には，「保証金は違約金として全額返還しない」旨が定められている。

以上からして，本件違約金条項は，賃借人側の事情により期間中に契約が終了した場合に，新たな賃借人に賃貸するまでの損害等を賃借人が預託した保証金によって担保する趣旨で定められたものと解するのが相当である。

賃貸借契約の締結に付随して，このような定めを合意することは原則として当事者の自由であり，Ｙも本件違約金条項の存在を前提として自由な意思に基づき本件賃貸借契約を締結している。そして，保証金２億円は，賃料の約９か月半分に相当するところ，賃貸人および賃借人は，本件賃貸借契約を10年間継続し，賃貸人は賃料収入を得ることを期待していたことに照らせば，その金額が，違約金（損害賠償額の予約）として過大であるとはいえない。

また，本件違約金条項を含む保証金を返還しない旨の約定は，賃借人の自己都合およびやむを得ない事由など賃借人において生じた事情によって所定の期間内に契約を終了せざるを得ない場合について定められており，事由の如何を問わず賃借人に保証金が返還されないことを強いる趣旨とは解されないのであって，賃貸人側の事情による終了の場合の保証金に関する定めがないことをもって，直ちに，本件違約金条項が賃貸人に著しく有利であり，正義公平の理念に反し無効であるとはいえない。

さらに，前記のとおり，本件違約金条項が当事者間の自由な意思に基づいて合意され，その内容に不合理な点がない以上，Ｚにおいても，これに拘束されることはやむを得ないと解すべきであるから，本件違約金条項が破産法53条1項に基づくＺの解除権を不当に制約し，違法無効であるとはいえない。

したがって，本件違約金条項は有効であり，これに反するＺの主張は理由がない。

コメント 最近の店舗や事務所用の借家契約では，高額の敷金や保証金を家主が預かり，契約期間中の借家人による中途解約を認めず，やむを得ない事由で中途解約をしたり，借家人の債務不履行や破産等により契約が終了した場合には，敷金や保証金を返還しない旨の違約金条項が認められます。さらにいえば，敷金等を返還しないだけでなく，残余期間の家賃相当額の支払義務を課していることもあります。

これらの違約金条項は，特に定期借家契約では一般的にみられますが，普通借家契約においても散見されます。普通借家契約でも期間の定めがあるのが通常で，期間の途中で解約すれば同じ問題が生じ得ることになります。もっとも，普通借家契約では更新が前提なので期間に対する縛りの意識がそれほどないのに対して，定期借家契約については，その期間で終了することが確定しているので，期間に対する意識も強くなる結果として，違約金条項が一般的に約定されているのです。

このため，裁判所も，定期借家契約における違約金条項については，全額認めることが多いと思われます。これに対して，普通借家契約における違約金条項については，限定的に解釈する裁判例が見受けられます。

東京地裁平成 8 年 8 月 22 日判決・判タ 933 号 155 頁および名古屋高裁平成 12 年 4 月 27 日判決・判時 1748 号 134 頁は，いずれも普通借家の事案ですが，違約金条項を制限的に解釈しています。

平成 8 年東京地裁判決は，中途解約の場合の残存期間までの家賃および共益費を違約金と定めていることについて，「約 3 年 2 か月分の賃料および共益費相当額の違約金が請求可能な約定は，賃借人に著しく不利であり，賃借人の解約の自由を極端に制約することになるから，その効力を全面的に認めることはできず，1 年分の賃料および共益費相当額の限度で有効であり，その余の部分は公序良俗に反して無効と解する。」と判示しました。

また，平成 12 年名古屋高裁判決は，家賃が 150 万円の借家について，

借家人の破産管財人が，預託を受けた敷金および建設協力金の未返還額から未払家賃を控除した残金約 5,378 万円の返還を求めたのに対して，「本件特約による違約金債権を自働債権とする相殺を全面的に認めることは，合理的な期待の範囲を超えているといえるから，その範囲を超えた部分については，権利の濫用として許されない。そこで，合理的な期待の範囲を具体的にどのように算定するかであるが，本件建物について新たな賃借人の確保には 1 年程度の期間を要すると予想されること，本件賃貸借契約が締結された平成 5 年以後建物賃料が下落傾向にあることは公知の事実であり，新たな賃借人から得られる賃料や保証金は前の賃借人が引き続いて賃借した場合と比較すれば低額になることが予想されること等を考慮すれば，2,100 万円を合理的な期待の範囲とするのが相当である。」と判示して，原状回復費用も控除するなどして約 2,469 万円の返還請求を認めました。

　両判決に共通していることは，違約金条項の定めいかんにかかわらず，1 年ないし 1 年余の家賃（および共益費）相当額の範囲での違約金を認め，それを超える部分については，公序良俗違反ないし権利の濫用として否定した点です。

　そこで，本件判決に戻ると，確かに違約金条項をそのまま認めていはいますが，「保証金 2 億円は，賃料の約 9 か月半分に相当するところ，賃貸人および賃借人は，本件賃貸借契約を 10 年間継続し，賃貸人は賃料収入を得ることを期待していたことに照らせば，その金額が，違約金（損害賠償額の予約）として過大であるとはいえない。」と述べているように，家賃相当分の期間分としては，むしろ平成 8 年東京地裁判決および平成 12 年名古屋高裁判決よりも短い期間であることから，定期借家においても，必ずしも違約金条項をそのまま認めるとは限りません。未だ最高裁判決が出ていないことも踏まえると，違約金条項の全面的な有効性の可否については未決着といえます。

《用語索引》

【ア 行】

空家等対策の推進に関する特別措置法 132
一時使用借家 19
営業休止補償 47
営業賃貸借 8
営業補償 46
親亀子亀論 84

【カ 行】

解約の申入れ 26
解約権留保特約 27
瑕疵担保責任 59
借り上げ社宅 12
還付請求 70
期限付借家 11, 118
既判力 264
強行規定 57
供託金の払渡請求 70
極度額 79
ケース貸し 160
経営委託 8
形成権 244
契約不適合責任 59
権原 141
原状回復をめぐるトラブルとガイドライン 95
権利濫用 312
公営住宅 14

公営住宅法 14
工作物補償 46
更新拒絶 23
更新料 76
公務員宿舎 5
個人企業の法人成り 323
個人根保証契約 79
国家公務員宿舎法 5
固定賃料 17
固定的経費補償 47

【サ 行】

再契約 126
債権者不確知 69
催告 105
裁判管轄 292
差額賃料等補償方式 50
差額家賃 44
敷金 74
敷引特約 277
事情変更の原則 62
私的自治の原則 64
自動改定特約 65
借家の転貸 82
借家権価格 42
社宅 12
収益減補償 47
従業員休業補償 47
修繕義務 92
終了通知 124
受領拒否 69

使用貸借　　4
消費者契約法　　76
自力救済　　114
信義則　　309
新耐震基準　　35
信託譲渡　　100
信頼関係破壊理論　　323
正当事由　　11
説明文書　　123
造作買取請求権　　81

【タ　行】

耐震診断　　35
短期賃貸借　　20
担保不動産収益執行　　274
地代家賃統制令　　11
中途解約　　130
調停前置主義　　72
直近合意賃料　　259
定期借家　　11, 119
抵当建物使用者の引渡しの猶予　　20
同時履行の抗弁権　　59
得意先喪失補償　　47
督促　　105
取戻請求　　70

【ナ・ハ行】

任意規定　　57
根保証契約　　79
配偶者居住権　　60
配偶者短期居住権　　60
配達証明書付き内容証明郵便　　105
場所換え　　16
場所貸し　　16
引換給付判決　　37

非弁行為　　117
費用償還請求権　　81
歩合賃料　　17
付合　　141
不動産の証券化　　100
不動産鑑定評価基準　　48
不動産登記規則　　7
不動産登記事務取扱手続準則　　7
不動産登記法　　2
不当利得返還請求　　329
ペット禁止特約　　110
返還請求権　　103
弁済供託　　69
妨害停止請求権　　103
法定更新　　23
保証金　　74

【マ・ヤ・ラ行】

迷惑行為　　112
黙示の意思表示による承諾　　107
家賃増減請求権　　62
用対連　　52
用対連基準　　52
用対連細則　　54
用法違反　　108
良質な賃貸住宅等の供給の促進に関する特別措置法　　11
礼金　　74

17条決定　　73
is 値　　35

《判例索引》

【大審院・最高裁判所】

大審院大正8年8月28日判決 ············ 335

大審院大正11年11月24日判決 ········ 351

大審院大正15年1月29日判決 ··········· 289

大審院大正15年3月23日判決 ··········· 368

大審院昭和2年12月22日判決 ·········· 266

大審院昭和2年12月27日判決 ··········· 291

大審院昭和3年2月14日判決 ············· 368

大審院昭和4年6月19日判決 ············· 334

大審院昭和6年4月25日判決 ············· 311

大審院昭和6年5月23日判決 ············· 340

大審院昭和8年6月13日判決 ············· 334

大審院昭和8年7月12日判決 ············· 306

大審院昭和8年7月29日判決 ············· 352

大審院昭和8年9月29日判決 ············· 311

大審院昭和9年3月7日判決 ·············· 316

大審院昭和10年3月16日判決 ··········· 267

大審院昭和10年10月1日判決 ················ 2

大審院昭和13年3月1日判決 ············· 294

大審院昭和15年4月6日判決 ············· 162

大審院昭和17年1月15日判決 ··········· 314

最高裁昭和18年2月12日判決 ··········· 186

最高裁昭和25年2月14日判決 ··· 180, 209

最高裁昭和25年5月2日判決 ············· 174

最高裁昭和25年11月16日判決 ········· 199

最高裁昭和26年3月23日判決 ··········· 198

最高裁昭和26年4月24日判決 ··········· 188

最高裁昭和26年5月31日判決 ··········· 320

最高裁昭和26年9月14日判決 ··········· 190

最高裁昭和26年11月27日判決 ········· 178

最高裁昭和27年1月18日判決 ··········· 172

最高裁昭和27年3月18日判決 ··········· 191

最高裁昭和27年5月9日判決 ············· 194

最高裁昭和27年10月7日判決 ··········· 192

最高裁昭和27年12月11日判決 ········· 176

最高裁昭和27年12月25日判決 ········· 197

最高裁昭和27年12月26日判決 ········· 202

最高裁昭和28年1月10日判決 ··········· 195

最高裁昭和28年1月30日判決 ··········· 298

最高裁昭和28年3月6日判決 ············· 173

最高裁昭和28年3月17日判決 ··········· 171

最高裁昭和28年4月9日判決 ····· 184, 185

最高裁昭和28年4月23日判決 ··········· 154

最高裁昭和28年9月25日判決 ··· 322, 323

最高裁昭和28年12月18日判決 ········· 102

最高裁昭和29年1月14日判決 ··········· 293

最高裁昭和29年2月2日判決 ············· 331

最高裁昭和29年3月9日判決 ············· 181

最高裁昭和29年3月11日判決 ··· 287, 288

最高裁昭和29年6月25日判決 ··········· 325

最高裁昭和29年7月9日判決 ············ 204

最高裁昭和29年7月22日判決 ·········· 293

最高裁昭和29年10月26日判決 ········ 147

最高裁昭和29年11月16日判決 ·· 151, 153

最高裁昭和29年12月21日判決 ········ 353

最高裁昭和30年2月18日判決 ·········· 159

最高裁昭和30年4月5日判決 ············ 102

最高裁昭和30年4月19日判決 ·········· 333

最高裁昭和30年6月7日判決 ············ 193

最高裁昭和30年9月22日判決 ·· 322, 324

最高裁昭和30年11月25日判決 ········ 167

最高裁昭和31年4月5日判決 ············ 306

最高裁昭和31年4月6日判決 ············ 295

最高裁昭和31年5月15日判決 ·· 254, 256

最高裁昭和31年10月5日判決 ·········· 321

最高裁昭和31年11月16日判決 ········ 153

最高裁昭和32年3月28日判決 ·· 141, 208

最高裁昭和32年9月3日判決 ············ 244

最高裁昭和32年11月12日判決 ········ 300

最高裁昭和32年12月10日判決 ········ 301

最高裁昭和33年1月14日判決 ·········· 299

最高裁昭和33年1月23日判決 ·········· 184

最高裁昭和33年7月17日判決 ·········· 205

最高裁昭和33年10月14日判決 ·· 99, 287

最高裁昭和34年2月19日判決 ·········· 181

最高裁昭和35年4月12日判決 ·········· 143

最高裁昭和35年4月26日判決 ·········· 206

最高裁昭和35年5月19日判決 ·········· 152

最高裁昭和35年6月23日判決 ·········· 311

最高裁昭和35年6月28日判決 ·········· 344

最高裁昭和35年11月22日判決 ········ 335

最高裁昭和35年12月20日判決 ········ 290

最高裁昭和36年2月24日判決 ·········· 244

最高裁昭和36年4月28日判決 ·········· 309

最高裁昭和36年10月10日判決 ········ 164

最高裁昭和36年11月7日判決 ·········· 247

最高裁昭和36年11月17日判決 ········ 179

最高裁昭和37年2月1日判決 ····· 302, 316

最高裁昭和37年4月5日判決 ············ 342

最高裁昭和37年5月31日判決 ·········· 179

最高裁昭和37年12月25日判決 ········ 318

最高裁昭和38年2月21日判決 ·········· 315

最高裁昭和38年3月1日判決 ············ 210

最高裁昭和38年10月29日判決 ·· 141, 142

最高裁昭和39年3月31日判決 ·········· 306

最高裁昭和39年6月26日判決 ·········· 337

最高裁昭和39年9月24日判決 ·········· 149

最高裁昭和39年10月10日判決 ········ 164

最高裁昭和39年11月19日判決 ········ 322

最高裁昭和39年11月27日判決 ········ 346

最高裁昭和40年2月23日判決 ·········· 183

最高裁昭和40年3月23日判決 ·········· 182

最高裁昭和40年8月2日判決 ············ 357

最高裁昭和41年5月19日判決 ·········· 316

最高裁昭和41年10月27日判決 ·· 144, 165

最高裁昭和41年11月10日判決 ·· 180, 196

最高裁昭和42年2月21日判決 ·········· 318

最高裁昭和42年4月28日判決 ·········· 318

最高裁昭和42年5月2日判決 ············ 239

最高裁昭和42年5月24日判決 ·········· 199

最高裁昭和42年6月2日判決 ············ 138

最高裁昭和43年1月25日判決 ·· 165, 327

最高裁昭和43年4月12日判決 ·········· 360
最高裁昭和43年6月13日判決 ··· 139, 142
最高裁昭和43年9月27日判決 ·········· 359
最高裁昭和44年2月27日判決 ·········· 349
最高裁昭和44年4月15日判決 ·········· 152
最高裁昭和44年7月17日判決 ·········· 268
最高裁昭和44年10月7日判決 ·········· 236
最高裁昭和46年2月19日判決 ·········· 297
最高裁昭和46年6月17日判決 ·········· 210
最高裁昭和46年7月16日判決 ·········· 297
最高裁昭和46年11月25日判決 ········ 212
最高裁昭和46年12月7日判決 ·········· 213
最高裁昭和47年6月15日判決 ·········· 310
最高裁昭和48年2月2日判決 ·········· 269
最高裁昭和48年7月19日判決 ·········· 200
最高裁昭和48年10月26日判決 ········ 349
最高裁昭和49年3月14日判決 ·········· 296
最高裁昭和49年9月2日判決 ·········· 269
最高裁昭和50年2月20日判決 ·········· 361
最高裁昭和51年3月4日判決 ·········· 270
最高裁昭和51年10月1日判決 ·········· 76
最高裁昭和51年12月17日判決 ········ 343
最高裁昭和52年2月22日判決 ·········· 248
最高裁昭和52年5月27日判決 ·········· 201
最高裁昭和53年6月29日判決 ·········· 169
最高裁昭和56年4月20日判決 ··· 254, 257
最高裁昭和57年7月7日判決 ·········· 199
最高裁昭和58年12月8日判決 ·········· 250
最高裁昭和59年12月13日判決 ········ 158
最高裁昭和62年2月13日判決 ···· 15, 155
最高裁昭和62年3月24日判決 ·········· 303

最高裁昭和63年7月1日判決 ·········· 313
最高裁平成2年6月22日判決 ······· 15, 157
最高裁平成2年10月18日判決 ·········· 156
最高裁平成3年3月22日判決 ·········· 214
最高裁平成3年11月29日判決 ·········· 246
最高裁平成4年2月6日判決 ······· 137, 150
最高裁平成7年3月28日判決 ·········· 241
最高裁平成7年9月19日判決 ·········· 328
最高裁平成8年12月17日判決 ·········· 319
最高裁平成9年2月25日判決 ·········· 304
最高裁平成9年11月13日判決 ·········· 285
最高裁平成10年9月3日判決 ·········· 276
最高裁平成11年3月25日判決 ·········· 339
最高裁平成14年3月28日判決 ·········· 307
最高裁平成15年10月21日判決 ·· 251, 253
最高裁平成20年2月29日判決 ·········· 258
最高裁平成21年7月3日判決 ·········· 272
最高裁平成22年7月16日判決 ··· 371, 376
最高裁平成23年3月24日判決 ·········· 278
最高裁平成23年7月12日判決 ·········· 281
最高裁平成23年7月15日判決 ·········· 282
最高裁平成24年9月13日判決 ··· 369, 376
最高裁平成25年4月9日判決 ·········· 364
最高裁平成26年9月25日判決 ·········· 261
最高裁平成29年12月21日判決 ········ 156

【高等裁判所】

東京高裁昭和62年5月11日判決 ······· 145
東京高裁平成12年3月23日判決 ······· 224
名古屋高裁平成12年4月27日判決

.... 382, 383

東京高裁平成18年8月30日判決 ······ 144

【地方裁判所】

東京地裁昭和59年10月4日判決 ······ 355

大阪地裁平成元年4月13日判決 ······ 363

東京地裁平成2年9月10日判決 ········ 220

東京地裁平成7年7月12日判決 ········ 355

東京地裁平成8年5月20日判決 ········ 226

東京地裁平成8年8月22日判決 ·· 382, 383

東京地裁平成10年1月29日判決 ······ 355

浦和地裁平成11年12月15日判決 ····· 217

東京地裁平成18年8月30日判決 ······· 129

東京地裁平成20年8月18日判決 ······· 380

東京地裁平成21年3月19日判決 ······· 373

東京地裁平成23年8月10日判決 ······· 228

東京地裁平成23年9月13日判決 ······· 228

東京地裁平成25年1月25日判決 ······· 229

東京地裁立川支部平成25年3月28日判決

.... 219

東京地裁平成26年3月19日判決 ······· 355

東京地裁平成27年2月24日判決 ······· 378

東京地裁平成27年11月10日判決 ······ 366

東京地裁平成29年11月22日判決 ····· 377

姫路簡裁平成21年12月22日判決 ····· 368

《著者紹介》

宮崎　裕二（みやざき　ゆうじ）

1979 年 3 月，東京大学法学部卒業。同年 10 月，司法試験合格。1982 年 4 月，弁護士登録。1986 年 4 月，宮崎法律事務所開設。2008 年度に大阪弁護士会副会長，2009 年から現在に至るまで大阪地方裁判所調停委員を務める。専門は，不動産，倒産・再生，相続，企業法務。

[主要著書]（共著を含む）

『不動産取引における心理的瑕疵の裁判例と評価—自殺・孤独死等によって，不動産の価値はどれだけ下がるか？』
『土壌汚染をめぐる重要裁判例と実務対策—土壌汚染地の売買契約条文と調査・処理の実際』
『Q&A 重要裁判例にみる私道と通行権の法律トラブル解決法』
『ザ・信託—信託のプロをめざす人のための50のキホンと関係図で読み解く66の重要裁判例』
『固定資産税の38のキホンと88の重要裁判例—多発する固定資産税の課税ミスにいかに対処するか！』
『共有不動産の33のキホンと77の重要裁判例—ヤッカイな共有不動産をめぐる法律トラブル解決法』
（以上，プログレス）
『わかりやすい借地借家法のポイント』（三菱 UFJ リサーチ＆コンサルティング）
『これならわかる！ Q&A55　定期借地権なるほどガイド』（PHP 研究所）
『賃貸住宅経営トラブル解決法（改訂）』（清文社）
『道路・通路の裁判例（第 2 版）』（有斐閣）
『改訂・相続の法律知識』（三菱 UFJ リサーチ＆コンサルティング）
『非常勤社外監査役の理論と実務』（大阪弁護士会・日本公認会計士協会近畿会編）（商事法務）
『借家の立退き Q&A74』（住宅新報社）

宮崎法律事務所
〒 530-0047　大阪市北区西天満 2 丁目 6 番 8 号　堂ビル 211 号室

借家をめぐる66のキホンと100の重要裁判例
——家主と借家人とのヤッカイな法律トラブル解決法

2019 年 5 月 20 日　印刷
2019 年 5 月 30 日　発行

著　者　宮崎　裕二 ©

発行者　野々内邦夫

発行所　**株式会社プログレス**　〒 160-0022　東京都新宿区新宿 1-12-12
電話 03(3341)6573　FAX03(3341)6937
http://www.progres-net.co.jp　E-mail: info@progres-net.co.jp

＊落丁本・乱丁本はお取り替えいたします。　　　　　　　　　　　　　モリモト印刷株式会社

本書のコピー，スキャン，デジタル化等の無断複製は著作権法上での例外を除き禁じられています。本書を代行業者等の第三者に依頼してスキャンやデジタル化することは，たとえ個人や会社内での利用でも著作権法違反です。

ISBN978-4-905366-86-7　C2033

*各図書の詳細な目次は、http://www.progres-net.co.jp よりご覧いただけます。

共有不動産の33のキホンと77の重要裁判例
●ヤッカイな共有不動産の法律トラブル解決法
宮崎裕二（弁護士） ■本体価格4,000円＋税

固定資産税の38のキホンと88の重要裁判例
●多発する固定資産税の課税ミスにいかに対処するか！
宮崎裕二（弁護士） ■本体価格4,500円＋税

Q&A 重要裁判例にみる
私道と通行権の法律トラブル解決法
宮崎裕二（弁護士） ■本体価格4,200円＋税

ザ・信託
●信託のプロをめざす人のための50のキホンと関係図で読み解く66の重要裁判例
宮崎裕二（弁護士） ■本体価格5,000円＋税

土壌汚染をめぐる重要裁判例と実務対策
●土壌汚染地の売買契約条文と調査・処理の実際
宮崎裕二（弁護士）／森島義博／八巻 淳（技術士〔環境〕） ■本体価格3,000円＋税

詳解
民法［債権法］改正による不動産実務の完全対策
●79の［Q&A］と190の［ポイント］で不動産取引の法律実務を徹底解説!!
榮田龍太郎（深沢綜合法律事務所・弁護士） ■本体価格7,500円＋税

賃貸・分譲住宅の価格分析法の考え方と実際
●ヘドニック・アプローチと市場ビンテージ分析
刈屋武昭／小林裕樹／清水千弘 ■本体価格4,200円＋税

Q&A 農地の評価
●画地計算と固定資産税算定の実務
内藤武美（不動産鑑定士） ■本体価格4,000円＋税

Q&A 土砂災害と土地評価
●警戒区域・特別警戒区域の減価率の算定法
内藤武美（不動産鑑定士） ■本体価格2,600円＋税

改訂増補
賃料［地代・家賃］評価の実際
田原拓治（不動産鑑定士） ■本体価格7,500円＋税

マンション法の現場から
●区分所有とはどういう権利か
丸山英氣（弁護士・千葉大学名誉教授） ■本体価格4,000円＋税

逐条詳解
マンション標準管理規約
大木祐悟（旭化成不動産レジデンス・マンション建替え研究所） ■本体価格6,500円＋税

新版
定期借地権活用のすすめ
●契約書の作り方・税金対策から事業プランニングまで
定期借地権推進協議会（大木祐悟） ■本体価格3,000円＋税

▶すぐに使える◀
不動産契約書式例60選
●契約実務に必ず役立つチェック・ポイントを［注書］
黒沢 泰（不動産鑑定士） ■本体価格4,000円＋税

▶不動産の取引と評価のための◀
物件調査ハンドブック
●これだけはおさえておきたい土地・建物の調査項目119
黒沢 泰（不動産鑑定士） ■本体価格4,000円＋税

新版
私道の調査・評価と法律・税務
黒沢 泰（不動産鑑定士） ■本体価格4,200円＋税

新版 逐条詳解
不動産鑑定評価基準
黒沢 泰（不動産鑑定士） ■本体価格4,800円＋税

Q&A 借地権の税務
●借地の法律と税金がわかる本
鵜野和夫（税理士・不動産鑑定士） ■本体価格2,600円＋税